Annemarie Mühlemann (Hg.)
Schlüssel-Erlebnisse

Annemarie Mühlemann, geb. 1946 im Zürcher Oberland, lebt am Thuner See in der Schweiz. Nach verschiedenen Tätigkeiten, vornehmlich als Garderobiere, Regieassistentin und Maskenbauerin im Stadttheater Bern und bei freien Gruppen, wagte sie im Jahr 2002 den Schritt in die Selbstständigkeit und vermittelt seither in ihrer Agentur Künstler aus allen Branchen für Auftritte in Hotels. Sie liebt an dieser Tätigkeit das Organisieren, das Zusammenbringen von Menschen und das Reisen und arbeitet häufig mit renommierten deutschsprachigen Autoren zusammen, die sich als Vortragskünstler einen Namen gemacht haben.

Annemarie Mühlemann (Hg.)

Schlüssel-Erlebnisse

Geschichten aus Schweizer Hotels

KBV

Originalausgabe

www.kbv-verlag.de
E-Mail: info@kbv-verlag.de
Telefon: 0 65 93 - 998 96-0
Fax: 0 65 93 - 998 96-20
Umschlaggestaltung: Ralf Kramp
unter Verwendung von:
© foto50 - www.fotolia.de
Druck: Aalexx Buchproduktion GmbH, Großburgwedel
Printed in Germany
ISBN 978-3-942446-70-9

Inhalt

Vorwort

ANNEMARIE MÜHLEMANN

Hotels sind ja so verschieden. Sie haben ihre eigene Atmosphäre, sind jedes fast wie eine Insel für sich.

Seit vielen Jahren vermittle ich die verschiedensten Künstler für kulturelle Vorstellungen auf ebendiese Inseln. Dem jeweiligen Haus angepasst, wird das Programm gestaltet. Es gibt Musik und Kabarett, und es gibt wunderbare Lesungen von namhaften Autoren. Krimis und Schauergeschichten lesen und hören (fast) alle Gäste gerne, ob Jung oder Alt. Was also liegt näher, als kreative Autoren in die Hotels einzuladen, damit sie sich von der Atmosphäre inspirieren lassen und vor Ort gleich eine Geschichte verfassen? Vornehmlich sind es Krimiautorinnen und -autoren, die ihren Weg in diese Hotels gefunden haben. Und es stellt sich heraus, dass die Gilde der kriminalistischen Schriftsteller beinahe durchweg aus sehr sympathischen Menschen besteht. (Die gibt es natürlich auch unter den nicht »kriminellen« Schriftstellern!) Da fühlt man sich nicht nur als Kulturvermittlerin wohl, das freut auch die Hotelgäste.

Was erleben diese Autoren in ihren Hotels? So allerlei ist da zusammengekommen. Versponnenes und Vertracktes, Geheimnisvolles und Erheiterndes.

So wurde ich eine Sammlerin von Geschichten. Viele vergnügliche Abende habe ich dadurch erleben können. Im hübschen Schloss Ragaz an der Felswand, mit grusligen, unheimlichen Geschichten. Am Thunersee im komfortablen Beatus mit einer Gruppe vergnügter, augenzwinkernder Autoren. In den Bergen zwischen Schönried und Arosa mit schwarzhumorigen, spannungsgeladenen Gutenacht-Geschichten. Oder in Pontresina mit nachdenklichen Erzählungen. Aus all diesen literarischen Abenden ist schließlich ein Buch hervorgegangen.

Wenn Sie nun diese unterhaltsamen Texte lesen, stellen Sie sich bitte vor, nach Wellness und einem guten Essen in einem schönen Salon in angenehmer Gesellschaft den Autoren zuzuhören. Mal wird geschmunzelt, mal gelacht, mal mitgefiebert oder mitgefühlt.

Am Schluss treffen sich dann alle an der Hotelbar, und da geht es munter weiter. Wer weiß, vielleicht treffen wir uns hier einmal.

Mit herzlichem Dank an meine lieben Autoren und an die wunderbaren Hotels, die sie beherbergt haben,

Annemarie Mühlemann

Reisen mit Belgis

Marita und Jürgen Alberts

So etwas hatte Belgis noch nicht erlebt. Keine Seidenbluse im Schrank, kein türkisfarbener Rock auf dem Sessel, keine schwarzschimmernden Strümpfe auf dem Teppich. Nur die Koffer warteten artig neben dem gelben Sofa. Wie zwei verlassene Kinder. Ein großer Schwarzer und ein kleiner in Dunkelblau. Und dabei war die 403 doch für eine ganze Woche eingecheckt worden.

Belgis ging ins Bad. Das feuchte Handtuch deutete darauf hin, dass die Dusche benutzt worden war. Kein Lippenstift, kein Parfüm. Kein Kamm. Ansonsten war alles, wie Belgis es am Tag zuvor hingestellt hatte. Vor zehn Minuten hatte die hochgewachsene Frau das Hotelzimmer verlassen. Das war immer die günstigste Zeit.

Belgis war überaus enttäuscht. Selbst der Kleiderschrank war leer. Was hatte sie sich nicht alles ausgemalt. Paris, Rue de Rivoli, London, Jermyn Street, Rom, Via Condotti.

Sie dachte an den Rüffel, den sie letzte Woche einstecken musste. »Schon zwei Gäste haben sich beschwert«, hatte Direktor Mennig gesagt: »Du hättest ihre Zimmer längst fertig haben müssen. Belgis, das geht nicht so weiter! Du musst dich ranhalten. Bei der nächsten Beschwerde ...« Wenigstens hatte ihr Hermann, der Chefrezeptionist, beigestanden. In seinem Büro hinter der holzvertäfelten Wand mit dem silbernen Emblem des Hotels hatte er sie in den Arm genommen und getröstet: »Beschwerden müssen ernst genommen werden. Für einen, der sich beschwert, rechnet man im Hotelgewerbe zehn Personen, denen er es erzählt.«

Belgis holte den Staubsauger, den sie Axel nannte, und zog das Kabel aus dem Gehäuse. Wieder ging ihr Blick zu den beiden artigen Kindern. Der Dunkelblaue hielt sich ganz gerade, während der größere Koffer ein wenig zur Seite geneigt stand. Wahrscheinlich bewachten sie die silbrig glänzende Seidenbluse und diesen himmlischen Rock aus mattschimmerndem Satin, der ihr gestern aufgefallen war. Als die 403 vorhin aus dem Zimmer gegangen war, trug sie schwarze Jeans und ein beiges Seidenblouson.

Das Kabel hatte sich verdrillert. Mal wieder. »Axel, nun stell dich nicht so an.« Es dauerte eine Weile, bis Belgis den Staubsauger in Gang setzen konnte. Noch nie hatte ein Gast sein Zimmer derart ordentlich hinterlassen. Auf keinen Fall eine Frau.

Der Staubsauger schnatterte los. Wie ein aufgescheuchter Enterich. »Ruhig«, rief Belgis, »sei doch ruhig.« Mit langsamen Bewegungen führte sie die Teppichbürste über den grünen Boden mit den violetten und weißen Pünktchen. Diese Koffer. Ob sie gar nicht abgeschlossen waren?

Fast jeden Tag unternahm Belgis Reisen. Aufregende Weltreisen, verschwiegene Wochenendreisen, romantische Liebesreisen. Manchmal brachten die Gäste sogar die passende Musik mit. Belgis setzte sich dann die Kopfhörer auf und lauschte. Ab und zu wagte sie ein Tänzchen.

Diese Reisen waren das Schönste an dem Job. »Belgis, das Beatus ist ein seriöses 5-Sterne-Hotel. Bitte bedenke, dass unsere Kunden Könige sein könnten« – wie oft bekam sie das zu hören.

Die Referenzen hatte ihr Onkel, der im Bauer-Grünwald in Venedig *chef de cuisine* war, herbeigeschafft. Es hatte ihn wenig Mühe gekostet, mit ein paar Kollegen zu telefonieren. »Der Beruf des Zimmermädchens ist der verantwortungsvollste in unserem Gewerbe«, hatte er ihr eingebläut. »Ich muss dir voll und ganz vertrauen können.«

So konnte Belgis ihre Reisen unternehmen. Glanzvolle Kreuzfahrten, wagemutige Abenteuerreisen. Die schönsten Kleider frei Haus. Reichte es nicht, wenn man sie fünf Minuten tragen und sich im Spiegel von allen Seiten betrachten durfte? Und was für Parfüms Belgis ausprobieren konnte. Die ganze Welt in einem Flacon. Träumerisch sprach sie die Namen aus. Meist sprühte sie sich etwas Parfüm auf das rechte Handgelenk. Begierig sog sie den Duft ein und ließ sich dann weit hinauftragen. Sommerbälle, Hochzeiten, Herbstbälle, Jagden.

Am ersten Arbeitstag hatte ihr die 1. Gouvernante des Beatus jeden Handgriff gezeigt. Wie man den Fön wieder in die Halterung steckte. Wie das Holzkörbchen mit Arnikalotion, Nagelfeile, Q-Tips, Rubbelhandschuh, Reinigungspads und Waschlappen zu befüllen war. Wie die weißen Bademäntel korrekt zusammengefaltet wurden. »Die Nasszelle muss jeden Tag wie neu aussehen.« Belgis hatte sich das alles nicht merken können.

Die Reisen entschädigten sie. Neulich war sie in Wien gewesen, im tief dekolletierten Abendkleid von der 125. Ein Traum in Rot. Minutenlang hatte sie sich beim Opernball gewähnt.

Belgis stoppte mit dem Fußschalter den Enterich und schielte zu den beiden artigen Kindern hinüber. »Ganz brav, wirklich sehr, sehr brav«, flüsterte sie. »Vielleicht sollte ich doch mal nachsehen? Schaden kann es nicht.«

Als Belgis den schwarzen Koffer auf das Bett stellte, erschrak sie. Die Zimmertür stand weit offen. Wurde sie aus lauter Vorfreude unvorsichtig? Schnell ließ sie die Tür ins Schloss fallen.

Ihre Reisen konnten bis zu einer Stunde dauern. Je nachdem, welche Überraschungen die Schränke und Koffer für sie bereithielten. Am liebsten trug sie die großen Marken, wie sie auch in den Illustrierten abgebildet waren. Gucci, Rossi, Prada, schon die Namen klangen göttlich. Manchmal setzte sie sich vor den Spiegel und träumte. Ihre Gedanken flogen weit hinaus. Einmal war sie auf Malta gewesen. Die 147 kam aus Mdina, der schweigenden Stadt. Ihre Landestracht stand Belgis außerordentlich gut. Sie war in diesem Gewand auf den Flur gelaufen, wo der Portier sie entdeckt hatte. Es kostete Belgis ein paar Zehner, ihn davon abzuhalten, sie zu verpetzen.

Da war ja der mattschimmernde Satinrock. Rasch streifte Belgis ihre Schürze ab, zog ihr Kleid aus und probierte den Rock an. Die passenden Pumps und die silbrig glänzende Seidenbluse. Wenn sie jetzt noch ihr Haar mit Gel nach hinten kämmte, sah sie der 403 schon sehr ähnlich.

Nach und nach räumte sie den ganzen Koffer aus. Stellte sich immer wieder vor den Spiegel, um sich zu begutachten. Der Wonderbra gefiel ihr besonders gut. Was wohl in dem dunkelblauen Koffer war?

Der kleine Bruder ließ sich nicht ohne Weiteres öffnen. Aber Belgis hatte inzwischen Routine. Kein Kofferschloss konnte ihren geschickten Händen standhalten. Die meisten Gäste glaubten immer noch, sie könnten mit einer Zahlenkombination ihre Habe schützen. Belgis hatte längst herausgefunden, wie man die Verschlüsse aushebeln konnte, ohne auch nur eine Spur zu hinterlassen. Das Werkzeug trug sie bei sich. Ein kleiner Satz Schraubenzieher, stahlgehärtet.

Die Vase war ein Prachtstück. Die seidige Glasur, die auf dem farbigen Porzellan lag, reflektierte Belgis' überraschtes Gesicht. Mit so einem Fund war nicht zu rechnen gewesen, als sie das samtschwarze Tuch vorsichtig zurückgeschlagen hatte. Belgis sah die fremdartigen Schriftzeichen. War das japanisch, chinesisch? Ihr gefiel diese Vase außerordentlich. Ob man die vielleicht ...

Belgis ging ins Bad und betrachtete sich mit der Vase im Spiegel. Wie gut hätte ihr dazu das gelbrote Seidenkleid gestanden, das sie vor nur wenigen Tagen getragen hatte. Leihweise – nur mal ausgeborgt.

Im Schlafzimmer schnarrte das Telefon.

Verdammt!

Vor Schreck rutschte Belgis die feine Vase aus der Hand, zerschellte auf dem Kachelboden, zerstob in kleine Teile.

Ein Splitterregen.

Porzellanstaub, wohin sie blickte.

»Ist die 403 nun endlich fertig?«, fragte der Chefrezeptionist ungeduldig. »Und was macht die 404?«

»Da hängt das Schild ›Bitte nicht stören!‹ Und da soll ich doch nicht ...«

»Untersteh dich, Belgis.«

Sie schaltete Axel an, stellte ihn auf die höchste Stufe und saugte die Porzellanstückchen auf. Nicht ein Stäubchen durfte mehr zu sehen sein. Auch im Vorflur musste sie minutenlang den Enterich betätigen. Den Staubsack? Wohin mit dem Staubsack? Umgehend verschwinden lassen. Das hatte jetzt Vorrang. Sie stopfte ein Reservekopfkissen aus dem Einbauschrank in den dunkelblauen Koffer und stellte die beiden wieder genauso hin, wie sie gestanden hatten. Darin besaß Belgis einige Übung.

Zehn Minuten später hängte sie den Schlüssel ans Bord neben der Rezeption.

»Geschafft! Die 403 ist wieder stubenrein«, sagte sie zu Hermann, der argwöhnisch einen blonden Mann beobachtete, der in der Halle saß.

»So ein Widerling«, flüsterte der Chefrezeptionist. Kaum hatte er das Wort ausgesprochen, sprang der Blonde aus seinem Sessel und kam auf die beiden zu.

»Ich verstehe nicht, warum Sie sich so bockbeinig anstellen«, zeterte er, »ich hatte um zehn Uhr eine Verabredung mit Frau Kieselhorst. Nun ist es bereits dreiviertel elf. Ich habe meine Zeit nicht gestohlen.«

»Frau Kieselhorst ist nicht auf dem Zimmer. Wir haben gerade erst nachgeschaut. Ich gebe Ihnen Bescheid, sobald sie zurück ist.«

»Aber ich will doch nur mal kurz in ihr Zimmer gehen. Nun ist der Schlüssel ja auch da.«

Der Mann zeigte auf das Bord und wollte nach dem goldenen Schlüssel mit den grünen Quasten greifen.

Hermann schüttelte den Kopf. »Sie müssen schon warten, bis unser Gast wieder eintrifft.«

Der Mann, der den Chefrezeptionisten um einiges überragte, beugte sich über die Theke. »Ich muss nur etwas abholen und dafür etwas hierlassen.« Er hob seinen kleinen, dunkelblauen Koffer hoch.

Belgis zuckte zusammen, als sie ihn erblickte. War das sein Zwillingsbrüderchen?

»Dalassen können Sie den schon«, sagte Hermann, ohne auf die bedrohliche Geste zu reagieren, »ich nehme den Koffer gerne für Frau Kieselhorst in Verwahrung.«

»Das hätten Sie wohl gerne, was?«, rief der blonde Hüne.

Fluchend trat er den Rückweg an und setzte sich wieder in den Sessel. Den dunkelblauen Koffer klemmte er zwischen seine Beine.

»Was will er denn von der 403?«, fragte Belgis, ohne ihn aus den Augen zu lassen.

»Ein unverschämter Widerling, wie ich schon sagte«, gab

Hermann leise von sich. »Als dürften Fremde einfach in unsere Zimmer hineinspazieren. Da könnte ja sonst was geschehen.«

Belgis nickte. »Sonst was!« wiederholte sie zögerlich.

Zweimal hatte sie sich vergewissert, dass der Staubsack mit den Porzellansplittern in der metallenen Abfalltonne unter Papierbergen und Plastiktüten verschwunden war. Tiefer als die Titanic.

»Was ist mit der 404? Schläft die immer noch?«, fragte Hermann.

In diesem Augenblick ging die automatische Glastür auf. Frau Kieselhorst betrat die Hotelhalle.

Der Hüne kam ruckartig aus dem Sessel hoch.

Frau Kieselhorst nahm keine Notiz von ihm, ging sofort an die Rezeption. Ihr folgten zwei Herren.

Der Blonde beobachtete das Trio angestrengt.

Hermann winkte ihn heran.

Aber jetzt rührte sich der Mann nicht vom Fleck. Er starrte auf Frau Kieselhorst und die zwei Herren.

»Wir haben den Auftrag, das Zimmer von Frau Kieselhorst in Augenschein zu nehmen«, sagte einer der beiden.

»Bitte um etwas Diskretion!«, flüsterte der Chefrezeptionist. Schon hatten einige Hotelgäste Notiz von ihnen genommen.

»Wir müssen eine Zimmerdurchsuchung durchführen«, ließ sich der Jüngere vernehmen.

Belgis schlug die Hand vor den Mund.

Hermann fragte nach einer Identifizierung.

Fast gleichzeitig zückten die Männer ihre Ausweise.

»Und den Durchsuchungsbefehl würde ich auch gerne sehen!« Hermann dachte nicht daran, sich von diesen Kriminalbeamten einschüchtern zu lassen. Wer hatte nicht schon alles vor seinem Tresen gestanden?

Der blonde Hüne mit dem dunkelblauen Koffer verließ eilig die Hotelhalle.

»Das ist nur eine Frage der Zeit, bis wir einen Durchsuchungsbefehl vorweisen können. Hier aber ist Gefahr im Verzuge ...«

»Ohne Herrn Direktor Mennig kann ich das nicht entscheiden«, erwiderte Hermann und sah zu Belgis hinüber, die sich an der Theke festklammerte.

Sie wagte nicht die 403 anzusehen.

Ein Blick von ihr und alles wäre entdeckt.

Der ältere Kriminalbeamte schrieb eine Telefonnummer auf. »Wenn Sie sich von der Rechtmäßigkeit unseres Auftrages überzeugen wollen, bitte sehr, hier können Sie anrufen! Dort wird man Ihnen schon eine Belehrung erteilen.«

Das wiederum war dem Chefrezeptionisten zu viel Mühe.

Er holte den Schlüssel vom Bord. »Belgis, du begleitest die Herrschaften nach oben.«

Sie nahm den Schlüssel in Empfang. Warum war er nur so glühend heiß? Als sei er auf einem Rost geschmort worden.

»Gehen Sie nur voran!«, forderte der Beamte sie auf, »Sie kennen den Weg ja am besten.« Als Belgis den Portier anblickte, verzog der sein Gesicht: »Na, in Polizeibegleitung?«

Die Schuhe von Frau Kieselhorst waren ein wenig verschmutzt. Belgis versuchte, sich auf diese Schuhe zu konzentrieren. Ordinäre Turnschuhe, die gar nicht zu einer feinen Dame passten.

»Wir sind da!«, sagte Belgis, als sich die Aufzugstüren öffneten.

In der Aufregung nahm sie den Flur in die falsche Richtung.

»403 liegt auf der anderen Seite, mein Fräulein!«, sagte der ältere der beiden Beamten.

Bis zu diesem Zeitpunkt hatte Frau Kieselhorst keinen Ton von sich gegeben. Was Belgis erst jetzt auffiel. Als sei ihr die Zunge herausgerissen worden. Mit glühenden Zangen.

Belgis drehte den Schlüssel im Schloss.

Gleich würde der Spuk vorbei sein. Alles aus, das Spiel ist zu Ende. In der Zelle würde sie keine Reisen mehr unternehmen können.

»Damit wir nicht so lange suchen müssen, Frau Kieselhorst. Wäre es nicht leichter ...«

»Ich sage Ihnen noch mal, es handelt sich um eine Verwechslung.«

Während der jüngere Beamte begann, im Kleiderschrank und unterm Bett nachzuschauen, wich der Ältere nicht von der Seite der beiden Frauen. Belgis sah, wie der schwarze Koffer geöffnet wurde. Noch stand sein kleiner Bruder artig auf seinem Platz.

»Frau Kieselhorst, wo haben Sie die Vase versteckt?«

Die Frage blieb unbeantwortet.

Belgis schlug das Herz bis zum Hals.

Der Jüngere öffnete den dunkelblauen Koffer.

Und entdeckte ... das unbezogene Kopfkissen.

Die Mundwinkel von Frau Kieselhorst zuckten ein wenig, das konnte Belgis sehen, dann hatte sich die 403 wieder im Griff.

»Ist die Vase da drin?«, fragte der Kripobeamte, der neben ihr stand.

»Schauen Sie doch nach!«, erwiderte Frau Kieselhorst, fast ein wenig keck. Sie sah ihn herausfordernd an.

Der Beamte zückte sein Taschenmesser und zerschnitt das Kissen.

Gänsefedern flogen in der Luft herum. Höher, ihr Gänse, höher, fliegt doch höher, dachte Belgis. Nur mit Mühe unterdrückte sie einen Jubelschrei.

»Wir werden hier solange alles auf den Kopf stellen, bis wir das Diebesgut gefunden haben«, drohte der Jüngere.

Frau Kieselhorst sah Belgis an. Ein kleines Lächeln umspielte ihre Augen. Aber da war noch etwas anderes, was Belgis bei ihr entdecken konnte. Eine gewisse Rastlosigkeit?

Eine halbe Stunde später traten die beiden Kriminalbeamten an die Rezeption. Sie hatten Frau Kieselhorst in die Mitte genommen. »Sie brauchen mich noch für eine Gegenüberstellung«, sagte sie gelassen, »aber am Nachmittag bin ich gewiss wieder zurück.«

Der Chefrezeptionist fragte, was gegen sie vorliege.

»Irgendjemand behauptet, mich wiedererkannt zu haben«, sagte Frau Kieselhorst spöttisch.

Der jüngere Beamte erklärte: »Am gestrigen Nachmittag ist aus einem Auktionshaus in Thun eine überaus wertvolle Ming-Vase aus dem frühen 15. Jahrhundert entwendet worden. Wahrscheinlich ein Auftragsdiebstahl ...«

»Das geht die überhaupt nichts an!«, fiel der ältere Kriminalbeamte ihm ins Wort.

Dann verschwanden die drei durch die Glastür.

Nachdem von Zimmer 404 nichts zu vernehmen war, wurde am folgenden Vormittag die Tür geöffnet. Belgis hielt sich im Hintergrund.

Die Hamburgerin H. H., die seit 15 Jahren das Hotel Beatus besuchte, lag auf dem frisch gemachten Bett. Ganz friedlich ihr Gesichtsausdruck. Nur die dunklen Spuren am Hals verrieten eine gewaltsame Tötung. Nach kurzer Recherche fand die Hotelleitung heraus, dass der letzte Anruf der Hamburgerin der Thuner Polizei gegolten hatte.

Die Podologin

PAUL LASCAUX

»Damit haben wir nicht gerechnet«, sagte Direktor Stefan Walliser, als er auf die junge Frau mit den schwarzen, schulterlangen Haaren blickte, die beim Tennisplatz vor dem Hotel Ermitage in Schönried auf dem Boden lag. Das hübsche Gesicht mit den weichen Konturen wies in seiner Leblosigkeit eine ätherische Blässe auf.

»Ist wohl auf dem Eis ausgerutscht und mit dem Kopf auf den Holzbohlen aufgeschlagen, als sie zum Joggen aus dem Haus rannte«, stellte Störfahnder Bernhard Spring von der Police Bern fest.

»Oder man hat sie gestoßen«, meinte der Detektiv Heinrich Müller, der mit Spring aus der Hauptstadt ins Berner Oberland gefahren war.

»Eine Podologin aus Thun«, ergänzte der Direktor, »Stammgast.«

Man wusste nicht, was ihn mehr schmerzte: der Verlust einer regelmäßigen Kundin oder der Tod, der so plötzlich und unerwartet eingetreten war.

»Fürs Joggen scheint die Fußpflegerin nicht wirklich ausgerüstet«, sagte Müller, als er die hoteleigenen Badelatschen an ihren Füßen bemerkte. »Der Sportanzug täuscht.« Dann ergänzte er: »Es könnte ein literarischer Mord sein.«

»Wie meinst du das, literarischer Mord?«, fragte Spring.

»Jemand hat die Frau ...«

»Liliane Graber«, sagte der Direktor.

»... unter einem Vorwand aus dem Haus gelockt. Dort lagen Eiswürfel, auf denen sie ausgerutscht ist«, erklärte der Detektiv. »Das Eis ist inzwischen an der Morgensonne geschmolzen, die Mordwaffe also verschwunden, und die Tat lässt sich kaum beweisen, denn der Mörder kann immer behaupten, Frau Graber sei auf der gefrorenen Treppe ausgerutscht.«

»Und so was hast du aus Büchern?«

»Man liest das eine oder andere in Krimis. Fortbildungslektüre«, meinte Müller.

»Du hättest also gern einen eleganten Mord und keinen Unfall«, stellte der Störfahnder fest.

»Damit haben wir nicht gerechnet«, wiederholte der Direktor.

»Womit haben Sie denn gerechnet?«, fragte der Detektiv.

»Ich habe Sie herbestellt, weil Sie mir bei der Aufklärung einiger unangenehmer Vorfälle helfen sollen«, erklärte er. »Nun stehen wir vor einem zusätzlichen Rätsel.«

Erster Schneeflaum überzuckerte die Hänge der Hügel, die am nächsten Wochenende für die Skisaison geöffnet werden sollten. Viel zu warm für Ende November. Selbst die Schneekanonen konnte man nicht in Betrieb nehmen.

»Der alte Mann«, sagte der Concierge, der neben ihnen aufgetaucht war. »Er ist wieder da gewesen.«

Stefan Walliser sah seinen Angestellten unter tief liegenden Augenbrauen hindurch an und bedeutete ihm zu schweigen.

»Ich habe ihn gesehen«, erklärte der Mann, »und gehört!«

Der Direktor seufzte auf. »Gerüchte!«

»Was hat er denn gesagt?«, wollte der Störfahnder wissen.

»›Hier, genau hier hat es gestanden, mein Heimet.‹ Das war sein erster Satz«, erzählte der Concierge. »Dann ist es unheimlich geworden. Er hat vom Friesenheer geredet.«

»Unsinn«, sagte der Direktor.

»›Kein Unsinn‹, sagen die Leute im Dorf«, erzählte der Mann weiter. »In alten Zeiten nämlich hat sich ein Friesenvolk vor Hungersnöten und Überschwemmungen davongemacht und ist ins schöne Saanenland gezogen. In den grünen Tälern ist es heimisch geworden. Die Leute haben die Weiden bebaut und die wilden Tiere in die Wälder zurückgetrieben. Ihre alte Heimat aber haben sie nie vergessen. Darum steigt das tote Volk aus seinen Gräbern, besonders um die Zeit der Wintersonnenwende, schart sich zusammen und kehrt auf dem gleichen Wege, auf dem es einst ins Berner Oberland gezogen ist, heim zu den Ufern der grauen Nordsee. In der gleichen Nacht, sobald es das Rauschen und Branden des Meeres vernommen hat, kehrt es zurück in seine Grabhügel im Saanenland. Auf seinem Weg aber, von dem es keinen Finger breit abweicht, zerfetzt es Häuser und Mauern, die ihm im Weg stehen, und schiebt alles wie eine Lawine vor sich her. Man kann sich nur davor retten, wenn man den Ein- und Ausgang seines Hauses in den stürmischen Nächten offen und das Wilde Heer hindurchziehen lässt.«

Der Concierge schwieg einen Moment und beobachtete erfreut die Wirkung seiner Worte. Dann vollendete er seine Geschichte: »Der alte Mann aber hat eines Nachts vergessen, dem Friesenzug freie Bahn zu lassen. Vom Rellerli herunter stäubt's über die verschneiten Alpweiden wie einst Skiabfahrtsweltmeister Bruno Kernen, jagt durch den Saanenwald und entschwindet im Nebel auf der Oeschseite Richtung Zweisimmen, wo es wohl dem Bahngeleise entlang den Weg ins Unterland findet. Das Heimet des Bauern nimmt es in seinem Sturmlauf mit. Nun sagen die Leute im Dorf, dass jedes Mal, wenn das Männlein auftaucht, jemand sterben muss.«

Was soll man sagen, das Unglück war bereits geschehen. Störfahnder Bernhard Spring, ein Mann der Police Bern, den man jeweils dort einsetzt, wo es jemanden mit großer Erfahrung braucht, fragte Heinrich Müller, Detektiv der Berner

Agentur *Müller & Himmel*: »Glaubst du die ganzen Geschichten vom Wilden Heer?«

»Ich glaube eher«, antwortete der Detektiv, »dass uns jemand in die Irre führen will.«

Die beiden waren der Hauptstraße entlang bis zum Dorfende Richtung Saanen spaziert, wo sie an der Stirn eines geduckten Bauernhauses mit sonnengebräunter Fassade und ausgebleichten grünen Fensterläden folgende Inschrift lasen:

1844 Jakob Gurtner Zimmer Meister
BL Ana Maria Schopfer gb. Steiner und ihre Kinder
Herr! Bewahre dieses Haus Und die hier gehen ein u aus

Dahinter lagen die uniformen Chaletbauten für die Wintergäste, gegen die Strahlen der Sonne verrammelte Fenster, Balkonfronten statt Treppenaufgängen, mit Namen wie Alpenrose, Monique, Arlette, Susanne, Daphne, Bellis, Anemone und Ermitage. Und keine Grußbotschaft an der Stirn. Die unablässigen Geräusche der Automotoren hatten das nächtliche Lärmen des Friesenheeres ersetzt.

Vom linken der beiden Aufgänge, die zu je einer Stube führten, trat ihnen ein Bauer entgegen.

»Ist nicht zu verkaufen«, sagte er trotzig. In seinem Rücken das überhängende Rüeblihorn und die schneebedeckten Waadtländer Alpen, der Schutzwald auf den weiten Hügeln, ab und zu durch eine Seilbahn oder eine Skipiste durchbrochen. Selten ein Misthaufen.

»Warum so unfreundlich?«, fragte Bernhard Spring.

»In der Gemeinde Saanen leben 7500 Menschen. Auf jeden Einwohner kommt ein Rindvieh«, brummte er. »In der Saison vervierfacht sich die Anzahl der Rindviecher. Aber sie geben keine Milch. Deshalb!«

In Windeseile hatte sich die Nachricht vom Tod der Podologin im Hotel verbreitet. Auch wussten nun alle, dass Polizei im Haus war, worauf nicht jeder Gast mit der gebotenen Gelassenheit reagierte.

Deshalb erstaunte es niemanden wirklich, als während der Durchsuchung des Zimmers, in dem Liliane Graber logiert hatte und das mit einem Sitzplatz auf der Gartenseite ausgestattet war, sich eine füllige Dame aus dem Frei-Solbad hochzog, durch die Blumenrabatten stampfte und sich in ihrem wassertriefenden Badeanzug zwischen den Liegestühlen hindurch ins Zimmer wuchtete.

»Das ist mein Schmuck!«, kreischte sie und stürzte sich auf eine Perlenkette, die auf dem Schreibtisch lag.

Springs Hemd wurde vom Aufprall der Salzwassermoleküle ruiniert, aber er konnte den Zugriff auf das Beweisstück knapp verhindern.

»Meine Perlenkette!«, schrie die Frau mit erstickender Stimme, im plötzlichen Bewusstsein, dass ihre gewohnte Autorität durch den Badeanzug gelitten hatte.

»Wir müssen sie auf Fingerabdrücke untersuchen«, erklärte der Störfahnder. »Ihr Name?«

»Fingerabdrücke«, hauchte die Dame und sackte in sich zusammen. »Das Stück ist ruiniert.« Dann besann sie sich auf ihre Pflicht. »Anna Kohler.«

»Die Witwe des Schokoladenproduzenten?«, fragte Spring.

»Genau.«

»Was macht denn Ihre Perlenkette im Zimmer einer Toten?«, wollte Spring wissen.

»Sie hat sie mir gestohlen, dieses Luder!«

»Unschöne Worte«, meinte Spring. »Das müssen Sie mir erklären.«

»Diese Graber, die taucht alle paar Wochen hier auf und behandelt die Gäste«, sagte Frau Kohler, die sich etwas beruhigt hatte. »Illegal natürlich. Sie macht das sehr gekonnt, geht im Bad oder in der Sauna gezielt auf einzelne Personen zu und bemängelt den Gesundheitszustand ihrer Füße.«

»Und bietet eine Anwendung an?«, fragte der Polizist.

»Tut so, als ob diese Arbeit zum Service des Hotels gehöre. Und nicht zu billig!«

»Dabei hat sie Ihnen das Collier gestohlen?«, fragte Heinrich Müller.

»Nein«, sagte Anna Kohler und zögerte. »Die Fußpflege fand am Nachmittag statt. Und gestern Abend an der Bar habe ich die Kette noch getragen.«

»Was ist dann passiert?«

Sie überlegte. »Herr Mardello hat mich noch zum Zimmer gebracht. Und heute Morgen war der Schmuck weg. Die Graber muss sich Zugang zu meiner Suite verschafft haben. Die Kette beweist es!«

»Deshalb haben Sie die Podologin heute früh zur Rede gestellt?«, wollte Spring wissen. Es war ein Schuss ins Blaue.

Frau Kohler überlegte. »Ja. Ich bin zu ihrem Zimmer gegangen, habe geklopft, sie ist im Trainingsanzug und in Badelatschen zur Tür gekommen. Ich bin auf sie losgegangen. Liliane Graber ist durch den Personaltrakt geflüchtet. Ich hinterher. Draußen ist sie über die eigenen Füße gestolpert und schließlich hingefallen.«

»Sie haben ihr bestimmt geholfen?«, fragte Spring.

»Eigentlich nicht«, antwortete Anna Kohler kleinlaut.

Beim Mittagessen gingen Bernhard Spring und Heinrich Müller den Fall durch. Sie pulten mit ihren Gabeln ein Rindscarpaccio vom Teller, das als Japanpapier durchgegangen wäre. Noch etwas feiner geschnitten, und es hätte sich von selbst aufgelöst.

»Ich bringe Frau Kohler in die Untersuchungshaft nach Thun«, sagte Spring.

»Und ich denke nach«, entgegnete Müller, »und zwar in der Sauna. Denn irgendetwas an der Geschichte irritiert mich.«

»Warst du denn schon mal in einem Dampfbad?«, fragte der Störfahnder.

»Jeder fängt mal an«, erwiderte Müller trotzig.

Der Detektiv saß schließlich auf einem Granitstuhl in der Kräutersauna und wusste bei 60° Wärme nicht, wie er sich den fremden nackten Menschen gegenüber verhalten sollte, ob er beim Eintreten hätte grüßen müssen, ob er auf die Füße starren sollte oder ob er Beine, Becken und Busen in Augenschein nehmen durfte. Auch war es ihm unklar, weshalb überall Waagen herumstanden. Mochten es die Menschen, wenn man sie auf ihr Gewicht ansprach? Er seinerseits hatte lüsternen Augen wenig zu bieten, und so nahm er es mit Gelassenheit, dass auch bei den andern gewisse altersbedingte Abnützungserscheinungen unübersehbar waren. Der Detektiv konzentrierte sich also auf den schachbrettartig gefliesten Boden, und er strengte sich dermaßen an dabei, dass sich im Hinterkopf langsam ein Gedanke zusammenbraute: Das Ganze war ein Spiel. Ein Spiel mit tödlichem Ausgang allerdings, aber immer noch ein Spiel. Er musste nur noch denjenigen finden, der den nächsten Zug machte.

Der Störfahnder war zum Kuchenbuffet ins Hotel Ermitage zurückgekehrt und setzte sich mit einer Himbeertorte zu Müller, der bereits seinen zweiten Cappuccino trank.

»Siehst du den Herrn dort hinten?«, fragte Müller.

»Derjenige, der eine Münze durch die Finger seiner rechten Hand wandern lässt?«

»Genau. Ich habe mich erkundigt. Herr Samuel Mardello, Immobilienhändler mit (Ab)Zockermentalität.«

»Und?«

»Er ist ein Spieler«, sagte der Detektiv.

»Das sieht man«, entgegnete Spring.

»Wir sollten ihn nach seinem Lieblingsspiel befragen«, meinte Müller.

»Du hattest also im Dampf der Sauna eine Erleuchtung«, spottete Spring.

»Wart's ab«, sagte Müller, ging quer durch den Salon zu Mardello und bat ihn an ihren Tisch. Der Immobilienhändler kam bereitwillig mit.

»Sie treiben ein böses Spiel«, begann der Detektiv.

»Mit dieser Münze?«, fragte Mardello.

»Mit Frau Graber und Frau Kohler«, sagte Müller.

Mardello zögerte, senkte seinen Blick.

»Nun gut«, setzte er an, »Sie haben offenbar die Perlenkette gefunden, die ich bei Anna ausgeliehen habe.«

»Ausgeliehen?«, fragte der Störfahnder.

»Ich habe gestern, als ich Frau Kohler zum Zimmer begleitet habe, darauf geachtet, dass die Tür nicht ganz ins Schloss gefallen ist. Ältere, alleinstehende Damen sind ängstlich«, erklärte er. »Deshalb brauchte ich nur darauf zu warten, dass sie sich im Badezimmer einschloss. Dann war es ein Kinderspiel, den Schmuck zu holen.« Er stockte. »Ich wollte nur beweisen, wie einfach in diesem Hotel ein Diebstahl geschehen kann.«

»Was für eine faule Ausrede!«, rief Spring so laut, dass sich alle Gäste nach ihnen umdrehten.

»Und wie ist die Kette in Liliane Grabers Zimmer geraten?«, fragte Müller.

»Die Podologin hat auch mich behandelt«, erklärte Mardello.

»Dabei haben Sie sich in sie verliebt«, mutmaßte der Detektiv.

»Verliebt wäre zu viel gesagt«, entgegnete Mardello. »Sie hat mir schon gefallen. Ich habe ihr also kurz vor Mitternacht die Perlenkette gebracht als zusätzlichen Dank für die Fußpflege.«

»Ein auffälliges Geschenk zu unschicklicher Zeit«, sagte Spring. »Und sie hat das geglaubt?«

»Ich habe behauptet, es sei ein schöner Modeschmuck, den ich in Gstaad gefunden habe, und ich würde mich freuen, wenn sie ihn anderntags tragen würde.« Er zögerte wieder. »Sie hat es mir zugesichert. Sehen Sie, das Ganze war ein Spiel. Ich habe mit dem Pianisten darauf gewettet, dass die Podologin mit dem Schmuck von Frau Kohler zum Frühstück erscheint.«

»Diese Wette haben Sie verloren«, sagte der Störfahnder trocken.

Als Bernhard Spring und Heinrich Müller am nächsten Morgen aus dem Hotel Ermitage traten, um sich auf den Heimweg zu machen, meinte der Detektiv einen alten Bauern zu sehen, der vor sich hin brummte. Müller glaubte in seinem Rücken zu hören: »Hier, genau hier hat es gestanden, mein Heimet.« Als er sich umdrehte, war der Mann bereits verschwunden.

Winterquartier

DORIS GERCKE

»Was passiert eigentlich, wenn man in einem Nichtraucherzimmer raucht?«

Sie stritten seit Tagen, und er hatte Grit im Verdacht, dass sie die Frage nur gestellt hatte, um den Streit, in dem sie sich gerade befanden, zu unterbrechen. Aber das war ihm recht. Dauernd streiten macht müde, und es war erst elf Uhr am Morgen.

»Keine Ahnung«, sagte Pit. »Ich vermute, irgendwo an der Rezeption geht ein Licht an. Und dann rufen sie an und bitten dich, auf den Balkon zu gehen oder das Zimmer zu wechseln. Ich glaube, beides wäre nicht so gut für uns.«

»Soll ich es ausprobieren?«

»Wozu«, sagte er, »es ist nicht gut für uns. Das hab ich doch gerade gesagt.«

»Und was ist gut für uns?«

Auch sie war müde. Er konnte es ihrer Stimme anhören, und er würde es in ihrem Gesicht gesehen haben, wenn sie ihm nicht den Rücken zugewandt hätte. Sie stand vor der Gardine und sah aus dem Fenster.

»Das weißt du doch« antwortete er.

Sie waren seit dem Frühjahr unterwegs, hatten den Mai in Andalusien verbracht, waren auf Sizilien, in Rom und in Budapest gewesen, über Prag und Wien langsam in die Schweiz getrödelt und lebten nun schon seit zwei Wochen im Arosa Kulm Hotel. Nach Arosa waren sie auf Pits Wunsch gefahren. Er war Schriftsteller und immer auf der Suche nach Orten, in denen berühmte Kollegen vor ihm gewesen waren.

Nach Arosa hatten ihn Hermann Hesse und Thomas Mann gelockt.

Sie hatten bisher ein herrliches Leben gehabt. Der Streit, in dem sie sich befanden, ging darum, ob es nun Zeit wäre, das Winterquartier zu beziehen. Er war dafür und hatte verschiedene Vorschläge gemacht. Sie war dagegen, weil sie die Langeweile fürchtete, die ihr im Winterquartier sicher bevorstand. Deshalb hatte sie bisher an allen seinen Vorschlägen etwas auszusetzen gehabt. Er dagegen war davon überzeugt, dass der richtige Zeitpunkt zur Übersiedlung beinahe schon verpasst wäre. Er musste diplomatisch vorgehen, um ihr Einverständnis zu gewinnen.

»Lass uns rausgehen«, sagte er. »Wir machen einen langen Spaziergang. Das wird uns gut tun.«

»Ich möchte ein Glas Wein« antwortete sie.

Aber sie drehte ihm nicht mehr den Rücken zu. Er sah sie an, ihr rundes, hellhäutiges Gesicht, die braunen Augen und die braunen Haare, die sich um ihr Gesicht kringelten. Sie hatten einen Sommer, einen Winter und wieder einen Sommer miteinander verbracht, und er langweilte sich noch immer nicht mit ihr.

»Lass uns gehen«, antwortete er. »Wir gehen ein Stück, und wenn wir eine schöne Bar finden, bekommst du deinen Wein.«

Er hatte nicht mehr viel Geld, aber Wein war noch möglich. Auch wegen des Geldes mussten sie ins Winterquartier.

Als sie an der Rezeption vorüberkamen, sprach Dimitri sie an. Dimitri war *Chef de Bar.*

»So ein schöner Tag, da muss man raus, nicht wahr? Wissen Sie schon, wie lange Sie bleiben werden?«

Die beiden blieben überrascht stehen.

»Unseretwegen so lange Sie wollen«, setzte Dimitri schnell hinzu, »es kommen nur manchmal Anrufe, und wir möchten die Leute nicht abweisen, wenn es nicht nötig ist. Das verstehen Sie doch?«

»Wir entscheiden uns heute«, sagte Pit. »Wahrscheinlich können wir Ihnen schon Bescheid geben, wenn wir zurück sind.«

Auf dem Tresen der Rezeption standen Töpfe mit kleinen Nadelbäumen. Winzige, rote Kugeln hingen daran. Die gleiche stilvolle Dekoration gab es auch im Restaurant Alpine Fine Dining auf den weiß gedeckten Tischen.

Pit war klar, dass er das kurze Gespräch mit Dimitri genutzt hatte, um seinen Umzugsplänen mehr Nachdruck zu verschaffen, aber er wusste auch, dass er im Recht war mit seinen Überlegungen. Um ins Winterquartier zu kommen, würden sie wahrscheinlich zwei bis drei Tage brauchen. In der Zeit mussten sie essen, mit der Bahn fahren und Geld genug für Grits Wein haben. Für ein paar Tage würde reichen, was er in der Tasche hatte; auch noch ein wenig länger. Aber es wurde wirklich Zeit, dass er anfinge zu arbeiten.

Sie gingen durch das Foyer. Dort roch es nach Tannengrün. Am Abend würde es in der Panoramahalle eine Lesung geben, die seit Tagen angekündigt wurde. Auch Gäste, die nicht im Hotel wohnten, wurden erwartet. Draußen luden mit Pelzdecken beladene Sessel zum Verweilen ein. Den Blick von dort auf die gegenüberliegenden, schneebedeckten Hänge hatten sie erst am Tag zuvor bei einem Glas Champagner genossen.

Der Wind, der sie empfing, als sie unter dem schützenden Dach hervorkamen, wehte eisig und scharf.

Sie gingen nebeneinander, eng zusammengedrängt, einer den anderen gegen den Wind schützend. Sie gingen schnell und sprachen nicht.

Was für ein Leben dachte er, und er war sicher, dass sie das Gleiche dachte.

Unten in Arosa betraten sie den Wintergarten eines Restaurants. Es war ruhig dort, und wieder war der Blick auf die Berge überwältigend. Ein einsilbiger, dunkelhaariger Kellner servierte ihnen zum Wein in gebratenen Speck eingewickelte Pflaumen. Es dauerte eine Weile, bis sie sich aufgewärmt hatten. Pit bestellte ein zweites Glas Wein für Grit und für sich einen Kaffee. Grit schob ihre Hand über den Tisch und berührte seine Fingerspitzen.

»Hast du gesehen«, fragte sie, »heute Abend, die Lesung?«

Er sah sie dankbar an. Sie waren sich einig. Der Streit war beendet.

Auf dem Weg zurück ins Hotel hatten sie den Wind im Rücken. Sie gingen leicht, auch, weil nun alles wieder in Ordnung war zwischen ihnen. Er wandte den Kopf und musterte Grit von der Seite. Bevor sie sich kennengelernt hatten, waren sie beide allein durch die Welt gezogen. Er hatte gleich gemerkt, dass sie eine gewisse Erfahrung darin hatte, in Hotels zu übernachten, ohne zu bezahlen. Es war nicht nötig, dass er ihr etwas beibrachte. Aber seit sie zusammen lebten, überließ sie ihm in allem die Initiative. Und er konnte nicht einmal sagen, dass ihm das missfiel. Er spürte, dass er Lust hatte, mit ihr zu schlafen.

»Du siehst wunderbar aus« sagte er, und sie blieben stehen und küssten sich.

Als sie das Foyer betraten, sah Dimitri ihnen freundlich entgegen.

»Wir reisen morgen ab«, sagte Pit.

»Das ist schön«, antwortete er. »Dann können Sie ja unsere Lesung noch miterleben. Wir essen heute etwas früher, die Hausgäste, meine ich. Aber wenn Ihnen das zu früh ist, können Sie auch nach der Lesung ans Buffet gehen.«

Von ihrem Zimmer aus sah man auf die gegenüberliegenden weißen Hänge des Schafrücken. Sie hatten aber nur einen flüchtigen Blick für die Schönheit der Aussicht, und als sie miteinander geschlafen hatten, war es dunkel. Sie standen auf, packten zusammen, was sie hatten, stellten die Taschen zurück in den Wandschrank und gingen unter die Dusche.

»Für eine feine Lesung bin ich nicht angezogen« sagte Grit, und er versicherte, dass sie die Schönste von allen sein würde.

Um den Kamin in der Panoramahalle hatten sich die literaturbegeisterten Gäste versammelt. Mit dem Rücken zum Kamin saß, in einem bequemen Sessel und auf einem kleinen Tisch eine Flasche Rotwein neben sich, ein bekannter Autor. Grit und Pit betraten den Raum, als er gerade mit der Lesung begann. Es war sehr still und in der Dämmerung schien die Luft vor den großen Panoramascheiben blau. Ohne ein Geräusch zu machen, setzten sie sich in die Nähe der Tür.

Sie langweilten sich nicht, auch wenn sie der Lesung kaum zuhörten. Eine gewisse Erregung hatte sie ergriffen, die Erregung, die sie jedes Mal spürten, bevor sie aufbrachen. Ihre Sinne waren geschärft, ihre Blicke aufmerksam. Aber es geschah nichts Ungewöhnliches, wenn man davon absah, dass eine Lesung im festlichen Rahmen nicht das war, was sie üblicherweise erlebten. Offenbar hatte niemand Verdacht geschöpft. Weder tuschelten die Kellnerinnen, noch erschien ein Hausbursche, um eine wichtige Mitteilung zu machen. Als die Lesung beendet war und alle aufstanden um zu klatschen und halblaut »bravo« zu rufen, ging Dimitri an ihnen vorüber und lächelte ihnen zu.

Mit den Speisen auf dem Buffet im Alpine Fine Dining hatte die Hotelküche sich selbst übertroffen.

Während sich die Gäste nach der Lesung auf das Essen stürzten, als hätten sie wochenlang gehungert, verließen Grit und Pit über eine rückwärtige Terrasse unbemerkt das Haus. Sie nahmen den Bus zum Bahnhof. Dort stand schon, leuchtend rot und glänzend, die Rhätische Bahn bereit, die sie um 21.08 Uhr nach Chur bringen würde. In Chur nahmen sie den nächsten Zug über Basel nach Norden. In Kassel, im Hotel Wilhelmshöhe, machten sie Zwischenstation.

Obwohl sie müde waren, ein wenig zitterte in ihnen auch die Anspannung der Abreise aus Arosa nach, genossen sie die Stille in der großen Hotelhalle, das sanfte Licht der beiden beleuchteten Weihnachtsbäume am Eingang, die leise Hintergrundmusik an der Bar, die unverhohlene Bewunderung des jungen Mädchens, das sie bediente. Sie waren ein schönes Paar und sie waren geübt darin, sich mit den Augen anderer zu betrachten. Für ihre Lebensweise war das genauso unerlässlich, wie auf den Gebrauch eines Mobiltelefons zu verzichten.

Ihre Abreise am Morgen war einfach. Sie fuhren mit dem Fahrstuhl in die Garage, verließen das Hotel durch die Garagenausfahrt, machten einen herrlichen, kleinen Spaziergang über Kieswege, an bereiften Wiesen und Bäumen vorbei, fuhren mit der Straßenbahn zum Bahnhof und nahmen den nächsten Zug nach Norden.

Es war Abend, als sie auf der Insel ankamen.

Vor dem Bahnhof stand eine Telefonzelle, aber Pit sagte, die wolle er nicht benutzen, und sie gingen ein Stückchen bis zum nächsten Telefon. Sein Bruder war zu Hause. Während Pit mit ihm sprach, hörten sie im Hintergrund die Stimme seiner Frau und mehrere Kinderstimmen. Es war nicht zu unterscheiden, ob seine Nichten und Neffen oder der Fernsehapparat den Lärm verursachten; wahrscheinlich alle zusammen. Er entfernte den Hörer ein wenig von seinem Ohr.

»Mann, ich hab gedacht, ihr hättet euch 'ne anständige Arbeit gesucht«, sagte der Bruder.

Grit und Pit lächelten sich zu. Pits Bruder war eine Seele von Mensch, aber vom Leben – und vom Schreiben – hatte er keine Ahnung.

Sie verabredeten sich mit ihm in einer Stunde, gingen in eine Teestube, tranken Tee mit Rum und warteten. Während sie warteten, glaubte Pit, dass Grit missmutig aussähe. Er würde ernsthaft mit ihr darüber reden, dass sie ihre Einstellung zum Winterquartier ändern müsste. Er brauchte diese Zeit, um für den Rest des Jahres das nötige Geld herbeizuschaffen für das Leben, das ihnen beiden gefiel.

Als der Bruder die Teestube betrat, im Gegensatz zu Pit war er klein, blond und breitschultrig, standen beide erleichtert auf. Obwohl außer der Bedienung, einer zierlichen, mittelalten Dame in blau-weiß gestreifter Bluse und dunkelblauem Rock, niemand dort gewesen war, hatten sie sich ein wenig unbehaglich gefühlt; ein Gefühl, das, vielleicht, schon mit der Aussicht darauf zusammenhing, wie sie die Wochen bis zum Frühjahr verbringen würden.

»Im Augenblick ist alles leer«, sagte der Bruder, während sie zum Auto gingen. »Aber denkt bloß nicht, ihr könntet deshalb am Tage ausgehen. Wenn ihr nachts das Haus verlasst, macht kein Licht, und tagsüber ...«

»Ist ja gut, Karl«, sagte Pit. »Kein Mucks. Das wissen wir doch. Und über Weihnachten ...«

»Da habt ihr diesmal Glück«, sagte Karl. »Die Leute sind in Florida.«

Grit, die hinter Karl auf der Rückbank saß, strich sanft über seine breiten Schultern.

Die letzten hundert Meter zum Haus gingen sie zu Fuß. Ihr Weg führte zwischen Hecken hindurch, hinter denen sich schwarz und still die Umrisse der verlassenen Häuser abzeichneten. Pit wäre es lieber gewesen, wenn vor der Haustür ein Parkplatz gewesen wäre; nicht, weil ihm der Fußweg unbequem war, sondern weil man ein Auto, das vor dem Haus hielt, kaum überhören könnte. Aber weil er wusste, dass sie sich auf Karl verlassen konnten, dachte er nicht länger über die Lage des Hauses nach. Karl würde sie wegbringen, wenn die Besitzer sich ankündigten. Ausweichquartiere gab es genug.

Sie warteten, bis Karl die Taschen mit den Lebensmitteln abgestellt und das Haus wieder verlassen hatte, bevor sie sich in die Arme fielen. Grits schlechte Laune hatte sich nicht verstärkt, und er gab sich Mühe, auch noch den Rest davon verschwinden zu lassen.

»Ich glaub', es ist das Haus vom letzten Jahr« sagte Grit irgendwann. Und nach einer Weile: «Schade, eigentlich, dass wir unsere Hotels nicht zum zweiten Mal aufsuchen können. Das Kulm in Arosa war doch einfach hinreißend, findest Du nicht? Elegant und bequem und die Angestellten ungewöhnlich zuvorkommend.«

»Ich war dort am liebsten in der Nosti-Bar« antwortete Pit. Sie lachten beide, weil sie daran dachten, wie Grit dort versucht hatte, eine Zigarre zu rauchen.

Jetzt hockten sie auf einem breiten Sofa im Wohnzimmer des Ferienhauses und sahen Humphrey Bogart zu, der einen Sheriff spielte, ganz souverän, und dabei sah er so klein und dünn aus, dass man Mitleid mit ihm haben konnte.

»Ein bisschen siehst du ihm ähnlich«, sagte Grit, und sie lächelten beide, weil sie wussten, dass sie Recht hatte und dass ihrer beider Aussehen auch eine Art Kapital war, von dem sie zehrten, wenn sie unterwegs waren.

»Weißt du schon, was du schreiben wirst?«, fragte sie später.

Da lagen sie nebeneinander in einem spitzgiebeligen Schlafzimmer und hörten dem Wind zu. Er war kräftiger geworden.

»Ich glaube schon«, antwortete er. »Ich werde unsere Geschichte schreiben, nur wird sie schlecht ausgehen.«

»Du meinst, man nimmt die beiden fest?«

Er hörte Grit kichern, wandte sich ihr zu und versuchte, in der Dunkelheit ihr Profil zu erkennen.

»Ich weiß noch nicht«, sagte er. »Aber wenigstens in meiner Geschichte kommen wir noch einmal ins Kulm Hotel. Wir werden auf der Terrasse in der Sonne liegen, glaube ich. Das hat dir doch besonders gefallen.«

»Lass sie ruhig verhaften«, murmelte sie mit schläfriger Stimme, »und dann besorgst du ihnen einen Rechtsanwalt, einen besonders schlauen, der durchsetzt, dass sie zusammen in eine Zelle gesperrt werden.«

Er wollte antworten, dass seine Geschichten nie ein Happy End hätten, aber dann hörte er, dass sie eingeschlafen war und blieb still.

Die nächsten Wochen verliefen genauso, wie sie es vom letzten Jahr her kannten. Pit schrieb tagsüber an seinem Roman. Grit schlief lange, hielt sich danach lange im Badezimmer auf, hantierte ein wenig in der Küche mit den Lebensmitteln, die Karl an jedem dritten Tag brachte und begann, sich gegen Abend zu langweilen. Pit schrieb dann nicht weiter, sondern las ihr vor, was er tagsüber geschrieben hatte. Anders als im letzten Jahr hörte Grit diesmal voller Interesse zu. Sie stellte gelegentlich sogar Fragen:

»Weshalb macht sie das?«

»Warum sind sie sich einig?«

»Gibt es wirklich solche Zufälle?«

Und Pit erschien es manchmal so, als wollte sie durch ihn ihre eigene Geschichte erklärt bekommen, die ihr bisher ein Rätsel gewesen war, ja, von der sie angenommen hatte, dass es gar keine Geschichte wäre. Manchmal, gegen Abend, beobachtete er sie, wie sie an einem der Tag und Nacht verhängten Fenster saß, vor sich hin blickte und angestrengt nachdachte. Er hörte dann auf zu schreiben und wartete, bis sie zu sprechen anfing.

»Ich bin mit dir gegangen, weil nichts von dem, was ich bis dahin getan hatte, wirklich war« sagte sie dann wohl. Oder: »Zufall und Notwendigkeit, du glaubst also, beides hängt zusammen?«

Manchmal sahen sie in der Nacht einen Film und anschließend die Spätnachrichten. Sie sahen nichts, was sie interessierte und lächelten ein wenig mitleidig über Polizisten, die nach Terroristen suchten. Die Nachrichten kamen aus einer hysterischen Welt, die sie nichts anging. Sie schalteten bald wieder ab.

Er kam mit seiner Arbeit gut voran. Sie hatte nur selten schlechte Laune. Aber am schönsten waren die Nächte. Sie warteten immer bis nach Mitternacht, bevor sie das Haus verließen, obwohl sie von Karl wussten, dass die Häuser in der Nachbarschaft leer standen. Sie gingen dann durch die Dünen zum Strand. Die Augen gewöhnten sich sehr schnell an die Dunkelheit (»wir sind Maulwürfe«, sagte Grit lachend) und schon nach kurzer Zeit kam es ihnen so vor, als wäre das Meer nachts gewaltiger als am Tag, als wäre der Strand nachts weißer als in der Sonne und als wären die Rufe der Nachtvögel lebendiger als die der Vögel am Tag. Sie gingen vier oder fünf Stunden, bei jedem Wetter. Manchmal hockten sie in den Dünen und horchten auf das Wasser, das an den Strand schlug und sahen den

Kaninchen zu, die im Mondschein herumhoppelten. Einmal schliefen sie ein und wachten erst auf, als es schon hell wurde. Es war klar, dass es zu spät war, um ins Haus zurückzukehren. An diesem Tag blieben sie am Strand, tranken im nächsten Dorf in dem einzigen Café, das geöffnet war, Tee mit Rum zum Frühstück, kehrten dort gegen Abend noch einmal ein, um zu essen (am Nachmittag waren sie im Kino gewesen, Grit war sofort eingeschlafen und er hatte mit Interesse den Untergang und den Tod des Helden verfolgt, aber keine Parallelen zu ihrem Leben entdecken können. Was taten sie schon, das einer so empfindlichen Strafe bedurft hätte), blieben bis weit nach Mitternacht am Strand und kehrten gegen Morgen müde und glücklich zurück, um zu schlafen.

Dann, eines Tages gegen Mittag, als Grit aufstand, um Kaffee zu machen, stellten sie fest, dass Karl nicht da gewesen war. Weder im Flur noch in der Küche stand die Tüte mit den Lebensmitteln, die sie erwarteten. Da sie glaubten, sich auf Karl verlassen zu können und außerdem Vorräte noch reichlich vorhanden waren, dachten sie nicht weiter darüber nach. Fragen konnten sie ihn nicht, denn zwischen ihnen und Karl gab es zwei Absprachen, die unbedingt eingehalten werden mussten: wenn sie aus dem Haus gehen wollten, hatten sie zu warten bis nach Mitternacht. Und sie durften das Telefon im Haus nicht benutzen, weder um Karl noch um irgendjemand anderen anzurufen.

Karl kam auch in den nächsten Tagen nicht. Grit schlug vor, nachts in das nahe gelegene Dorf zu gehen und nachzusehen, ob er zuhause wäre.

»Weshalb sollte er nicht da sein«, sagte Pit. »Er hat Weib und Kind. Vielleicht hat er einfach nur die Grippe.«

Aber insgeheim wusste er, dass Karl auch mit Grippe die Tüte mit den Lebensmitteln gebracht hätte. Es war seine Aufgabe, nach ihrem Haus und nach einigen anderen Häusern in der Nachbarschaft zu sehen, solange die Besitzer nicht dort waren. Und er war eben einer, auf den sich die Leute verlassen konnten.

»Teil die Lebensmittel, die wir haben, ein bisschen ein«, sagte Pit. »Ich will sehen, dass ich fertig werde. Zwei, drei Tage, mehr brauche ich nicht. Wenn ich das Manuskript abliefere, haben wir die erste Rate.«

»Und wenn sie es nicht nehmen?«

»Schaf. Weshalb sollten sie nicht? Es ist eine Liebesgeschichte und du kommst drin vor, in einem wunderschönen Hotel.«

»Ich«?

»In jeder Liebesgeschichte muss eine wunderschöne Frau vorkommen, wenn sie den Leuten gefallen soll«, antwortete er, und seine Stimme klang so sicher, dass Grit beruhigt war.

Er selbst war es nicht. Dass der Verlag sein Manuskript nehmen werde, war sicher. Aber er hatte eine Beobachtung gemacht, die ihn beunruhigte. Als sie gegen Morgen nach Hause gekommen waren, hatte er geglaubt, einen Lichtschimmer unter der Haustür des Nachbarhauses gesehen zu haben. Er hatte daraufhin die beiden anderen in der Nähe liegenden Häuser betrachtet. Die Häuser waren sich ähnlich. Mit ihren tief heruntergezogenen Strohdächern standen sie wie riesige Steinpilze gegen den helleren Nachthimmel. Er hatte den Lichtschein auch unter den Haustüren der beiden anderen Häuser sehen können. Wurden sie beobachtet? Kaum vorstellbar. Karl hätte sie doch gewarnt.

Er wusste, dass die Häuser nicht bewohnt waren. In den vergangenen Wochen hatte er dieses Licht nicht bemerkt. Es wäre ihm aufgefallen, da war er ganz sicher. Hatten sich dort heimlich Menschen einquartiert, Menschen, wie Grit und er, die beschlossen hatten, nach ihren eigenen Regeln zu leben, sich an keine Konventionen zu halten, frei zu sein?

Der Gedanke war ihm unangenehm. Für ihn gehörte zu dem wunderbaren Leben, das sie führten, auch, dass sie als Einzige auf die Idee gekommen waren, aus allem auszusteigen, nur das zu tun, was ihnen Spaß machte, nur ihrer Liebe zu leben. Er fühlte sich klebrig, unsauber, so als hätten ihn Hände berührt, die schmutzig waren, wenn er daran dachte, dass hinter den Türen der Nachbarhäuser vielleicht andere saßen, die ihnen ähnlich waren. Sie mussten hier weg.

In den nächsten zwei Tagen schlief Pit nicht. Er schrieb, um fertig zu werden.

»Eine Nacht noch«, sagte er. »Irgendetwas ist los, ich spür' s doch. Ich kann heute Nacht nicht mitkommen. Wenn du zurück bist, bin ich fertig. Dann räumen wir auf und sobald es dunkel ist, gehen wir.«

»Nachts fährt kein Zug von der Insel«, sagte Grit, »und ein Hotel kommt hier wohl nicht in Frage.«

»Fang schon mal mit dem Aufräumen an. Und wenn du heute Nacht nach draußen gehst, such dir eine Telefonzelle und versuch, Karl zu erreichen. Sag ihm, oder seiner Frau, egal, wer dran ist, sag, dass wir morgen weg sind. Das wird ihn erleichtern. Wir kriegen das schon hin. Zur Not bleiben wir in den Dünen, bis ein Zug fährt.«

Grit war erstaunt darüber, dass er es plötzlich so eilig hatte. Er sah es in ihrem Gesicht. Aber sie sagte nichts und er war ihr dankbar dafür.

Nachts, bevor sie ging, stellte sie eine Kanne mit Tee neben ihm auf den Tisch. Es war eine dicke, schwarze, englische Teekanne, die gemütlich aussah, und er dachte bei ihrem Anblick daran, dass der Winter noch nicht vorüber war.

Grit kam nicht zurück.

Er war gegen Morgen mit der Arbeit fertig geworden, hatte hinter dem Fenster gesessen und auf sie gewartet, bis es begann, heller zu werden. Durch einen Spalt zwischen den hölzernen Fensterläden starrte er auf den von Heckenrosen eingefassten Weg, der zur Haustür führte. Er sah die zerzausten Sträucher, die rötlich schimmernden Hagebutten, das dunkle Pflaster des Weges, in der Ferne die unregelmäßige Linie der Dünen. Der Anblick, ein typisches Bild der Insel, gefiel ihm, aber je länger er hinausstarrte, desto trübseliger kam ihm die Landschaft da draußen vor, und am Ende, da war es schon hell und er verstand, dass Grit nicht mehr kommen würde, fragte er sich, weshalb sie hierher gegangen wären, in diese kahle, graue, abweisende Öde.

Er fragte sich auch, was er nun tun sollte. Ihm wurde klar, dass er nicht die Geduld aufbringen würde, den Abend, die Dunkelheit abzuwarten, bevor er das Haus verließe. Er musste Grit jetzt suchen. Es könnte ihr etwas zugestoßen sein. Vielleicht lag sie in den Dünen und brauchte seine Hilfe. Vielleicht war sie auch nur zu lange bei Karl geblieben und hatte sich dann entschlossen, dort die nächste Nacht abzuwarten. Oder Karl war ernsthaft krank. Grit half seiner Frau, kümmerte sich um die Kinder. Es gab viele Möglichkeiten, die sie daran gehindert haben konnten, rechtzeitig zurückzukommen. Er musste sich Klarheit verschaffen.

Pit schloss die Taschen, seine und die von Grit. Er verstaute das Manuskript sorgfältig auf dem Boden von Grits kleinem Rucksack, den er auf den Rücken nahm, bevor er die Haustür öffnete, die Taschen davor auf den Boden setzte und die Haustür abschloss. Er steckte den Schlüssel in die Hosentasche und wandte sich um.

Vielleicht war der Wind zu laut oder er war mit seinen Gedanken zu weit weg gewesen. Er sah die vermummten Männer, die ihre Maschinenpistolen auf ihn gerichtet hatten, erst in diesem Augenblick. Sie mussten gar nicht sagen, dass er die Hände hochnehmen solle. Er griff einfach nicht mehr nach den Taschen, sondern hielt die Hände in die Luft und wartete. Einer der Bewaffneten hob seine Maschinenpistole ein wenig an. Pit sah, dass dessen Nebenmann den Mund bewegte, während er weiter zu ihm herüberstarrte, aber er konnte nicht hören, was der Mann sagte. Der Wind war zu heftig.

»Lass ihn«, hatte der Bewaffnete gesagt, »eine Tote reicht. Außerdem brauchen wir seine Aussagen.«

Später dachte Pit manchmal, dass er die Männer vielleicht veranlasst hätte zu schießen, wenn er in diesem Augenblick gewusst hätte, dass Grit nicht mehr am Leben war. Aber sicher war er nicht.

Auf der Suche nach dem Kopflosen

TATJANA KRUSE

An einem nasskalten Februartag, Pizol und Falknis waren wolkenverhüllt, parkte ich in meinem koreanischen Kleinwagen vor dem Hotel Schloss Ragaz, im Kofferraum eine zusammengefaltete, kopflose Leiche.

Mein Name tut nichts zur Sache. Ich bin weiblich, ledig, post-klimakteriell und arbeite in der Müllentsorgung. Mein Job ist nicht nur olfaktorisch bedenklich, aber einer muss ihn ja tun. Und nachdem die Kinder aus dem Haus waren und mein Mann fand, dass er mich durch eine halb so alte Ausgabe meiner selbst ersetzen sollte, konnte ich beim Wiedereinstieg ins Berufsleben nicht allzu wählerisch sein, also wurde es die Abfallbeseitigung.

Wenn ich Abfall sage, meine ich das im weitesten Sinne. Ich rede hier von besonderem Bio-Müll. Also, ich kann's ja gleich offen sagen: Ich entsorge Leichen. Meine Auftraggeber sind russische Oligarchen, asiatische Gang-Chefs, italienische Paten, freiberufliche Auftragskiller von überallher. Ich arbeite international und vorurteilslos. Der Job liegt mir – ich habe immer schon gern für Ordnung gesorgt. Und meine Leichen sind ja keine unbescholtenen Familienväter, sondern durch die Bank üble Gestalten – konkurrierende Drogenhändler oder Waffenschieber oder korrupte Politiker. Die Welt ist ohne sie besser dran. Ich töte nicht, ich sorge nur für die korrekte finale Lagerung. Wenn Sie mich fragen: Frauen können das besser als Männer. Wir haben das Saubermachen im Blut. Keine meiner Leichen wurde je gefunden und das sollte bei der neuen genauso bleiben.

Ich hatte sie bei einem Sammler in Basel abgeholt. Der Mann sammelte Köpfe. Ich meine das nicht im übertragenen Sinne. Er legte die Schädel abartiger Krimineller in Alkohol ein und lagerte sie in großen Glasbehältern im Keller. Keine Ahnung, wo er seine Kriminellen auftrieb, aber der momentane war ein brutaler Frauenhändler gewesen, dessen Schädel ich zwar nicht zu Gesicht bekam, dessen weißer Leinenanzug und Schlagringe an den wurstigen Fingern jedoch Bände sprachen. Früher hatte Igor immer die lästigen Körper für den Sammler entsorgt, aber Igor ging jetzt in Ruhestand und hatte mich als Nachfolgerin empfohlen. In der Abfallbeseitigung hängt immens viel von Empfehlungen ab. Wenn ich das jetzt gut machte, würde mich der Sammler von nun an womöglich immer beauftragen. Ich wollte mich also besonders anstrengen. Wir sprechen hier schließlich von einem erklecklichen Auftragsvolumen.

Mit der Leiche im Kofferraum zuckelte ich durch die Ostschweiz. Mein Geheimnis sind Spontaneität und Vielfalt. Ich fahre einfach los und schaue, was mich unterwegs inspiriert. Meine Konkurrenz hat zumeist feste, wie in Stein eingemeißelte Methoden – Sergio deponiert seine Toten grundsätzlich in Müllverbrennungsanlagen, Beat ist für seine Entsorgung in Güllegruben berüchtigt, aber hören Sie auf meine Worte: Wenn man von denen jemals auch nur *eine* Leiche findet, kommt die Lawine ins Rollen, eine Leiche führt zur nächsten und sie fliegen schnurstracks auf. Bei mir wird dagegen jede Leiche individuell entsorgt. Das garantiert mir größtmögliche Sicherheit vor Enttarnung.

Bei dem kopflosen Frauenhändler wurde es aus einer plötzlichen Inspiration heraus Bad Ragaz. Ich kam an dem Schild Schloss Ragaz vorbei, fasste spontan den Entschluss, mich dort mit einer heißen Schokolade aufzuwärmen, schließlich war Februar, und was sehe ich, als ich in die Auffahrt zum Schloss einbiege? Einen Kopflosen. Ich wusste damals noch nicht, dass ein durch Spaltenfrost verursachter Steinschlag die Skulptur erst kurz zuvor enthauptet hatte und man den Kopf bald darauf wieder aufsetzen wollte. Ich sah nur den kopflosen Steinkörper und wusste, das ist ein Zeichen des Schicksals. Also mietete ich mich im Hotel ein.

Bei den eisigen Temperaturen blieb der kopflose Tote in meinem Kofferraum gut gekühlt und hielt noch ein paar Tage. Ich nahm mir vor, am nächsten Morgen die perfekte Entsorgungsmethode zu suchen. Nach einem fabelhaften mehrgängigen Abendessen, einem ruhigen Nachtschlaf in Zimmer drei des Schlosses und einem ausgedehnten Frühstück ließ ich mir an der Rezeption einen Stadtplan geben und tigerte los. Als Erstes nahm ich mir den Friedhof vor. Meine Klappschaufel hatte ich grundsätzlich dabei und bei einem frisch ausgehobenen Grab ließ sich nachts um zwei problemlos noch ein Geköpfter unterheben. Aber ich hatte nicht mit dem gesunden Klima von Bad Ragaz gerechnet. Es gab keine frischen Gräber. Hier schienen alle impertinent gesund und langlebig.

Ich geriet nicht in Panik. Bei strahlendem Sonnenschein und vor funkelnder Bergkulisse spazierte ich am Rhein entlang zum Giessenpark, wo es – laut Plan – einen See geben sollte. Wenn der tief genug war, konnte ich die Leiche dort versenken. Aber er war nicht tief genug. Ein herber Rückschlag, den ich aber gut verkraftete.

Der Pizol lockte mich. Nur wenig abseits des Höhenwanderweges mochte es eine exzellente Möglichkeit geben, den Toten - mit meiner mobilen Kreissäge in Klein- und Kleinstteile zerlegt und ordnungsgemäß in die Gebührenkehrichtsäcke der Gemeinde Bad Ragaz verpackt – so zu vergraben, dass er erst Jahrhunderte später als Einzelteil-Ötzi von nachfolgenden Generationen entdeckt würde. Wie sich jedoch leider herausstellte, war ich alles andere als höhentauglich. Schlimmer noch, ich war die Höhenuntauglichkeit in Person. Dank Augenzukneifens schaffte ich es gerade mal mit der Gondel zur ersten Bergstation, aber vor dem Sessellift kapitulierte ich. Auf der Rückfahrt ins Tal geriet ich dermaßen in Panik, dass ich mich in den Ärmel eines Wildfremden verkrallte. Nein, der Berg war vor mir und meinem Kopflosen sicher.

Mit zittrigen Knien kehrte ich ins Hotel zurück. Und wie ich so auf dem Rückweg am Parkplatz vorbeikomme und nach meinem Wagen schaue, was ich immer tue, weil ich selbstredend diverses Bargeld und mehrere Pässe im Auto versteckt habe, werfe ich auch ganz automatisch einen Blick in den Kofferraum. Und da stelle ich fest:

Meine kopflose Leiche ist weg!

Mein erster Gedanke: Die Polizei! Man ist mir irgendwie auf die Schliche gekommen. Vielleicht hat mich der Sammler aus Basel verraten. Gehetzt sehe ich mich um. Nichts. Kein Sondereinsatzkommando kommt mit gezückten Waffen auf den Parkplatz gelaufen. Hier bin nur ich, mein leichenloser Kleinwagen und Hauskater Basil auf Mäusepatrouille.

Also, aufgestanden und weggegangen kann der Kopflose auch nicht sein. Jemand muss ihn eingesackt haben!

Ich schlucke schwer.

An Abendessen ist nicht zu denken. Während die anderen Gäste sich das Menü schmecken lassen, suche ich das Hotel ab. Die großen Mülltonnen zuerst. Nichts. Hinter dem Restaurant. Auch nichts. Ich laufe bis hin zur malerischen Grotte hinter dem oberen Parkplatz. Absolut gar nichts. Mittlerweile fängt es an zu schneien. Sollte es Spuren im Boden geben, werden sie nun zugedeckt. Langsam werde ich hektisch. Die Pavillons sind unergiebig, das Schloss ebenfalls. Ich schaue sogar auf allen Gästetoiletten in den Fluren nach, aber auch da sitzt keine kopflose Leiche.

Flucht ist keine Option. Wenn man in eine Ecke gedrängt wird, hilft nur Angriff. Oder Aussitzen. Angezogen setze ich mich also auf mein Hotelbett, meine Handfeuerwaffe entsichert im Schoß. Irgendwann muss ich eingenickt sein. Ich wache von leisen Schritten auf. Nicht leise genug. Die Augen noch geschlossen haltend, zähle ich auf zehn, lausche den Schritten, bis ich sicher bin, wo der Eindringling steht, dann reiße ich die Augen auf und reiße die Hand mit der Waffe nach oben und schieße. Man hört dank des Schalldämpfers nur ein leises »Plop«. Sollten Sie je im Zimmer drei nächtigen, werden Sie das Einschussloch in der Stuckblumengirlande neben der Tür zum kleinen Salon bemerken. Das war ich. Ein beeindruckender Schuss. Nur nicht für den Kopflosen. Es war nicht *mein* Kopfloser, sondern der kopflose Steinkrieger von der Einfahrt. Er stand im Türrahmen, lehnte sich auf sein Schwert und kicherte. Ja, er kicherte. Das hätte ich schwören können. Als ich aufschrie, löste er sich in Luft auf.

Den Rest der Nacht verbrachte ich zitternd und hellwach. Am nächsten Morgen packte ich meine Reisetasche und trug sie über die Treppe zum Restaurant nach draußen, um sie in meinem Kleinwagen zu verstauen. Ich hatte genug von diesem Auftrag.

Da sah ich es.

Eine Art umgebautes Golfwägelchen zuckelte durch den knöchelhohen Schnee die Ausfahrt hinunter. Und hinten, auf der Ladefläche, auf der sonst die Hotelwäsche transportiert wurde, saß meine kopflose Leiche, komplett mit Leinenanzug und Schlagringen.

»Halt!«, gellte ich und lief hinterher.

Der Golfwagen zuckelte ungerührt weiter. Ich konnte nicht sehen, wer am Steuer saß, aber die kopflose Leiche schien mich zu verhöhnen.

Ich nahm die Abkürzung übers Grün, das jetzt Weiß war, glitschte im Schnee aus, rappelte mich wieder auf, hechtete weiter und wuchtete mich seitlich in die Fahrerkabine des Golfwagens.

Und am Steuer saß: Beat, mein Güllegrubenkonkurrent!

Er wollte mir einen linken Haken versetzen, aber Beat war ein Schrank von einem Kerl und seine gigantische Linke verhakte sich im Golfwagendach.

»Was soll denn das?«, rief ich.

»Hier ist kein Platz für uns beide!«, brüllte er und ich war mir sicher, dass er nicht nur den Golfwagen, sondern die ganze Schweiz meinte, wenn nicht gar ganz Europa oder den Globus als solchen. Und das wurmte mich dann doch. Ich hatte nie irgendwem eine Leiche abspenstig gemacht! Meine Kollegialität stand völlig außer Frage. Und es gab doch weiß Gott genug tote Schurken für uns alle, oder?

Ich versetzte Beat eine knallharte Kopfnuss und traf ihn voll auf die Nase. Beat schrie auf. Ich legte mit einer kurzen Rechten nach und Beat sackte in sich zusammen. Frauen älteren Semesters werden ja grundsätzlich unterschätzt. Das hatte er nun davon!

Der Golfwagen raste, gleich nachdem ich abgesprungen war, gegen einen unschuldigen Baum. Ich glaube, es war eine Blutbuche, zumindest meinte ich es auf dem kleinen Holznamensschild zu lesen, das jemand am Stamm angebracht hatte, aber sicher war ich mir da nicht, ich hatte meine Brille nicht auf. Beat lag bewusstlos hinter dem Lenkrad eingeklemmt, nur die kopflose Leiche kippte von der Ladefläche und blieb im Schnee liegen.

Ich eilte zum Hotel zurück und checkte aus. Als ich mich mit meinem Kleinwagen auf den Weg machte, dekorierten Beat und die Leiche immer noch die Blutbuche.

Wie ich später aus der Zeitung erfuhr, fand ein Kellner auf dem Weg zur Arbeit kurz darauf Beat und den Kopflosen und weil Beat eine Karte der Schweiz mit allen großen Güllegruben bei sich hatte, entdeckte man in diversen Jauchegruben noch das eine oder andere Kunsthüftenteil, auch einen oder zwei Goldzähne, die man vermissten Toten zuordnen konnte. Beats Karriere war beendet.

Meine aber auch. Ich war für das Entsorgen von Bio-Müll wohl doch nicht dauerhaft geeignet. Zu zart besaitet, wer hätte das gedacht? Die toten Menschen hätte ich noch weggesteckt. Selbst das Mobbing durch Entsorgerkollegen wie Beat machte mir nicht zu schaffen. Nein, es war etwas anderes.

Heute helfe ich hin und wieder in der Reinigungskolonne in einer Ferienhaussiedlung nahe des Comer Sees aus. Ich bin jetzt auch in Therapie. Mein Psychotherapeut meint, dass er mich irgendwann wieder berufstauglich machen kann. Aber ich will nur irgendwann wieder einmal eine Nacht durchschlafen können. Weil nämlich jeden Abend, exakt um Mitternacht, höre ich die für einen steinernen Rüstungsträger erstaunlich leise Schritte auf mich zukommen und dann steht er Nacht für Nacht getreulich neben meinem Bett und kichert, ja, er kichert und freut sich und stützt sich schwer auf sein Schwert: Der Kopflose aus der Einfahrt vom Hotel Schloss Ragaz!

Das Mädchen mit dem Sonnenhut

Ursula Haas

Jemand musste ihn verraten haben. Er aber wusste es nicht. Sie betraten das Hotel wie zwei Schauspieler die Bühne. In Premierenstimmung. Versucht gelassen, aber in äußerster Anspannung. »Untertreiben, nicht übertreiben«, hatten sie sich für ihre Auftritte im Hotel immer wieder ermunternd zugeflüstert.

Pierre war dem Portier, der sie vor dem Eingang begrüßt hatte, mit Abstand gefolgt. Er lächelte Marie-Josephine zu, die neben ihm in kleinen Schritten die Treppe emporstieg, um ihrer Lässigkeit Ausdruck zu geben. Ihre Louis Vuitton-Koffer rollten, von einem Pagen geschoben, auf einem Wagen mit polierter Messingverkleidung.

Zwei ältere, streng gekleidete Damen kreuzten ihren Weg zum Empfang. Sie sahen sie an und tuschelten. Ihr kleiner, weißer Hund an der Leine drehte sich schnuppernd nach ihnen um.

Die Empfangsdame öffnete ihr ganzes Gesicht, als Herr und Frau Duhamel, so sagte sie in freundlichem Ton, vor dem Empfang angelangt waren. Pierre hatte mit sehr leiser Stimme, eher nuschelnd, seinen Namen kundgetan. »Wie schön, Sie einmal wieder in unserem Haus begrüßen zu können … ja, natürlich, die *Suite Engadin* … verzeihen Sie die Formalitäten … danke … auch Sie, gnädige Frau … danke und noch mal danke … die Pässe können Sie später vorlegen ... natürlich, gerne.«

Der Hotelpage stand mit ihren Koffern vor dem Lift, wartete gelassen. Das waren richtig vornehme Leute, dachte er. Sein Chef hatte ihm beschrieben, wenn ein Gast vornehm war oder nur so tat als ob. Schau nicht nur, ob einer Kaschmir trägt oder eine Rolex anhat, achte auf die Bewegungen und achte immer auf die Schuhe.

Marie-Josephine erkannte einige Möbelstücke und Dekorationen wieder – Vorhänge und Lampen – als sie im obersten Stockwerk den Lift verließen. Das antike Tischchen mit dem Gobelin-Sesselchen vor der Suite war mit einem ähnlichen Blumenstrauß geschmückt wie damals, als sie vor einem Jahr hier abgestiegen waren. Die *Suite Engadin*! Ihr Herz schlug bis zum Hals. Sie hörte Pierre neben sich schnell und laut atmen. Sie merkte, wie der Page sich umdrehte und ihn mitleidig ansah. Marie-Josephine berührte ihren Mann leicht am Ärmel, Pierre bemerkte es nicht. Ihre Schritte wurden von dem weichen Flor des Teppichs eingesaugt und es schien Marie-Josephine, sie flöge über den Flurboden, sie flöge in Richtung neues Leben. Neues Leben? Im Augenblick drehten sich ihre Gedanken und standen eher Kopf, als dass sie sie auf ein konkretes Bild außerhalb ihrer äußersten Gefühls-Spannung fixieren konnte.

Aber da standen sie vor der Tür. Der Tür vor der *Suite Engadin*. Der Page öffnete sie eilfertig und trat ein. Pierre stützte sich einen Augenblick an dem weißen Türrahmen ab und folgte dem jungen Mann in Livrée, der das Gepäck im Vorraum platzierte. Marie-Josephine steckte ihm einen Geldschein zu und schloss hinter ihm die Tür.

Die Suite! Ihre Quelle einer neuen Zukunft! Glück und Reichtum von unvorstellbarem Karat.

Marie-Josephine wäre beinahe ihrem Mann in den Rücken gelaufen. Wieso blieb er in der Tür wie angewurzelt stehen? Jetzt war er doch am Ziel seines so spitzfindigen und Glück bringenden Planes?!

Marie-Josephine stolperte an ihrem Mann vorbei und ihr war, als sei sie auf einem fremden Planeten und nicht in der erwarteten Suite gelandet. Sie versuchte, ruhig zu atmen. Sie schwieg.

»Das darf doch nicht wahr sein? Sind wir hier richtig?« Pierre lief vor die Tür und kam wieder zurück, puterrot im Gesicht und japsend wie ein untergehender Frosch. Es ist die *Engadin.* Marie-Josephine hatte sich nicht gerührt. Ihr Blick hakte sich in der Gebirgskette vor den riesigen Fenstern fest und suchte Halt an Schneespitzen und Felszacken. In ihrem Kopf tobte es.

Pierre ging die Wände des Salons entlang, strich mit aufgeregten Händen über die Tapete, blieb an einer Stelle neben dem hellroten Sofa stehen und streckte sich vor der Mauer, als suchte er verzweifelt ein verborgenes Heiligtum.

Marie-Josephine suchte die Bar. Sie fand sie in einem Schrank aus Zedernholz. Sie war umgeben von Zedernholz oder war es Kirschbaum? Bis zum Rand der Decke umwuchs sie das Holz. Himmel, war sie in einer vornehmen Berghütte gelandet? Sie schüttete zwei Gläser mit Whisky halbvoll und reichte eines ihrem Mann. Sie tranken synchron und ex.

Pierre griff zum Telefon und rief die Dame des Empfangs an. »Was ist mit der Suite passiert? … Alles verändert. Wissen Sie …« Pierres Stimme erhob sich und drehte seinen Wortschwall in abstürzende Wut. »… Was sagen Sie?! Jerry Libessand aus New York – aus Zürich … der Innenarchitekt?!« Pierre zwang sich zu einer Pause »… Ach so. Schade. … Doch, doch, es ist alles in Ordnung. … Nur so verändert, so neu … so viel Holz«, schob er verlegen nach.

Pierre legte sich auf das altrosa gepolsterte Sofa. Die Kälte des Stoffs kroch ihm durch den Körper, und er musste seine Tränen zurückhalten, als die Louis XV Möbel, der elegante

Sekretär, die dunkelgrünen Damastvorhänge, die seidenbespannten Lampenschirme, die feinen Ghom-Brücken vor ihm erschienen. In diesem Stil hatten sie die Engadin-Suite vor einem Jahr genossen.

Aber eigentlich war ihm die neue Einrichtung völlig egal, er hätte sich sogar in den Ausdruck verstiegen, die frühere als altmodisch zu bezeichnen. Echtes Louis XV aus dem 18. Jahrhundert war es natürlich nie gewesen. Er blickte sich in dem Zimmer im Landhausstil um. Das helle Holz und die Rottöne umschwirrten ihn. Er kreuzte seine Arme über seine geschlossenen Augen. Mein Gott, das Wichtigste fehlte.

Oft sind es ja die Frauen, die sich schneller aus einer Schockstarre zu befreien vermögen als die Männer. Oder erschien in Marie-Josephines Gesicht da nicht ein kleines Lächeln?

Marie-Josephine strich Pierre leicht über sein Haar und verschwand, ihren Koffer nachziehend, in das Schlafzimmer. Pierre hörte sie eine ziemliche Weile in Bad und Dusche hantieren und ihm war es sehr recht, sich alleine sammeln und konzentrieren zu können. Was sollte er tun? Waren nun alle Pläne verdorben? Was sollte er dem japanischen Händler sagen? Gut, dass er das Geschäft nicht mit dem Gregorowitsch abgeschlossen hatte.

Es klopfte an der Tür. Ziemlich laut. Warum erschrak er? War man ihm doch auf die Spur gekommen?

Pierre erhob sich und als er öffnete, stand da der Page mit einem Servierwagen, auf dem eine Flasche Champagner im Eiskübel, zwei Sektgläser und eine Platte mit einigen Canapés stand. »Ein Gruß des Hauses«, strahlte der Junge ihn an, und seine gegelte Frisur ließ kein Haar aufstehen. Er fuhr den Wagen bis in die Mitte des Raumes, verneigte sich und hatte die Suite verlassen, bevor Pierre seine Geldbörse gezückt hatte.

Marie-Josephine betrat den Raum. Selten vermochte sie ihn noch zu überraschen, aber jetzt in seinem verzweifelten Tief seiner Existenz bot sie ihm eine kurze Ablenkung. »Wie schön du bist, Chou-Chou!« Marie-Josephine erkannte, dass ihr Auftritt ins Schwarze treffen würde. Dort, wohin sie sich auf den Weg machen wollte.

Marie-Josephine fuhr mit dem Lift hinunter. Die Menschen in dem großen, hellen Salon saßen schweigend in ihren tiefen Sesseln, und sie kamen ihr wie arme Seelen aus dem Fegefeuer vor. In ihrem schmalen, kaminroten Kleid und den High Heels schritt sie durch die Flammen wie ein Erzengel oder auch wie jene eleganten Frauen der 40er Jahre des letzten Jahrhunderts sich in Filmen bewegten. Rita Hayworth oder die Garbo. Hotelleben war ihr Terrain. Keine Villa an der Côte, keine Wohnung auf der Île in Paris, kein Appartement auf Manhattan. Nein, sie liebte es, in einer Suite im Ritz, im Beau Rivage, im Atlantic, im Walther, im Baur au Lac oder dem Burj Al Arab zu wohnen. Dieses Wohnen fühlte sich wie Freiheit und Luxus an. Dubai wartete auf sie!

»Gnädige Frau, kann ich Ihnen helfen?« Die Empfangsdame kam ihr mit leicht schräger Kopfhaltung entgegen.

Marie-Josephine ließ sehr viel Luft durch Nase und Mund ziehen, bevor sie mit leiser Stimme und einer Verzögerung der Worte nachgehend ins Sprechen kam. »Nun, tatsächlich, da gibt es ein Problem.« Ihre Mundwinkel zitterten ein wenig, und die Nasenflügel bebten. Die Empfangsdame beobachtete sie genau. Auch sie, im Inszenieren geübt, wartete.

»Ja, bitte? …« mehr äußerte sie sich nicht.

Marie-Josephine hielt ihre schmalen, blassen Hände vor ihrem Körper verschränkt, zog die Schultern ein wenig empor, so als stellte sie die Frage ihres Lebens (Diese Geste hatte sie bei der Huppert auf der Bühne in Avignon beobachtet).

»Wir wohnen doch seit Jahren in der *Engadin* ...« Marie-Josephine lächelte. Die Dame lächelte zurück. »Und nun ... diese Überraschung«, eiferte die Empfangsdame ein bisschen zu eilig.

»Aber warum?« Marie-Josephine sagte das sehr deutlich und mit Nachdruck.

Ihr Gegenüber senkte den Kopf, schüttelte wortlos ihren Kopf. »Die neue Zeit, Frau Duhamel, die neue Zeit!« Marie-Josephine ließ die Empfangsdame in ihren Gedanken baumeln und hielt ihr Schweigen durch.

»Herr Direktor Walther kann es Ihnen erklären, gnädige Frau. Ich bin zum Schweigen verpflichtet.« Sie verneigte sich leicht und ging schnellen Schrittes davon. Hier in der Halle der Seligen wollte Marie-Josephine sich nicht weiter aufhalten. In der kleinen Hotelbar ließ sie sich einen doppelten Espresso servieren.

Sie rief auf dem Handy ihren Bankier im Marais an und fragte, ob er alle Transaktionen vorbereitet hätte. Beruhigt lehnte sie sich zurück, zog den kleinen Spiegel aus ihrer Clutch aus dunkelgrüner Schlangenhaut und kontrollierte ihr Make-up, bevor sie Direktor Walther in seinem Büro aufsuchen wollte. Was war mit dem Inventar der Suite geschehen?

Durch die Fenster Richtung Tal schien die Landschaft plötzlich bedrohlich auf sie zuzukommen. Dämmerung brach in das taube Licht, und einzelne dunkle Wolkenfetzen huschten über den graublauen Himmel. Die Höhe der schneebedeckten Berge unüberwindbar und die steilen, felsigen Abhänge eine undurchdringliche Wand. Sie fror plötzlich. Diesmal musste sie fliehen. Sie musste die einzige Chance für sich nutzen. Aber kam diese Chance überhaupt noch?

Herr Walther begrüßte sie mit einem hellen Lächeln auf dem Gesicht. »Ja, so ist das, gnädige Frau. Wir wollen unseren Gästen *Bewährtes, Ursprüngliches und Prickelndes in imposanter Kulisse* bieten. Und es wurde Zeit, auch die *Suite Engadin* zu erneuern. Sozusagen *Made by Engiadina* oder *made by us*!« Herr Walther strahlte Marie-Josephine an.

»Ja, eben, Prickelndes ...«, fiel ihm Marie-Josephine ins Wort. »Die *Suite Engadine.* Unsere Lieblingssuite in Ihrem Haus. So verändert! Mein Mann ist empört. Er will abreisen ...« und nach einer Pause und mit leiser Stimme umfing sie Herrn Walther mit der schmeichelnden Frage: »Wo haben Sie denn die Einrichtung der Suite?«

Herr Walther räusperte sich, und seine sich straffende Körperhaltung schien ihm und vor allem Marie-Josephine Land in Sicht zu verheißen.

»Sie sind nicht der einzige Gast, dem die Louis XV Möbel unserer Suite gefallen haben. Wir bekamen – wenn auch selten – Anfragen, und ebenso haben wir Stammgäste verloren durch die neue, ländliche Einrichtung der Suite.«

Das interessierte Marie-Josephine nicht im Geringsten.

»Sie haben Glück, gnädige Frau! Freitag ... ich meine morgen ... veranstaltet das Auktionshaus Kettelbaum aus Zürich eine Versteigerung hier im Haus und auch unsere Suitenmöbel werden angeboten werden. Heute Nachmittag können sie die Auktionsware besichtigen.«

»Das wird meinen Mann sehr freuen«, strahlte sie Herrn Walther an und verließ sein Büro. Sie schöpfte Hoffnung.

Mit schwungvollem Schritt näherte sie sich der Suite, betrat sie und als sie Pierre die Nachricht sagen wollte, sah sie ihn. Sah sie ihn sitzen. Sah sie ihn, wie er seit Tagen, Nächten, Wochen, Monaten am liebsten seine Zeit, sein Leben verbrachte.

In seinem Reich. Seinem Reich der Fantasie, der Lust, der Erfüllung. Die junge Frau lag nackt vor ihm. Ihr roter Mund lächelte und auf ihrer Haut spielten Sonnenflecken Fangen. Auch auf dem langen, braunen Haar hatten sie sich niedergelassen. Ihre runden, kleinen Brüste zum Greifen nah. Ihre Scham bedeckt mit einem zarten, blauen Tuch. Die weiße Haut schimmerte. Das Sonnenhütchen kokett über ihrem Blick. Pierre gebeugt über Auguste Renoirs *Mädchen mit dem Sonnenhut.*

»Leider nur ein Druck«, hob Pierre kurz seinen Kopf, ohne seine Frau anzusehen.

Marie-Josephines Körper wurde zu Eis. Eis, das ihre Gedanken und ihr Gefühl gleichsam gefrieren ließ. Wieder hatte sie Pierre verloren. Dieses Mal war es das Renoirmädchen, und vorher waren es die weiblichen Akte von Schiele oder Bonnard. Tolle gemeinsame Beutekunst seit einem Jahrzehnt.

Nachts pflegte Pierre in Paris das Originalbild, den Akt seiner virtuellen Geliebten, auf eine Staffelei neben sein Bett zu stellen; tagsüber verhüllt von duftiger, weißer Seide sicher im Safe verborgen. Marie-Josephine hörte ihn nächtens murmeln und stöhnen durch die Tapetentür zu ihrem Schlafzimmer. In intimer Lust mit dem Kunstwerk war Marie-Josephine Luft für ihn.

Eines Nachts war die Idee in ihr entstanden und die *Suite Engadin* im gediegenen, noblen Hotel, dort schien ihr der beste Ort für Mimikri und Entblößung, für Rache. Ihre Rache.

»Ich brauche Gebirgsluft«, hatte sie Pierre vor einem Jahr vorgejammert und ihm Zeitungsberichte, Internetaktionen und Polizeimeldungen über verstärkte Suche nach Kunstdieben auf den Schreibtisch und auch neben den Frühstückskaffee gelegt. »Wir müssen die Beute verstecken«.

Der Moment war auch persönlich günstig. Pierre schien seine Lust an dem Renoirmädchen verloren zu haben, und das war immer sein Zeitpunkt, ein Aktbild auf dem Schwarzmarkt zu verkaufen. Privatsammler aus aller Welt warteten.

Nun, da er kein Dummkopf war, fand er die Idee in dieser gefährlichen Zeit, das Original-Ölbild einige Monate hinter einem Bild im Hotel zu verstecken und dann erst zu verkaufen, extraordinär gut.

»Gib mir das Skalpell aus der Tasche und leg die Leinenstreifen auf den Tisch«, hatte Pierre vor Ort in der Suite kommandiert, und Marie-Josephine hatte die Präparation wie eine perfekte Krankenschwester vor der Operation vorbereitet. Der Renoir, herausgelöst aus dem Rahmen, im doppelten Boden des Koffers geschützt, bewahrt und ins Hotel Walther gebracht, lag bereit.

Sie hatten vorher das Ölgemälde in der Suite, es hieß *Der Schafsberg bei Pontresina*, vorsichtig von der Wand gehoben, die Rückwand aufgeschnitten und einer Transplantation ähnlich den echten Renoir auf die Rückseite geschoben und fest verschlossen. Marie-Josephine hatte ihre gute Laune so emphatisch herausgegluckert, dass Pierre sie stirnrunzelnd angesehen hatte.

Geschafft! Hier würde keine Polizei das Millionenstück je entdecken!

Pierre hatte Marie-Josephine angesehen: »Das wird mein letzter Coup. In einem Jahr verkauf ich den Renoir dem Nasanato oder dem Gregorowitsch … und was meinst du … Brasilien oder lieber Argentinien?«

Jetzt – ein Jahr nach dieser Versteck-Aktion – blieb Marie-Josephine wieder cool und erklärte mit dem Profiton einer Stimme, die Bonnie und Clyde alle Ehre gemacht hätte: »Wir haben Glück, mon cher! Die Hotelmöbel werden hier morgen versteigert! Sicher auch unser Bild.« Sie schwieg einen Augenblick und lachte in hohem Ton: »Unser Alpenpanorama!« Eine halbe Oktav tiefer erklärte sie: »Die Vorbesichtigung der Auktion beginnt gleich um 16 Uhr dreißig. Dann sehen wir weiter … Alles hat seine Zeit.« So zitierte sie den Lieblingsspruch ihres Mannes, ohne dass er ihre Ironie verstehen konnte und sie nicht die seine. Sein Flugticket und nur seins nach Südamerika steckte nämlich in seinem Faltkoffer aus Leder.

Bei der Vorbesichtigung entdeckten Pierre und Marie- Josephine das Engadiner Ölbild sofort.

Als sie tags darauf den großen Salon zur Auktion betraten, wäre Pierre fast über den kleinen, weißen Hund gestolpert, der ihm entgegensprang. Hatte er ihn nicht schon irgendwo gesehen? Pierre trug ein dickes Bündel Bargeld bei sich.

Marie-Josephine saß auf der vorderen Kante des Stuhles, verfolgte die Auktion, drehte sich immer wieder um. »Reiß dich zusammen«, flüsterte ihr Pierre zu. Die zwei älteren Damen mit dem Hündchen hatten hinter ihnen Platz genommen.

Endlich hob eine junge Angestellte des Versteigerungshauses das Bild, ihr Bild (!) auf die bereitstehende Staffelei. Die Auktionatorin nannte den Engadiner Maler, Gian Grass, 1944 entstanden, Öltechnik, Größe 1,40 x 1,20 m, Schwarzer Lackrahmen. Er lockte mit dem Hinweis, das Bild plagiierte nicht nur durch das Sujet deutlich, sondern auch die Malweise Giovanni Segantinis.

»Wer bietet mehr als 1200 Schweizer Franken?«

Pierres Hand erhob sich als erster. Er bot 1500, ein Herr bot mehr, Pierre steigerte mit. 2000. Schließlich 3500. 4000. 5000. Die Auktionatorin sah in den Raum. »Ein Telefonbieter hat gerade 10 000 geboten. Wer bietet mehr? Zum ersten, zum zweiten, zum ...« Pierre saß nun aufrecht und rief mit lauter, sich überschlagender Stimme: »30 000!«

In dem Augenblick schlugen die kleinen, festen Hände der älteren Damen, Polizistinnen, die hinter Pierre saßen, auf seine Schultern und eine flüsterte, für alle hörbar: »Folgen Sie uns!«

Marie-Josephine stand mit einem Kriminalpolizisten bereits auf der Treppe des Salons, als die beiden Polizistinnen ihren Mann an ihr vorbeiführten. »Ich bin unschuldig«, rief Pierre. »Es war ihre Idee!«

»Das Original ist an sicherem Ort und du bald auch.« Marie-Josephines Stimme klang wie gesprungenes Gletschereis.

Sie streichelte den kleinen, weißen Hund, bedankte sich höflich bei den Kriminalpolizisten, wartete nicht, bis Pierre abgeführt und in den Wagen geschoben wurde, sondern stieg in das Taxi, das mit ihren Koffern bereitstand.

Tête-à-Têteli

EDITH KNEIFL

Ich wusste, dass ich ihn töten würde. Und ich musste es heute tun. Unser Kurzurlaub in der schönen Schweiz neigte sich dem Ende zu. Als wir vor einer Woche im Wellness- und Spa-Hotel Beatus in Merligen am Thuner See ankamen, beschloss ich, ihm eine letzte Chance zu geben. Er hat sie nicht genützt, obwohl er fast sieben Tage lang Zeit gehabt hatte. Gott hatte nicht länger gebraucht, um die Welt zu erschaffen, inklusive dieses wunderschönen Fleckchens Erde hier im Berner Oberland.

Von meinem Bett aus hatte ich einen fantastischen Blick auf die majestätischen Berggipfel, die sich im glasklaren Wasser des Sees spiegelten. Die bewaldeten Hügel am gegenüberliegenden Ufer hatten sich bereits rotbraun verfärbt. In einem Baum vor unserem Fenster saßen kleine Vögel und begrüßten freudig erregt den herrlichen Morgen.

Auch ich war erregt, aber nicht freudig. Die fünfzehn besten Jahre meines Lebens hatte ich mit diesem egoistischen, herrschsüchtigen Besserwisser neben mir vergeudet.

Er lag auf der Seite, war nackt und bot keinen sehr appetitlichen Anblick. Streckte mir seinen dicken Bauch entgegen und blies mir seinen stinkenden Atem ins Gesicht. Sein Schnarchen machte mich wütend. Wie oft hatte ich ihn gebeten, eine Schnarchtherapie zu machen.

Ich bräuchte nur meinen Polster auf sein Gesicht zu drücken. Aber wie lange würde es dauern, bis er erstickte? Würde er nicht vorher wild um sich schlagen? Obwohl er in den letzten Jahren stark zugenommen hatte, war er nach wie vor kräftiger als ich. Das bekam ich immer schmerzhaft zu spüren, wenn er nach dem ehelichen Beischlaf minutenlang keuchend auf mir lag, und ich es nicht schaffte, ihn von mir runterzuwälzen. Zum Glück kam das nur alle Heiligen Zeiten vor. Heute ist quasi wieder so ein heiliger Tag, dachte ich, und bei diesem Gedanken malte ich mir sogleich aus, wie er seinen letzten Seufzer von sich geben würde. Seinen allerletzten.

Ich konnte nicht mehr nachvollziehen, warum ich ihn vor nunmehr fünfzehn Jahren unbedingt haben wollte. Warum hatte ich es nicht seiner Frau überlassen, mit ihm alt zu werden? Ihr war die Scheidung von diesem Langweiler übrigens gut bekommen. Sie war richtig aufgeblüht, kaum dass sie ihn los gewesen war. Sah blendend aus für ihre sechzig Jahre, hatte eine tolle Karriere als Galeristin gemacht und ließ sich von einem jungen Maler nach dem anderen hofieren und verwöhnen, während ich an der Seite ihres Ex-Mannes frigid geworden war. Ich hatte nicht einmal die Chance, meinen Ehemann zu betrügen. Er ließ sein »Goldkind«, so nannte er mich oft neckisch, keine Sekunde aus den Augen.

Kaum waren wir verheiratet gewesen, hatte er zu arbeiten aufgehört. Ich war also nun seit fünfzehn Jahren mit einem Pensionisten verheiratet, den nichts anderes interessierte als Fressen und Saufen. Entschuldigen Sie bitte meine ordinäre Ausdrucksweise, aber anders kann man es nicht bezeichnen. Mein Mann ist übrigens ein echter Wiener, und die essen und trinken eben gern.

Leider konnte ich mich nicht einfach von ihm scheiden lassen. Er war immerhin so schlau gewesen, einen Ehevertrag zu machen. Alles, was er vor unserer Ehe an Vermögen angehäuft hatte, würde bei einer Scheidung ihm gehören und das ist praktisch alles. Ich würde vor dem Nichts stehen und das mit knapp Vierzig. Ich bin übrigens fast dreißig Jahre jünger als mein Mann. Nur im Falle seines Ablebens wäre ich erbberechtigt. Ich blöde Kuh hatte damals vor lauter Verliebtheit nichts gegen die Gütertrennung einzuwenden gehabt.

Ja, auch wenn Sie es mir nicht glauben werden, ich habe ihn nicht wegen seines Vermögens geheiratet, auch wenn ich seine Großzügigkeit anfangs durchaus zu schätzen gewusst hatte.

Er hatte in Immobilien gemacht und war rechtzeitig vor der geplatzten Blase ausgestiegen.

Dass ich unter einem Vaterkomplex litt, braucht mir kein Analytiker zu erklären. Aber es ist an der Zeit, mich zu emanzipieren. Selbst wenn das bedeutete, dass ich einen Vatermord begehen musste.

Mein Mann war ein Stubenhocker, fand es am schönsten zu Hause in unserer Villa in einem Vorort von Wien. Ich langweilte mich in dieser Kleinstadt-Idylle zu Tode.

Mit dem Wellness-Aufenthalt im Hotel Beatus hatte ich ihn zu unserem Hochzeitstag überrascht. Ich hatte im Internet gelesen, dass dieses Hotel heuer 50 jähriges Jubiläum feierte und spezielle Angebote für verliebte Paare offerierte. Verliebt waren wir zwar schon lange nicht mehr, aber ein Paar leider noch immer. Es war zu spät zum Stornieren gewesen, als ich ihm unsere Flugtickets unter die Nase gehalten hatte.

Seit unserer Ankunft hatte er die Hotelanlage kein einziges Mal verlassen. Er schien sich hier genauso wohl zu fühlen wie zu Hause, während ich von Tag zu Tag gereizter und verzweifelter wurde.

Als ich meinen Bikini anzog und in den Bademantel schlüpfte – ich schwamm jeden Morgen vor dem Frühstück ein paar Längen im Hallenbad –, verfluchte ich diesen Faulpelz, weil er sich die ganze Woche lang geweigert hatte, mit mir den Niesen zu besteigen. Die Einheimischen schrieben diesem pyramidenförmigen Berg geheimnisvolle Kräfte zu. Vielleicht hätte ich dort oben die nötige Kraft getankt, um meinen Vorsatz endlich realisieren zu können. Aber leider hatte ich meinen Mann nicht einmal dazu bewegen können, mit der Seilbahn auf das Niederhorn zu fahren. Er litt unter Höhenangst, bestieg keine Berge und schon gar keine Gondel. Warum sind wir dann überhaupt ins Berner Oberland gefahren?

Ein Bergunfall? Wie passend für die Schweiz. Schlecht ausgerüstete Touristen im Nebel auf den schroffen Gipfeln herumirrend ... Ein falscher Tritt, ein kleiner Stoß und schon wäre er im Thuner See gelandet oder zumindest knapp daneben.

Als wir gestern die letzten im Solbad des Hotels waren, hätte ich es fast getan. Er war die ganze Zeit wie ein fetter toter Karpfen auf dem Rücken gelegen und hatte sich von dem warmen Wasser besprudeln lassen. Plötzlich tauchte ich seinen Kopf unter und hätte es bestimmt geschafft, ihn mit meinen kräftigen Schenkeln, die ich um seinen Hals geschlungen hatte, solange festzuhalten, bis sich seine Lungen mit Wasser gefüllt hätten. Doch in diesem Moment kam der Bademeister ins Freie. Ich ließ meinen Mann wieder auftauchen. Umarmte und küsste ihn stürmisch. Fast hätten ihn dann meine Küsse ins Jenseits befördert. Er schnaufte schwer, als er das Becken verließ.

Der Bademeister war ein freundlicher junger Mann. Ich war froh, ihm diese kleine Schweinerei erspart zu haben. Stellen Sie sich vor, was dieser Mann hätte mitmachen müssen, wenn einer der Gäste im Solbad ertrunken wäre.

Ich überlegte, ein Ruderboot zu mieten, meinen Alten mitten im See über Bord zu schubsen und dann mit dem Ruder zu erschlagen. Verwarf diese blöde Idee aber gleich wieder. Nicht nur die anderen Hotelgäste, auch sämtliche Anrainer am Thuner See hätten diesen Mord live und gratis mit ansehen können.

Vielleicht sollte ich mir eine weniger martialische Tötungsart einfallen lassen? Es gibt doch so viele Arten, unauffällig zu morden. – Fällt Ihnen denn nichts Geniales ein?

Eigentlich hatte ich dem charmanten Hoteldirektor Mennig und seinem jungen, netten Team keine Scherereien bereiten wollen. Nicht auszudenken, was ein Mord für das Hotel Beatus bedeuten würde! Aber darauf konnte ich leider keine Rücksicht mehr nehmen. Mir rann die Zeit davon. Nur mehr vierundzwanzig Stunden bis zu unserer Abreise. Ich musste es hier tun, denn zu Hause würde der Verdacht erst recht auf mich fallen. Und wer weiß, wann ich ihn wieder dazu überreden konnte, mit mir wegzufahren.

Nach dem Schwimmen beschloss ich, zuerst einmal zu frühstücken. Mit leerem Magen lässt es sich nicht gut morden.

Mein Mann hielt sich an diesem Morgen bei dem grandiosen Buffet merklich zurück. Füllte seinen Teller nicht wahllos mit Wurst, Schinken und Käse, stopfte auch keine Eier mit Speck und Würstchen in sich hinein. Er klagte über Magenschmerzen. Ich tippte auf Herzschmerzen, als er auf eine Stelle unter seiner linken Brust deutete. Insgeheim frohlockte ich, als ich ihm mit besorgter Miene doch ein klitzekleines Würstchen und ein Eierspeis vom Buffet mitbrachte.

Ein Spaziergang in der frischen Luft wird dir gut tun, sagte ich, nicht ohne Hintergedanken. Als ich gestern joggen war, hatte ich eine einsame Stelle am Seeufer, mitten im Wald entdeckt ... Das eiskalte Wasser würde ihm höchstwahrscheinlich den Garaus geben.

Er weigerte sich jedoch spazieren zu gehen. Wollte sich wieder hinlegen.

Da wir unser Tête-à-Têteli-Package noch nicht voll ausgenutzt hatten, erlaubte er mir, mich allein im Spa verwöhnen zu lassen. Allerdings erst, nachdem ich ihn daran erinnert hatte, dass heute unser Hochzeitstag war. Geschenk hatte er keines für mich. Nicht einmal Blumen, obwohl es im Hotel Beatus eine Floristin gab, die wunderschöne Sträuße und Gestecke machte.

Mein erster Vormittag, ohne meinen überflüssigen Ehemann, im Vitalità- und Beauty-Center des Hotels war himmlisch. Ich ließ mich von einem Masseur mit begnadeten Händen verwöhnen. Der Mensch braucht zwanzig Minuten Kuscheleinheiten pro Tag um glücklich zu sein, hatte ich gerade in einer Frauenzeitschrift gelesen. Mir genügte es, fünfundzwanzig Minuten lang ordentlich durchgeknetet zu werden. Anschließend genoss ich allein das im Paket inkludierte Rasul de Luxe für zwei und eine exquisite Cleopatra-Packung als Krönung des Ganzen. Fast hätte ich auf meinen Plan vergessen. Aber nur fast.

Am frühen Nachmittag trafen wir uns auf der Terrasse der Orangerie-Piano-Bar. Mein Ehemann schien wieder wohlauf und bester Laune zu sein. Ich aß nur einen Nüssli-Salat. Er holte alles nach, was er beim Frühstück verpasst hatte, bestellte eine Rahmsuppe vom Kürbis, ein Tartar vom Schweizer Rind und trank eine Flasche Weißwein fast allein. Ich nippte nur an meinem Glas. Danach war er so erschöpft, dass er sich unbedingt wieder hinlegen musste.

Verdrossen ging ich nach dem Lunch allein in der gepflegten Parkanlage des Hotels spazieren. Trotz all der rotgoldenen Farbenpracht konnte ich an nichts anderes als Mord und Totschlag denken.

Ich setzte mich schließlich in das Café Palmier und dachte unter einer Palme auf der Terrasse neben dem Solbad ernsthaft darüber nach, wie ich meinen Mann endgültig loswerden könnte. Selbst das mediterrane Flair und die entspannte, lockere Atmosphäre hier unten konnten meine finsteren Gedanken nicht vertreiben. Ich trank Unmengen von Tee, stopfte zwei große Tortenstücke in mich hinein und hätte beinahe den großartigen Sonnenuntergang versäumt, weil ich nur böse vor mich hin starrte. Doch das fantastische Alpenglühen brachte mich dann auf eine glorreiche Idee.

Ich ging hinauf in unsere Mönch-Suite. Nomen est Omen, dachte ich, da mich mein Mann, seit wir hier waren, kein einziges Mal angerührt hatte.

Er schlief nicht, sondern sah fern, schaute sich eine idiotische Sportsendung an.

Liebster, magst du nicht mit mir in die Sauna gehen, fragte ich. Es würde dir gut tun, fügte ich lächelnd hinzu. Als wir uns kennen lernten, war er ganz wild auf gemeinsame Saunabesuche gewesen.

Er zögerte, sah mich überrascht an.

Ausnahmsweise, heute ist doch unser Hochzeitstag, säuselte ich zuckersüß.

Als er seinen schweren Körper endlich vom Bett gewälzt hatte und den weißen Bademantel überzog, war ich mit meiner Geduld am Ende.

Obwohl ich persönlich die Zen-Sauna bevorzugte, lotste ich ihn in die »finnische« Sauna. Ich hatte meine Gründe. Das finnische Blockhaus war für meine Zwecke beinahe ideal. Außerdem war dort keine Menschenseele außer uns. Bereits nach dem ersten Aufguss schwitzte er erbärmlich. Ich hielt die Hitze locker aus, gab aber vor, sie nicht länger zu ertragen. Stachelte damit seinen Ehrgeiz oder männlichen Stolz oder was auch immer an. Jedenfalls blieb er allein in der Kabine hocken.

Den hölzernen Schöpfer nahm ich mit. Als ich damit gerade die Tür von außen blockieren wollte, tauchten zwei ältere Damen auf. Sie schauten mich irritiert an und brachen dann in mädchenhaftes Gekicher aus.

Wänn'zen so richtig schwitze lah?, fragte eine der Frauen und zwinkerte mir verständnisvoll zu.

Verlegen lächelnd legte ich den Schöpfer weg, öffnete die Tür und sagte zu meinem Mann: es genügt, mein Schatz. Lassen wir jetzt die Damen rein.

Den beiden lustigen Witwen wünschte ich die Pest an den Hals.

Der Countdown begann beim festlichen Diner bei Kerzenlicht, das ebenfalls in unserem Tête-à-Têteli-Package inkludiert war. Wenn ich es in den nächsten Stunden nicht schaffen werde, ihn zu töten, werde ich es niemals schaffen, dachte ich deprimiert.

Wir hatten jeden Abend vorzüglich gespeist, doch an diesem Abend übertraf sich der Küchenchef selbst. Der Hirschschinken mit sautierten Eierschwämmli schmeckte zart und würzig zugleich. Obwohl ich Kokosmilch nicht mochte, ließ ich auch keinen Löffel des köstlichen Kokos-Spinatrahmsüppchens übrig.

Natürlich hatte mein Mann, dieser alte Grantscherm, beim nächsten Gang etwas zu meckern. Essen diese Schweizer jetzt schon Papier? fragte er so laut, dass ihn jeder in dem festlich geschmückten Speisesaal hören konnte. Der witzige Chef du Service eilte sofort herbei und erklärte diesem Neandertaler an meiner Seite, dass der Wolfsbarsch in dem Pergamentpapier gegart worden war.

Mein Mann hatte mir mit seinem unmöglichen Benehmen wieder einmal den Appetit verdorben. Ich unterstellte ihm, es mit Absicht getan zu haben, denn er bediente sich dann bei dem großartigen Simmentaler Rindsentrecôte an weißer Portweinsauce ganz unverschämt von meinem Teller. Angefressen überließ ich ihm auch meinen Nachtisch, ein köstlich aussehendes Vermicelles-Törtchen mit eingelegten Zwetschgen.

Da er nach dieser Völlerei unbedingt einen Cognac zur Verdauung brauchte, gingen wir noch in die Piano-Bar.

Ich bestellte eine Flasche Three Tree. Mir war aufgefallen, dass er sich beim Essen mit dem Alkohol zurückgehalten hatte. Bestimmt hatte er jetzt Nachholbedarf.

Plötzlich legte er seine Pillendose neben sein Glas und schenkte mir einen anzüglichen Blick, als er eine blaue Pille aus dem Döschen nahm und mit dem Cognac hinunterspülte.

Ich wusste, was dieser Blick zu bedeuten hatte. Eine schier endlose Plackerei mit hundertzwanzig Kilos auf mir. Verzweifelt sah ich auf die Uhr. In knapp dreißig Minuten war er soweit. Wir würden in unsere Suite gehen und er würde sich so gar nicht mönchisch auf mich legen, denn eine andere Stellung hatte er schon seit Jahren nicht mehr im Repertoire.

Ich komme gleich, sagte er augenzwinkernd und ging Richtung Toiletten.

Jetzt oder nie, dachte ich und bestellte bei dem feschen Barkeeper zwei Kaffee.

Ängstlich sah ich mich um. Wir waren zu dieser späten Stunde fast die einzigen Gäste in der Bar. Die anderen beiden Pärchen tanzten eng umschlungen. Der Klavierspieler verabschiedete sich gerade mit »As time goes by«. Rasch nahm ich eine zweite Viagra-Tablette aus der kleinen Dose, zerstampfte sie mit einem Teelöffel und schüttete das Pulver in die Tasse meines Mannes. Ich war gerade mit dem Umrühren fertig, als er von der Toilette zurückkam.

Ich habe uns eine kleine Stärkung bestellt, sagte ich kokett und nahm einen Schluck von meinem Kaffee.

Du denkst wirklich an alles, Liebling, sagte er und griff ebenfalls nach seiner Tasse.

Aber vielleicht sollte ich jetzt keinen Kaffee mehr trinken. Mein schwaches Herz, du weißt.

Ach komm. Du bist nicht krank. Das bisschen Herzverfettung ist doch nicht so schlimm.

Er war ein Sturschädel, ließ sich nicht von mir überreden, seinen Kaffee zu trinken.

Frustriert folgte ich ihm hinauf in unsere Suite und verschwand gleich im Bad. Hoffte, er würde einschlafen, während ich mich sorgfältig abschminkte und ausgiebig Zähne putzte.

Meine Hoffnung war vergeblich. Mit hochrotem Gesicht und rot geäderten Augen empfing er mich im Bett und stürzte sich sogleich auf mich.

Ich war nicht bereit, aber das hatte ihn noch nie gekümmert. Unermüdlich rein, raus, rein, raus ... Ich bekam kaum mehr Luft. Fürchtete, mein letztes Stündchen hätte geschlagen.

Er missverstand mein verzweifeltes Stöhnen, schien hocherfreut. Als es endlich vorbei war, fühlte ich mich halb tot und er sich höchst lebendig. Wie war ich, fragte er stolz. Atemberaubend, sagte ich und kehrte ihm den Rücken zu. Überraschenderweise schlief ich gleich ein. Wahrscheinlich dank der wunderbaren Massage heute vormittags.

Als ich am nächsten Morgen erwachte, lag mein Mann regungslos neben mir. Er war sehr blass und schnarchte nicht, obwohl er auf dem Rücken lag und sein Mund offen stand.

Zögernd legte ich zwei Finger auf seinen Hals. Kein Pulsschlag. Ich sprang auf, holte meinen kleinen Kosmetikspiegel und hielt ihn an seinen Mund. Der Spiegel beschlug sich nicht.

Nun war guter Rat teuer. Ich konnte doch nicht einfach verschwinden und es dem Zimmermädchen überlassen, die nackte Leiche zu finden. Womöglich würde die Arme noch verdächtigt werden, ihn verführt zu haben. Nein, das konnte ich nicht zulassen!

Ich griff nach dem Telefonhörer, rief den kompetenten und zuvorkommenden Chef der Rezeption an. Er war mir schon öfters behilflich gewesen. Bestimmt würde er mir auch jetzt helfen, den Leichnam meines Mannes, ohne großes Aufsehen, fachgerecht zu entsorgen.

36,5 °C

SANDRA LÜPKES

»Konrad? Bist du hier?«

Überall tropft es, plätschert, fließt, rauscht. In Bad Ragaz scheint das Wasser lebendig zu werden, besonders Ende Februar, wenn die ersten zaghaften Plusgrade tagsüber das Eis zum Schmelzen bringen und es seinen Weg nach unten sucht, in jedem Winkel des Städtchens als feuchtes Rinnsal oder nasser Schwall in Erscheinung tritt.

Claudia hat nicht die richtigen Schuhe dabei. Ihre Stiefelabsätze knirschen sich tief ins Geröll, als sie die Schranke passiert. Die Straße zum alten Bad Pfäfers ist gesperrt, kein Durchgang bis Mai wegen akuter Steinschlaggefahr.

Claudia würde den Weg in die Taminaschlucht meiden und lieber einen Lindenblütentee im Salon des Schlosshotels trinken oder in der *relax oase* eine Kelle duftenden Wassers über die heißen Steine des Saunaofens gießen. Stattdessen hat sie sich auf diesen unbequemen Weg gemacht, steigt mühsam über abgebrochene Äste hinweg, fröstelt ein wenig, flucht, denn in der aufkommenden Dämmerung kann sie kaum sehen, wohin der schmale Uferweg noch führen wird.

Weit oben am überhängenden Felsen drohen gigantische Eiszapfen wie gefletschte Reißzähne, nicht mehr ganz so starr und glänzend, auch sie verändern ihren Aggregatzustand, werden flüssig. Die Strömung des Taminaflüsschens nimmt die grauen Schneereste vom Ufer mit, schiebt die kristallisierten Eiskissen über die Staustufen, taucht sie unter, löst sie auf, wenige Kilometer weiter wird sich alles mit den gletscherblauen Wassern des Rheins verbinden und weiter abwärts fließen, weg von Bad Ragaz, weg vom Kanton St. Gallen, weg von der Schweiz.

Auch Claudia würde gern von hier verschwinden. »Konrad?«, ruft sie und ihre Stimme hallt von den Felswänden wieder. Es ist, als laufe sie in einen steinernen Trichter. »Konrad?«

* * *

Beim Frühstück hat Claudia ihren Mann das letzte Mal gesehen. Sie freute sich auf ein gemütliches Stündchen im Hotelrestaurant, schließlich waren sie beide auf ihrer Silberhochzeitsreise, und da konnte man sich mal ein bisschen Zeit nehmen für den Menschen, mit dem man seit einem Vierteljahrhundert Tisch und Bett teilte. Die Einladung zu einem gemeinsamen Wochenende im Schlosshotel Bad Ragaz war ihr wie ein Wunder erschienen, normalerweise neigte Konrad eher zu praktischen Geschenken wie Küchenwaage oder Fußabtreter. So etwas Romantisches hätte sie ihm niemals zugetraut.

»Schau nur, wie gespenstisch sich der Nebel um den Gipfel des *Falknis* legt«, versuchte Claudia ein stimmungsvolles Geplauder in Gang zu bringen, noch bevor der portugiesische Kellner den Kaffee serviert hatte.

Konrad blickte nun seinerseits aus dem Fenster und räusperte sich. »Nebel ist wohl nicht der treffende Ausdruck, Liebes. Genau genommen handelt es sich bei dieser Erscheinung um eine Ansammlung von Hydrometeoren.«

Claudia beschloss, sein neunmalkluges Lächeln zu ignorieren. »Hoffentlich kommt die Sonne noch ein wenig durch«, versuchte sie zügig das Thema zu wechseln.

»Wohl kaum«, entgegnete Konrad. »Es dürfte sich hierbei um Advektionsnebel handeln, der sich bei einer Hochdrucklage selbst durch die Sonne nicht auflösen lässt. Man müsste die Feuchtigkeit der verschiedenen Luftmengen mit dem Mollier-h-x-Diagramm berechnen, dann könnte ich dir sagen, ob es heute noch sonnig wird oder nicht.«

Claudias Mann ist Professor der Physik mit dem Spezialgebiet der physikalisch-theoretischen Hydrologie. Auf gut Deutsch ist das die Wissenschaft vom Wasser, und es gibt womöglich kein zweites Fachgebiet, bei dem man im normalen Alltagsleben so geballt mit physikalischen Fremdwörtern auftrumpfen kann.

Wie schon viel zu oft suchte Claudia auch jetzt nach Gesprächsstoff, der ungefährlich war, wenig verfänglich und am besten nichts mit Wasser zu tun hatte. »Konrad, soll ich dir ein Frühstücksei machen?« Am Buffet gab es die Möglichkeit, sich das Ei selbst zu kochen, die Körbchen, mit denen man das runde Ding ins heiße Wasser tauchte, waren farbig markiert, um Verwechslungen auszuschließen. Natürlich wusste sie, ihr Gatte liebte es, wenn das Dotter noch butterweich, jedoch von festem Eiweiß umhüllt war. Sechs Minuten kochen lassen, seit 25 Jahren machte sie es jeden Morgen so.

Die Verwunderung war groß, als Konrad die Schale aufklopfte und eine glibberige Masse über seinen Löffel lief. »Viel zu weich«, kommentierte er.

»Aber ich habe es sechs Minuten gekocht, wie immer.« Claudia war außer sich. »Tut mir leid, Konrad. Ich kann mir das nicht erklären!«

»Ich hingegen schon.« Konrad verdrehte die Augen. »Es ist ein thermodynamisches Problem, Liebes. Wir sind hier immerhin mehr als 700 Meter über dem Meeresspiegel.«

»Ja und?«

»Mit dem Luftdruck in zunehmender Höhe sinkt auch der Siedepunkt. Als Faustregel gilt: Ein Grad pro 300 Meter. Das hättest du bei der Kochzeit einkalkulieren müssen, meine Liebe.«

»So? Hätte ich das?«

Wieder dieses Lächeln. »Morgen ist auch noch ein Tag. Dann kannst du einen zweiten Versuch starten.«

Sie schluckte staubtrocken, und das war auch gut so, denn sicher hätte Konrad sonst zum Thema Speichel ausschweifend referiert.

Der Hoteldirektor besuchte den Speisesaal, lief von Tisch zu Tisch und schenkte den Gästen sein charmantes Lächeln. »Guten Morgen, Herr und Frau Professor. Und, was haben Sie heute vor in Bad Ragaz?«

Konrad reagierte prompt, was Claudia verwunderte, denn er schmiedete nur selten gemeinsame Pläne. »Diese Therme ...«

»Oh, Sie meinen das grandiose neue Thermalbad?« Der Direktor nickte anerkennend. »Es ist nur ein paar Schritte vom Hotel entfernt.«

Claudia errötete beinahe, denn sie hatte von ihrem Gatten nicht erwartet, dass er einen Besuch in diesem schicken Bad spendieren würde. Vielleicht war Konrad gar nicht so ...

»Zum Schwimmen fehlt uns die Zeit«, fiel dieser jedoch dem Direktor ins Wort. »Mich interessiert diese Quelle in der Taminaschlucht. 36,5 °C, das entspricht exakt der menschlichen Körpertemperatur.«

Der Direktor lächelte. »Sie wurde im 13. Jahrhundert von Jägern entdeckt. Das Wasser hat gesundheitsfördernde Kräfte. Bad Ragaz ist eines der ältesten Heilbäder Europas.«

»Gesund sind meine Frau und ich bereits, mein Interesse ist rein wissenschaftlicher Natur.«

Falls der Direktor durch Konrads Unfreundlichkeit konsterniert war, ließ er es sich nicht anmerken. »Die Schlucht ist im Winter gesperrt, Herr Professor. Steinschlaggefahr wegen Spaltenfrost, insbesondere bei Temperaturschwankungen wie in den letzten Wochen ...«

»Das brauchen Sie mir wirklich nicht zu erklären. Dringt Wasser in die Fugen des Gesteins ein und gefriert bei wechselnden Temperaturen um 0 °C, dann dehnt es sich um 1/9 seines Volumens aus und setzt enorme Kräfte frei, die zur Sprengung des Gesteins ...«

Claudia schweifte ab. Sie hatte keine Lust, den Ausführungen ihres Mannes zu lauschen. Er referierte über Spaltenfrost und sie hätte den Begriff gern als Synonym für ihre erkaltete Ehe verwendet, in jeder Hinsicht. Konrad war gar nicht wegen der Silberhochzeit hier, erkannte sie, diese Reise hatte keinerlei romantische Gründe. Er war nur wegen dieser verfluchten Quelle nach Bad Ragaz gekommen, ein blöder Wasserstrahl, der 36,5 °C hatte und ihr das Blut in den Adern gefrieren ließ.

Kurz nach dem Frühstück war Konrad dann allein los gezogen. »Bevor es dunkel wird, bin ich wieder im Hotel. Wenn nicht, dann kannst du mich ja suchen gehen, Liebes.« Das war ein Scherz gewesen, so einer in der Art, wie Menschen ihn machen, die wissentlich eine Dummheit begehen und die drohende Gefahr mit einem Witz außer Gefecht setzen wollen. Und dieser Scherz liegt inzwischen mehr als acht Stunden zurück.

* * *

»Konrad?«

Noch um diese eine Ecke will Claudia gehen. Die Luft ist bedeutend kälter geworden, seit die Sonne hinter den Bergen verschwunden ist. Ihr keuchender Atem steigt als Wölkchen in den Abendhimmel. Immer enger schieben sich links und rechts die Felswände aufeinander zu, immer steiler wird der Weg, immer lauter rauscht der Fluss um das Gestein. Nur noch um diese Ecke ...

Ein dumpfer Schlag ganz in der Nähe schreckt sie auf, zwei oder drei Mal knallt etwas gegen das Gestein, dann landet knapp vor ihren Stiefelspitzen ein Brocken, so groß wie der Kopf eines Kindes. Als sie sich umschaut, entdeckt sie überall diese Steine, ringsherum verteilen sich die scharfkantigen Geschosse auf den Schneeresten. Jetzt will sie weg, sofort. »Konrad!«, ruft sie noch ein letztes Mal und eher leise, doch als sie endlich kehrtmachen will, hört sie eine Antwort: ein Röcheln, nicht weit entfernt. Direkt hinter dieser letzten Ecke ertönt ein Hilferuf, eher ein Krächzen, sie versteht ihren Namen, es könnte ein Flehen sein. Konrad muss etwas passiert sein, wahrscheinlich hat einer dieser Steine ihn erwischt, er könnte verletzt am Boden liegen. Nur ein paar Schritte von ihr entfernt, sie müsste ihm helfen, sie könnte, sie sollte – und wenn nicht?

Nachts schoben sich die Zeiger der Thermostate noch deutlich unter die Nullgradmarke. Konrad wusste mit Sicherheit ganz genau, welche physikalische Auswirkung eine derartige Eiseskälte auf den Körper hatte. Bestand ein Mensch nicht zu 70% aus Wasser? Er würde ihr bestimmt gern erklären, was passierte, wenn seine Temperatur sich immer weiter von den 36,5 °C entfernte.

Doch eigentlich interessierte es sie – einen feuchten ... Das Wortspiel ließ sie kichern. Und als Claudia in ihren Stiefeln ganz eilig zurück zur Schranke lief, da war ihr warm ums Herz, so warm, wie seit 25 Jahren nicht mehr.

Kleine Teufeleien

THOMAS VOGEL

Ich traute meinen Augen nicht. Da hinkte hastig von hinten auf meinen parkenden Mietwagen der Teufel zu, ich meine den, den ich da eben noch auf der Bühne gesehen hatte. Eine Provinzposse über einen armen Teufel und seine Liebesabenteuer, ein bisschen viel Friedhof, viel Mondschein, einem Käuzchen und einem Mönch auf Abwegen. Na ja, Tourneetheater eben, mehr nicht. Was erwartet man schon, wenn man im Urlaub ins Theater geht? Sicher nicht die Berliner Schaubühne. Auch sonst kein Staats- oder Welttheater. Ein bisschen Amüsement eben. Und plötzlich hatte ich zu fürchten, dass ich in den Genuss einer Zugabe komme, die sich zielstrebig meinem Wagen von hinten näherte. Denn es war eben dieser Teufelsdarsteller, der da hastig auf mich zu hinkte. Das Hinken könnte er sich jetzt eigentlich sparen, dachte ich.

Was wollte der Kerl? Ich glaub, ich spinn', jetzt krieg ich wegen so was auch noch Herzklopfen! Oder sind es Halluzinationen? Ich saß wie gelähmt, war unfähig, mir den Gurt anzulegen. Immer hastiger hinkte der Kerl, bis er sich schon am Kotflügel abstützte, blitzschnell die hintere Wagentür aufriss, sich auf den Hintersitz fallen ließ und die Wagentür zuschlug.

»Fahr los, mach schon! Ein bisschen plötzlich, wenn ich bitten darf!«

Ich rührte mich nicht. Saß wie gelähmt.

»Hörst du nicht, was ich gesagt habe?! Fahr zum Teufel!«

»Bitte nicht!« Stotterte ich kaum hörbar.

»War nicht wörtlich gemeint. Jetzt mach schon, fahr endlich! Fahr los! Von mir aus auch in drei Teufels Namen!«

»Entschuldigung«, stotterte ich, »Sie sind doch der Teufel vom Theater, ich mein, der Schauspieler, der den Teufel spielt. Ich hab Sie doch gerade noch auf der Bühne erlebt, ...«

»Ja, ich bin der Teufel, Asmodi höchstpersönlich«, unterbrach er mich harsch und hektisch mit einer Stimme, scharf wie eine Klinge, und wirkte dabei gepanikt, wie einer, dem die SoKo im Genick sitzt.

»Hast du nicht gehört, was ich gesagt habe? Ich bin der Teufel, verstanden? Pleased to meet you! Man nennt mich Asmodi, Asmodi den Getreuen, bin da, Unseliges auszu - streuen. Und jetzt fahr endlich. Uns bleibt keine Zeit mehr. Auch Teufel sind von Zeit zu Zeit mal auf der Flucht.«

Mein Blick in den Rückspiegel fiel auf den Gehörnten. Chapeau! Dachte ich, der Maskenbildner macht seine Arbeit gut, gleichzeitig konnte ich mir ein Grinsen nicht verkneifen.

»Ei der Daus! Dass ich nicht lache!« fuhr es plötzlich aus mir raus und im selben Moment schon bereute ich meine Bemerkung. Der Kerl beugte sich vor, kam bedrohlich nah an mein Ohr und zischelte:

»Noch so eine blöde Bemerkung, und ich furz dir deine Schüssel mit Schwefelstank und Säure voll, dass dir Hören und Sehen vergeht.«

Dann ließ er sich völlig erschöpft zurückfallen. Ich ertappte mich dabei, wie ich ernsthaft schnüffelte, ob da nicht ein Hauch von Schwefel in der Luft lag. Und musste innerlich grinsen. Dabei war mir alles andere als zum Grinsen zumute.

Wie hypnotisiert steckte ich den Zündschlüssel ins Zündschloss und ließ den Wagen an. Normalerweise stotterte er nie. Diesmal stotterte er. Mehrmals hintereinander Fehlzündungen. Dann fuhr ich ruckartig los. Wie im Tran, wie ferngesteuert. Oder auch wie in der ersten Fahrstunde. Hatte keine Ahnung wohin. Ohne Plan.

Nachdem wir so einige Zeit ziellos durch die Straßen von Thun gekurvt waren, beugte sich mein aufdringlicher Fahrgast wieder zu mir vor.

»So, jetzt hör mir gut zu!« Seine Stimme klang nach Süßholz und Chili. »Ich bin kein Teufelsdarsteller, ich bin es höchstpersönlich. Also einer von den Leibhaftigen eben. In der Hierarchie noch nicht ganz oben, aber immerhin. Ein Flaschenteufel, wenn dir das was sagt. Konnte diesem geisteskranken Quacksalber im Labor der Novartis in Bern im letzten Moment aus der Phiole entwischen. So, und jetzt sind die hinter mir her. Macht aber nichts. Wir werden Spuren verwischen. Du wirst mir dabei helfen. Zur Belohnung hast du drei Wünsche frei. So sie denn machbar sind, nicht total überzogen eben, welche, die in meiner Macht stehen. Wünsche, mit denen ich weder meinen Kollegen, noch unserem Boss zu sehr ins Gehege komme. Du wirst schon zufrieden sein. Let me entertain you!«

Ich verstand kein Wort. Was labert dieser Schmierendarsteller mir da völlig verwirrt den Kopf voll?! Ist er völlig durchgeknallt oder ist ihm womöglich ernsthaft wer auf den Fersen? Etwa die Polizei? Oder das FBI? Oder womöglich der KGB! Mir wurde plötzlich übel, ich musste die Scheibe runterdrehen. Ich atmete tief durch. Die Luft war winterkalt.

Okay, dachte ich, weiter blockieren bringt nichts. Also mitspielen. Angebote akzeptieren. Hab das mal in so einem Workshop gelernt. Müsste eigentlich jeder lernen, Lehrer, Politiker, Psychologen sowieso, Eltern vor allem, Hotelmanager und eben Touristen, die in die Schweiz fahren und bei denen plötzlich der Teufel eine Mitfahrgelegenheit sucht.

»Okay, Herr Flaschenteufel, darf ich fragen, was das für Konsequenzen für mich hat? Ich mein, wer sich auf den Teufel einlässt ...«

»Mach dir nicht in die Hose, Schisser!« unterbrach er mich, »ich kann dich beruhigen, du brauchst mir deine Seele nicht zu verkaufen, wir fahren jetzt ins Wellness & Spa Hotel Beatus nach Merligen, wo für dich ein Zimmer reserviert ist, frag nicht, wieso, einfach an die Rezeption gehen, man wird dich fürstlich empfangen. Auch für mich ist dort gesorgt, ist so was wie eine zweite Heimat – wenn sie mich nicht gerade in eine Flasche sperren.«

Ich verstand kein Wort. Er lachte. Sein Lachen ließ mich frösteln. Plötzlich pustete er mir ein »Achtung!« ins Ohr.

»Da vorne läuft dir gleich eine Katze über die Straße!«

Ich verstand nicht, was er sagen wollte, da war es schon so weit. Gerade noch rechtzeitig konnte ich den Wagen zum Stehen bringen. Mir fuhr der Schreck in die Glieder. Musste das jetzt sein? Plötzlich war mir sehr unwohl zu Mute. In was für einen schlechten Film war ich da geraten? Wieso wusste dieser Kerl da hinten, dass da ne Katze ...

»Denk daran«, unterbrach er meine Überlegungen, ich kann Gedanken lesen! ...«

Schlagartig fühlte ich mich ganz klein, winzig klein auf meinem Fahrersitz hinter dem großen Lenkrad. Abwechselnd wurde mir heiß und kalt. Ich weiß nicht mehr, wie wir nach Merligen gekommen waren, plötzlich standen wir auf dem Parkplatz vor dem Wellness- & Spa-Hotel Beatus. Wellness, dachte ich, das ist der Hohn!

»Und jetzt?« fragte ich tonlos.

»Einchecken. Dann treffen wir uns in der Bar. Und dann, wie gesagt: Let me entertain you!«

»Und wie sieht das aus?« wollte ich wissen.

»Wirst du dann schon sehen! Wir werden einen sehr charmanten Abend zusammen verbringen, ich werde in Gestalt eines harmlosen Handelsreisenden auftreten und dir ganz zu Diensten sein.«

»Als ich unschlüssig dastand, und nichts sagte, pfiff er mich an:

»Komm schon, Waschlappen! Dir passiert nichts. Höchstens«, grinste er hässlich, »höchstens, du suchst das Abenteuer ...«

Das klang vielversprechend und gleichzeitig wie eine Drohung.

Mit einem »Wir sehen uns!« war er plötzlich wie vom Erdboden verschwunden. Immer noch etwas benommen nahm ich meine Reisetasche aus dem Kofferraum und ging zur Rezeption.

»Grüezi wohl und herzlich willkommen, Herr Vogel. Hatten Sie denn eine gute Reise?«

Ich wusste nicht so recht, was ich darauf sagen sollte. Man bot mir einen Willkommenstrunk, dann fuhr ich mir mit dem heißen Lappen, den man mir auf dem Silbertablett reichte, über die Stirn, und roch ängstlich daran. Nein, absolut keine Spur von Schwefel.

Man brachte mich auf mein Zimmer, wo ich mich plötzlich sehr allein fühlte. Ich schaute in den Schrank und ich schaute unters Bett. Nichts, ich meine: niemand. Mich fröstelte.

Jetzt bloß nicht ins Grübeln verfallen. Also raus, runter an die Bar. Und, ja wer sagt es denn: ich wurde bereits erwartet. Ein netter Herr mit grau meliertem Haar kam leicht hinkend auf mich zu, schüttelte mir die Hand.

»Pleased to meet you!«

Das hatte ich heute schon mal gehört, dachte ich und erwiderte mit belegter Stimme »Pleased to meet you!«. Dann zischelte er mir ins Ohr: Verhalte dich so unauffällig wie möglich, wir sind Hotelgäste, verstehst du? Diskretion ist alles. Komm, was willst du trinken? Wir setzten uns an die Bar. Ich bestellte ein Pils. Er eine Bloody Mary mit einer ganzen Chilischote.

Ich musterte meinen Begleiter. Er trug einen schwarzen Anzug mit bordeauxrotem Revers. Plötzlich fiel mein Blick auf seine schwarzen Lackschuhe, dabei entdeckte ich, dass im linken Schuh kein Fuß, sondern ein Huf steckte. Mein Atem stockte und wieder lief es mir heiß und kalt den Buckel runter.

»Schön, mal wieder hier zu sein«, meinte mein Gottseibeiuns, »ich sagte ja schon, für mich wie ne zweite Heimat.«

»Aha«, meinte ich und wollte sagen: »wieso eigentlich?«

»Weil ich schon, als dieser fromme Beatus an den See kam, hier zu tun hatte, ich saß unter der Kanzel und durfte die Namen derer auf ein Bocksfell notieren, die während seiner Predigt einschliefen, und so ihr Seelenheil am Jüngsten Tag verspielten. Irgendwann mussten wir das aufgegeben, inzwischen herrschte gähnende Leere im Kirchenschiff, wegen zwei, drei armen Seelen lohnte der Aufwand nicht mehr.«

»Aha«, meinte ich. »Und wo seid ihr seither anzutreffen?«

»Überall dort, wo man mich hinbestellt. Zum Beispiel bei Novartis. Die produzieren Dank unserer Einmischung wunderbare Pillen, reinstes Teufelszeug. Leider haben sie mich ertappt und in eine Phiole gesperrt.«

Inzwischen hatte sich die Bar mehr und mehr gefüllt, jede Sitzgruppe war belegt, kein Barhocker mehr zu haben. Ich versuchte so zu tun, als sei nichts und sagte:

»Ich hab den Eindruck, wir kamen gerade noch rechtzeitig.«

Asmodi grinste:

»Mein Motto! Zur rechten Zeit am rechten Ort.«

Ich ließ meinen Blick schweifen. Asmodi trank seine Bloody Mary in einem Zug leer und kaute dann auf der Chilischote herum. Dabei meinte er: »Du denkst gerade, dass du gerne wüsstest, was sich hinter den Fassaden dieser Leute hier verbirgt, stimmt's?«

»Stimmt!« sagte ich erstaunt.

»Dein erster Wunsch sei mir Befehl. Du wirst gleich sehen, was sich hinter den Masken verbirgt. Schließ die Augen und zähl auf dreizehn, dann mach sie wieder auf, erschrick aber nicht über das, was du sehen wirst.«

Ich tat, wie mir befohlen und zählte. Dann öffnete ich langsam die Augen. Mein Gott, dachte ich, was ist das für ein Zirkus! In welch absurde Welt war ich da geraten? Alle Anwesenden hatten sich verwandelt. Da hinten auf der Bank saß eine Gans, eine sichtlich dumme Gans, die von einem leibhaftigen Fuchs angebaggert wurde. Ihr schien nicht wirklich bewusst zu sein, dass sie demnächst vernascht würde. Auf dem Barhocker neben mir saß eine überdimensional große Nase, nichts als eine Nase. Mein Begleiter antwortete meinem fragenden Blick:

»Tja, einer der seine Nase eben überall reinsteckt, mit Vorliebe dort, wo sie nichts zu suchen hat.«

Langsam kapierte ich das System. Am Fenster, wo vorher noch ein älteres Paar saß, entdeckte ich einen hässlichen kleinen Mops, dem eine Dogge mit lilagefärbter Dauerwelle gegenübersaß. Dahinter buckelte eine ziemlich cholerische Katze, in der Ecke saßen zwei verliebte Pinguine, sie waren mehr als peinlich, daneben ein Affe, der sich die Augen zuhielt. Über ihm saß auf der Vorhangstange ein wild mit den Flügeln fuchtelnder Papagei, der unentwegt krächzte und parlierte und dabei eine unerträgliche Hektik verbreitete. Ganz anders, in der gegenüberliegenden Ecke, eine weiße Taube mit einem Ölzweig im Schnabel, von der keiner was wissen wollte.

»Du willst sicher wissen, was das Einhorn da sucht? Hähä, es ist auf der Suche nach einer Jungfrau.«

»Und?«

»Du glaubst doch nicht, dass hier noch eine Jungfrau rumläuft!«

Da mag er ja Recht haben, dachte ich. Plötzlich fiel mein Blick auf eine riesige Fledermaus, die vom Kronleuchter herunterhing. Igitt, dachte ich, und Asmodi meinte:

»Erinnerst du dich an die schöne Schwarzhaarige, der du die Tür aufgehalten hast? Du solltest ihr in den nächsten Tagen besser aus dem Weg gehen, sie beißt ganz gerne mal, wenn du weißt, was ich meine.«

Ich wusste es nicht wirklich, ahnte aber nichts Gutes. An der Bar hing ziemlich einsam ein Auerhahn, hatte was von einem gerupften Kaplan, gleich neben ihm schlug ein Pfau sein Rad, während eine alte Schnepfe ihn ungeniert anbalzte.

In der Ecke zum Kamin saß eine Gruppe dreist dreinschauender Hyänen, an den übrigen Tischen im Raum saßen blökende Schafe, gackernde Hühner und einsam und allein ein Fink, wahrscheinlich weil er stank. Eine zickige Ziege belästigte einen melancholischen Elch, nicht wenige graue Mäuse waren unscheinbar vertreten, und immer wieder erhob sich ein röhrender Hirsch, doch weit und breit war keine Hirschkuh.

Ich schüttelte den Kopf. So also sind wir. Mein Gott! Mich würde schon interessieren, welche Teufel uns da reiten?

»Ah! Dein zweiter Wunsch!«, bemerkte mein Diabolo. »Dann schließ die Augen, zähl bis dreizehn und schon wirst du ihnen nicht trauen, bei dem, was du zu sehen bekommst.«

Das klang ja wieder mächtig vielversprechend, aber inzwischen war ich so in der Sache drin, es gab kein Zurück, also weitermachen, mutig den Blick nach vorne gerichtet! Nachdem ich also wieder bis dreizehn gezählt hatte, ergab sich mir ein völlig ausgewechseltes Bild. Wo vorher das ganze Getier zu sehen war, tummelten sich jetzt die absonderlichsten Wesen. Keine Frage: das müssen die Teufel sein, die großen und kleinen, gehörnt und mit Dreizack, manche in absonderlicher Menschengestalt, manche als ganz und gar undefinierbare Wesen. Allesamt aber hatten sie rote Köpfe, rote Gesichter, ein Teufel trug Prada, die meisten Schwarz. Eine unerträgliche Hitze machte sich breit.

Asmodi wusste um meine Hilflosigkeit und begann mit der Vorstellungsrunde.

»Fangen wir klein an«, sagte er. Was du da drüben siehst, ist ein Fleckenteufel, er ist fast immer und überall anzutreffen, du erinnerst dich, vorhin hatte einer beim Gockeln den Rotwein auf das Gänseblümchen neben sich ausgeschüttet. Dann da drüben, unverkennbar, Mephisto. Diesmal verführt er eine alte Dame, die sich einen jungen Knaben angeln will, du siehst, die Zeiten haben sich geändert. Nicht der alte Faust verführt sein Gretchen, sondern die alte Ziege möchte sich ein unschuldiges Hänschen angeln. Weiter da drüben tummelt sich Beelzebub, und links davon vergnügt sich Luzifer.«

Mein Begleiter redete und redete, stellte mir einen Teufel nach dem anderen vor, den Eitelkeitsteufel, der die dämlichen Ziegen bezirzt, den Fressteufel, der dem fetten Schwein im Genick sitzt, den Zankteufel, der inmitten der Hyänen sich die Hände rieb, den Saufteufel, der hinterm Tresen steht und kontinuierlich nachschenkt, und natürlich den Geizteufel neben einem alten, lippenlosen Knauser.

»Du siehst«, sagte Asmodi, ›den Teufel spürt das Völklein nie, und wenn er sie beim Kragen hätte‹...«

Ich hatte genug, Mir schwindelte, ich schloss die Augen, holte tief Luft.

Als ich sie wieder öffnete, war alles wieder normal, so, als sei nichts gewesen. Zuerst brauchte ich jetzt noch was zum Trinken. Diesmal was Scharfes! Kaum hatte ich mir also auch eine Bloody Mary hinter die Binde gegossen, da fiel mir ein:

»Sag mal, und ich? Wie seh eigentlich ich aus hinter meiner Maske? Und welcher Teufel reitet mich derzeit?«

Asmodi grinste sein fieses Grinsen.

»Ja hat dir denn dein Analytiker noch nicht auf die Sprünge geholfen? Merkst du was? Der Abzockerteufel zum Beispiel hat dich in seinen Händen. Und die Krankenkasse zahlt auch noch: Hähähä. Aber bitte, wenn du unbedingt willst, sollst du dir selbst begegnen. Da drüben, das Kaminfeuer, es ist abgeschirmt durch ein Glasfenster. Setz dich davor und du wirst dich gespiegelt sehen.«

Ich tat wie mir befohlen. Wow! Da lag ein wunderschöner nobler Löwe mit stolzer Mähne. Wie? Und das soll ich sein? Einen Wurm, einen Bücherwurm gut, das hätte ich erwartet. Oder eine Leseratte. Aber einen majestätischen Löwen? Seltsam.

»Moment, was ist das? Wieso sind ihm die Vorderpfoten gebunden?«

Asmodi grinste.

»Tja, schöne Grüße von meinem Kollegen.«

»Und um welchen handelt es sich, wenn ich fragen darf?«

»Na ja«, meinte Asmodi, »schon mal was von Prokrastination gehört?«

»Nie im Leben«, gestand ich der Ehrlichkeit halber. »Klingt ziemlich gefährlich. Tut das weh?«

»Keine Ahnung. Aber du weißt vielleicht, was Aufschieberitis ist.«

Das allerdings wusste ich nur zu gut.

»Na also, es ist der Prokrastinationsteufel, der dir im Genick sitzt, der dich lähmt und so zum Schwitzen bringt, weil du alles bis zum Geht-nicht-mehr hinauszögerst, und der nicht aufgibt, bis er dich irgendwann drankriegt. Dann aber Halleluja! Dann biste blamiert bis über die Ohren!«

Das klang nicht sehr verheißungsvoll. Ich war also vorgewarnt. Ich schaute etwas bedrückt vor mich hin. Schade, dachte ich, so ein schöner Löwe! Und dann gefesselt.

»Hey! Ich weiß was! Ich hab ja noch einen Wunsch frei: Kannst du mich nicht von diesem Prokrasti-... – wie war das noch einmal – ...teufel befreien?«

»Bedaure«, reagierte Asmodi mit Schulterzucken, »wir Teufel kommen uns gegenseitig nicht ins Gehege, wie du sicher verstehen kannst. Von seinen Teufeln muss jeder sich schon selber befreien. Oder noch besser: mit ihnen leben. Kann ja zuweilen auch ganz lustig sein ...«

Wieder dieses schadenfrohe Lachen.

Ich musste mir als dritten Wunsch also etwas anderes einfallen lassen. Plötzlich hatte ich eine verwegene Idee:

»Mein dritter Wunsch wäre, dass du bei meinen Lesungen als heimlicher Gast anwesend bist und die Namen all jener notierst, die während meiner Lesung einschlafen. Sie sollen gnadenlos am Jüngsten Tag ihr Seelenheil verspielen.«

Asmodi lachte. Sein grelles Lachen klingt mir immer noch im Ohr. Dann meinte er:

»Nichts lieber als das. Endlich wieder volle Säle, endlich wieder verlorene Seelen. Dein Wunsch sei mir Befehl.«

Und so, liebe Zuhörerinnen und Zuhörer kommt es, dass der Teufel auch heute Abend mitten unter uns ist, und jeden notiert hat, dem die Augendeckel heruntergefallen sind. Amen ja, so ist es gescheh'n.

Der Auftrag oder Hildegards Hauptgewinn

Susanne Mischke und Peter Godazgar

Er schwieg. Sie warf ihm einen schnellen Blick aus den Augenwinkeln zu. Da stand er im Empfangsbereich des Hotels, den Mund halb geöffnet. Was für eine Genugtuung. Die ganze Fahrt über hatte er gemosert und gemeckert. Die ganze Fahrt? Ach was, er hatte gemeckert, seit sie ihm die gute Nachricht überbracht hatte.

»Schweiz?«

»Ja, ist das nicht toll?«

»Ende November?«

»Ja.«

»Ende November regnet's doch bloß in der Schweiz.«

Natürlich war er noch nie in der Schweiz gewesen, weder Ende November noch sonst irgendwann.

»Wie heißt das Hotel?«

Sie klappte den Brief auf, las den Namen ab.

»Ermitage? Ich denk, die Ermitage ist in Sankt Petersburg.«

»In Petersburg ist die Er-e-mitage.«

»Und wieso Golf? Ich spiel kein Golf.«

Nun also, in der Lobby des Ermitage-Golf, nicht in Sankt Petersburg, sondern in Schönried, schwieg er. Er hätte niemals zugegeben, dass er schwieg, weil er beeindruckt war – aber sie sah es ihm an. So gut kannte sie ihn dann doch. Nach siebenundvierzig Ehejahren.

In gewisser Weise war sein Misstrauen ja sogar verständlich. Seit Jahr und Tag machte sie bei jedem Preisausschreiben mit, das ihr in die Finger kam. Bislang waren die Gewinne immer eher – nun ja, suboptimal gewesen: ein DVD-Filmpaket (leider ohne den passenden Rekorder, sodass die DVDs immer noch verschweißt in irgendeinem Schrank lagerten). Ein Jahresabonnement von TV Spielfilm. Eine Kochschürze, angeblich handsigniert von Johann Lafer. Natürlich die obligatorische Kaffeemaschine – sie gab nach drei Tagen den Geist auf. Ach ja, einen 25-Euro-Tankgutschein – über den hatte sich Herbert immerhin gefreut.

Nun aber: eine Verwöhnwoche im Wellness- und Spa-Hotel Ermitage-Golf.

»Wellness«, hatte Herbert gebrummt. »Mit Wellness wirbt doch heute jedes Nagelstudio. Und was heißt überhaupt Spa? Spaß wäre mir lieber.« Er lachte albern. Dann begann er zu singen: »Ein bisschen Spa muss sein, dann ist die Welt voll Sonnenschein.«

Hildegard verdrehte die Augen. Sie war sicher, diesmal einen echten Hauptgewinn gelandet zu haben. Die Fotos in der beigelegten Broschüre sprachen eine eindeutige Sprache.

Der Mann hinter der Rezeption stellte zwei Sektgläser auf den Tresen. Sie nippte, Herbert kippte das Glas auf ex in seinen Schlund.

»Wenn Sie mir Ihren Autoschlüssel geben, veranlasse ich, dass Ihr Fahrzeug parkiert und Ihr Gepäck aufs Zimmer gebracht wird.«

Herbert starrte den jungen Mann ein paar Sekunden an. Dann legte er den Schlüssel auf den Tresen. O ja, dachte Hildegard, die kommenden Tage würden sie mehr als angemessen entschädigen für die Strapazen der Hinfahrt.

Tatsächlich war die Anreise nicht ganz so verlaufen, wie sie es sich vorgestellt hatte, was vor allem daran lag, dass sie zwei Stunden ihrer Lebenszeit auf der Autobahn 6 zwischen dem Kreuz Nürnberg-Süd und der Anschlussstelle Schwabach-West vergeudet hatten. Herbert trommelte abwechselnd auf sein Lenkrad und schimpfte auf den Verkehrsfunk. Ein offenbar unter Drogen stehender Moderator von Radio Hit-Energy oder Hitradio Galaxy-Live rief etwas von einem toten Fuchs, der auf der A 3 liege, weswegen die Autofahrer, hey, dort echt super aufpassen müssten.

»Toter Fuchs auf der A 3?!«, schrie Herbert zurück. »Hast du zufällig auch Neuigkeiten von der A 6? So, wie's aussieht, liegt hier aber mindestens eine komplette Wildschwein-Rotte!« Herbert wechselte den Sender, und eine halbe Stunde später erfuhren sie, dass es auf der A 6 vor Schwabach-West eine Baustelle gab. Was die Warterei natürlich auch nicht besser machte.

Die Schweiz erreichten sie erst nach Einbruch der Dunkelheit. Hildegard sah enttäuscht aus dem Autofenster. Sie hatte sich auf die Berge gefreut. Nun sah sie aber nur ab und an dunkle Massen, die sich vom etwas helleren Himmel abhoben. Die letzte Stunde der Fahrt sagte niemand von ihnen auch nur ein Wort. Herbert stierte angestrengt in die Dunkelheit, während er den Wagen über kurvige Straßen und durch scheinbar verlassene Dörfer lenkte. Zweimal wurden sie überholt, ansonsten schien niemand unterwegs zu sein.

Sie erreichten ihr Ziel erst gegen 22 Uhr.

Herbert schwieg immer noch. Der junge Mann hatte sie inzwischen ins Hotelzimmer geleitet und wenig später auch das Gepäck gebracht. Hildegard sah ihren Gatten triumphierend an, aber der wich ihrem Blick aus. Das war nun wirklich nicht die Art Hotelzimmer, mit der sie ihr Leben lang hatten Vorlieb nehmen müssen. Sie packte ihre und Herberts Sachen in den Schrank und legte die Krimis, die sie sich mitgenommen hatte, auf den Nachttisch, während er durchs Fernsehprogramm zappte.

Hildegard trat auf den Balkon und atmete tief ein.

Als sie wieder in den Raum trat, lag Herbert lang ausgestreckt auf dem Bett.

»Und?«, fragte sie ihn.

»Man kann den Fernseher vom Bett aus nicht sehen«, knurrte er.

Hildegard schüttelte den Kopf und verschwand im Badezimmer, das geräumiger war als jenes in ihrer Wohnung daheim in Halle an der Saale. Als sie zurückkam, schnarchte Herbert.

Sie sah ihn lange an, dann schlüpfte sie, trotz der vorgerückten Stunde, in ihre Schuhe und verließ das Zimmer.

Jeder Angestellte, dem sie begegnete, lächelte sie an. Zuerst dachte Hildegard, es gebe irgendwas Komisches an ihr, sie blickte verstohlen an sich herab, griff sich ins Haar. Hing ihr etwas ins Gesicht? Oder waren die Menschen einfach nur freundlich? War es schon so weit, dass sie argwöhnisch wurde, nur weil ihr jemand freundlich entgegentrat?

Sie schlenderte an der Bar vorbei, daneben stand ein Klavier. Ein Mann saß davor und ließ seine Finger über die Tasten gleiten. »Herzlich willkommen«, rief er ihr zu.

Sie nickte unsicher und ging weiter. Ihr Blick fiel auf einen Kamin. Auf das Feuer, das darin brannte. Über dem Kamin hingen zwei dünne Säbel, die sich kreuzten, daneben zwei breitere Stichwaffen. Waren das auch Säbel? Oder Degen? Schwerter? Sie war versucht, die Waffen zu berühren. Ob sie scharf waren? Ein gut gesetzter Stich würde vermutlich genügen.

Sie schüttelte den Kopf über ihre eigenen Gedanken. Höchste Zeit, ins Bett zu gehen.

Am nächsten Morgen, nach dem Frühstück, blätterte sie in einer Broschüre des Hotels, während Herbert im Badezimmer rumorte. Was es hier alles gab: Lymphdrainage, Breuss-

Massage, Wasser-Shiatsu, Balinesische Boreh-Behandlung, LaStone-Therapy, rückfettende Salzeinreibung, Cleopatra-Packung. »Ich würde gerne eine Runde schwimmen«, sagte sie, als Herbert aus dem Bad trat.

»Ich kann dir keine Vorschriften machen«, antwortete er, warf sich in einen Sessel und griff zur Fernbedienung.

* * *

Ich bin zur Erholung hier. Das sage ich mir immer wieder, während ich im Dampfbad sitze, im Solebad plansche oder an den Fitness-Geräten herumturne. Dabei kommt man als Alleinreisender nicht umhin, die anderen Gäste zu beobachten. Nun macht das ja jeder gerne, um dann beim Abendessen mit seinem Partner über das Gesehene zu lästern, aber bei mir ist das etwas anderes. Es ist der Beruf, der mich einfach nicht loslässt. Meine Umgebung und die Menschen zu beobachten gehört zu meinem Job. Dabei müsste ich das jetzt nicht tun, ich bin, wie gesagt, zur Erholung hier. Eine Art Zwangserholung um ehrlich zu sein, obwohl es dekadent wäre, an diesem schönen Ort von Zwang zu sprechen. Ja, ich gebe es zu, ich jammere auf hohem Niveau. So sind wir Deutschen, das machen wir gerne. Ich bin hier, weil ich zurzeit keinen Auftrag habe.

Nein, es ist kein gutes Gefühl, mit 50 zum alten Eisen geworfen zu werden. Ich überlege mir, was ich alternativ anstellen könnte. Ich habe ein bisschen gespart, ich könnte vielleicht ein Bistro eröffnen, oder eine Strandbar an irgendeinem kostspieligen Gewässer. Oder einen Weinladen oder ein Waffengeschäft. Darüber denke ich nach, während ich leise vor mich hin summend im Solebecken auf dem Rost liege, unter dem es blasig blubbert.

Neben mir lässt sich eine Dame nieder, Badeanzug mit Prilblümchen, etwa Mitte 60, Typ braves Muttchen. Sie und ihr Mann saßen schon heute Morgen beim Frühstück am Nachbartisch, aber sie waren sehr mit sich selbst beschäftigt. Nun suhlt sie sich mit wohligem Lächeln im Blasenwasser, eine späte Schaumgeborene, sie hat etwas Rührendes an sich, wie sie da seufzend die Augen schließt, sich dem Wimpernschlag des Glücks hingibt. Schön, wenn jemand noch so genießen kann.

Natürlich weiß ich längst, mit wem ich es zu tun habe – Berufskrankheit, Sie verstehen. Sie reiste gestern, am 29. November um 21.50 Uhr zusammen mit ihrem Gatten an, und zwar in einem zahnbelagbeigen Ford-Mondeo mit dem Kennzeichen HAL für Halle, PM-1942, wobei letztere Zahl das Geburtsjahr des Wagenbesitzers sein dürfte – diese Unsitte ist ja weit verbreitet. Sie ist etwa zwei, drei Jahre jünger als er, heißt Hildegard und stammt aus Halle, er aus Erfurt. Er heißt Herbert. Herbert Siege. Herbert ist leicht übergewichtig, hat schmale Lippen und unangenehm stechende Augen. Er hatte schon drei Bandscheibenvorfälle und einen Herzinfarkt. Er ist seit drei Jahren in Rente, früher war er Abteilungsleiter in einer chemischen Fabrik. Die beiden sind seit 47 Jahren verheiratet.

* * *

Hildegard stöhnte genüsslich, als sie ihren Körper in das 35 Grad warme Solewasser sinken ließ. Sie paddelte vom Hallen- in den Freibad-Bereich. Nur ein weiterer Mann zog dort langsam seine Kreise. Links pladderte Wasser aus zwei Röhren. Vor ihr die Berge. Ruhe. »Himmel, ist das schön«, sagte sie leise, um sich zu vergewissern, dass sie nicht träumte. Sie näherte sich einem merkwürdigen Konstrukt aus glänzenden Röhren. Plötzlich fing das Wasser dort an zu sprudeln und zu schäumen. Sie erschrak, als sie jemanden neben sich bemerkte. Der Mann, der eben noch am anderen Ende des Beckens gewesen war, zog sich nun mit einer schnellen Bewegung auf das Röhrengerüst. Und nun verstand auch Hildegard. Das war eine Art Liege, eine Liege im Wasser, eine Liege, unter der es blubberte. Sie zog sich ebenfalls auf die Wasserliege, so weit wie möglich von dem fremden Mann entfernt. Es blubberte unter ihr, das Wasser massierte ihren Körper. Sie dachte an Herbert – dieser Idiot saß oben und starrte in die Flimmerkiste. Na ja, besser als wenn er neben ihr liegen würde. Er hätte mit Sicherheit was zu meckern gefunden. Luft zu kalt, Berge zu hoch, Wasser zu nass. Einzig an den Massagen schien der Gatte Gefallen gefunden zu haben.

Ein Geräusch riss sie aus ihren Gedanken, eine Art Brummen. Sie sah zu dem Mann. Er hatte die Augen geschlossen – und, ja, er brummte leise. Im nächsten Moment öffnete er die Augen und sah Hildegard direkt an. Sie schätzte ihn auf Mitte bis Ende vierzig, aber sie lag oft falsch. Später würde sie sich noch lange über ihr Verhalten wundern, doch in diesem Moment dachte sie nicht groß nach. Sie plauderte den Fremden einfach an.

* * *

Hildegard öffnet die Augen und sieht mich an. Ich nicke ihr freundlich zu.

»Herrlich, dieses warme Wasser, nicht wahr«, bemerkt sie und lächelt. Es ist ein warmherziges Lächeln und man merkt ihr an, dass sie sonst im Leben nicht allzu viel zu lächeln hat.

»In der Tat.«

»Es ist überhaupt ein ganz tolles Hotel. Das Essen, die Zimmer … und diese vielen Saunen. Man weiß gar nicht, wo man anfangen soll. Dass ich das noch erlebe.«

»Ich bitte, Sie, Madame ...«

Die Anrede irritiert sie. »Hildegard Siege, nicht Madame.«

»Angenehm. Carolus Reuter.«

»Wir haben eine Woche Aufenthalt in einem Preisausschreiben gewonnen«, erklärt sie. »Sonst wären wir nicht hier. Für so ein Hotel wäre mein Herbert viel zu geizig. Wir fahren seit Jahren im September für zwei Wochen in eine Pension in den Harz, zum Wandern.«

»Dabei wandern Sie gar nicht so gerne«, sage ich.

»Woher wissen Sie das?« fragt sie erstaunt. Tja, woher weiß ich das? Nun, sagen wir, es liegt mir im Blut, die Ohren aufzusperren.

»Menschenkenntnis«, behaupte ich. »Sie sind mehr der Wellness-Typ. Ein Luxusgeschöpf sozusagen. Sie sind hier genau richtig aufgehoben.«

Sie nickt betrübt. »Ach, der Herbert«, seufzt sie in das Blubbern des Pools.

»Sind Sie das erste Mal im Ermitage, Herr Reuter?«, fragt sie mich nach einer Weile. Ihre französische Aussprache lässt zu wünschen übrig.

»Nein, ich war schon zweimal hier. Beide Male hatte ich beruflich im Nachbarort Gstaad zu tun.«

»Dann sind sie wohl gerade erst angekommen, Sie sind mir noch gar nicht aufgefallen.«

Das soll auch so sein, denke ich. Wer mich auf der Straße sieht, hält mich für einen langweiligen Buchhalter – falls er mich überhaupt bemerkt. Unauffälligkeit ist in meinem Job unabdingbar.

»Das Hotel ist mir ans Herz gewachsen. Freundlicher Service, gute Küche, Wellness und so, Sie wissen schon«, sage ich und lächle ihr ebenfalls zu. Irgendwie erinnert mich Hildegard an meine Mutter – Gott hab sie selig. Auch sie hatte im Leben nicht allzu viel zu lachen an der Seite meines Vaters. Er war Postbeamter und überdies ein notorischer Griesgram und Rechthaber. Ähnlich wie Herbert. Herbert hat an allem hier etwas auszusetzen, auch das ist mir nicht entgangen.

»Und was machen Sie beruflich?«

Ich schaue mich um, es ist nur Show, natürlich weiß ich, dass außer uns niemand da ist, auch nicht ihr Mann. Er genießt gerade die erste von vier Ganzkörpermassagen, die er nach dem Frühstück gebucht hat. Er hat die letzten Termine bekommen.

»Ich weiß nicht, ob Sie das wirklich wissen wollen.«

»Warum?«, entgegnet Hildegard. »Sind Sie Lehrer? Zahnarzt? Oder Finanzbeamter?«

»Ich bin Auftragskiller.«

Sie wirkt einen Moment lang irritiert, dann lacht sie.

»Nein, es ist kein Witz«, sage ich mit nüchterner Stimme.

»Tatsächlich?« Ein kurzes Schweigen, dann fragt sie: »Und? Kann man davon leben?«

»Es geht so. Früher war es besser. Da trafen sich zum Beispiel hier in Gstaad die Größen aus Politik und Wirtschaft, da fiel immer mal ein Job für mich ab. 1998 war es die Eliminierung eines missliebig gewordenen Aufsichtsratsmitglieds eines Pharmakonzerns, die mich hierher führte. Ihn ereilte ein tragischer Skiunfall. Und vor fünf Jahren galt es einen russischen Oligarchen zu beseitigen. Der Auftrag kam über Umwege aus russischen Regierungskreisen, denen der Mann zu mächtig geworden war.«

»Ich verstehe«, raunt Hildegard.

»Der Tod des Oligarchen wirbelte damals einigen Staub auf, die ermittelnden Behörden wollten nicht so recht an einen Badeunfall glauben, denn man hat bei der Obduktion des Mannes Rückstände eines starken Barbiturates in seinem Blut nachweisen konnten. Aber damit war es dann auch schon vorbei mit den Erkenntnissen. Ich arbeite sauber und diskret. Noch nie kam ein Klient durch mich in Schwierigkeiten. Ich verwende – wenn überhaupt – nur Präzisionswaffen und richte damit kein Gemetzel an. Der erste Schuss muss sitzen, sage ich mir immer. Wenn es die Situation zulässt, verzichte ich ganz auf Schusswaffen, arbeite mit Kontaktgift oder mit der Garrotte – das ist eine Drahtschlinge mit zwei Griffen daran. Sie war in Spanien während der Franco-Ära als Hinrichtungsinstrument beliebt. So eine habe ich übrigens immer im Koffer, das hat sich bewährt. Sie ist klein und handlich – für alle Fälle, man weiß ja nie. Aber eigentlich sind »Unfälle« meine Spezialität.«

Hildegard sieht mich mit großen Augen an. »Und das … das macht Ihnen gar nichts aus?«

»Nein. Einer muss es ja machen. Die Motive meiner Klienten kümmern mich nicht.«

»Und wieso sind Sie jetzt hier?«, will sie wissen.

»Urlaub.«

Sie schüttelt ihre grauen Locken: »Das glaube ich Ihnen nicht!«

»Tja, so ist es aber«, seufze ich. »Im Moment bin ich ohne Auftrag. Es mag an meinem Alter liegen, ich glaube es aber nicht. In meinem Job zählt Erfahrung noch – eigentlich.«

»Das will ich meinen«, stimmt mir Hildegard zu. »Aber so sind die Zeiten. Ich war ja froh, dass sie meinen Herbert wenigstens bis 65 in der Firma behalten haben, aber seit zwei Jahren ist er zu Hause.«

Ein abgrundtiefer Seufzer entringt sich ihrer vollen Brust, während ich laut vor mich hin grüble: »Möglicherweise ist die Wirtschaftskrise schuld daran. Obwohl – Leute wie ich werden eigentlich immer gebraucht. Okay, ich bin nicht billig, aber Qualität hat eben ihren Preis. Aber leider sparen die Auftraggeber am falschen Ende und bevorzugen die osteuropäische Konkurrenz, die zu Dumpingpreisen arbeitet. Billig zwar, aber unglaublich schlampig. Aufsehen erregende Blutbäder die Folge. Nein, so was ist nicht meine Handschrift.«

»Das glaube ich Ihnen sofort«, bestätigt Hildegard. »Herbert, dieser Geizhals, hat mal ein Bad von ein paar Rumänen kacheln lassen. Schwarz. Nicht die Kacheln natürlich, die waren bahamabeige ... Das war so schlecht gemacht, sie fielen einen Monat später runter, als ich gerade in der Badewanne lag.«

»Da sehen Sie es«, stimme ich ihr aus vollem Herzen zu. »Bei manchen meiner sogenannten Kollegen muss man ja schon froh sein, wenn es überhaupt den richtigen trifft! Ich könnte Ihnen Geschichten erzählen ...« Ich seufze bedrückt, obwohl ich es gar nicht wollte.

Auch Hildegard wirkt plötzlich nachdenklich. Ich spüre, wie ihre anfängliche Faszination umschlägt in Enttäuschung. Das kann ich verstehen: Ein Auftragskiller ohne Auftrag ist eine tragisch-lächerliche Figur. Ich winke sie näher zu mir heran und senke die Stimme, als ich sage: »Okay, Sie haben recht, Madame. Ich bin natürlich schon beruflich hier.«

»Dachte ich mir«, meint sie und lächelt wissend und fragend zugleich. »Und?«

»Sie haben doch sicherlich von Polanski gehört. Roman Polanski, der Regisseur, der jetzt in Gstaad untergebracht ist und Hausarrest hat und elektronische Fußfesseln trägt?«

»Ja. Das steht doch seit Tagen in der Zeitung, die wir immer mit dem Morgentee bekommen.« Ihr Mund klappt herunter. »Den sollen Sie ...«

»Der Mann ist ein Politikum geworden, ein peinlicher Störfaktor in den bilateralen Beziehungen zwischen den USA und der Schweiz. Er macht Probleme, verursacht diplomatische Verwicklungen...«

In ihren Augen spiegelt sich blanke Bewunderung. »Das ist ja spannend«, meint sie schließlich. »Hört sich an wie im Krimi.«

»Der CIA hat mich kontaktiert. Es wird wie ein Unfall aussehen.«

»Schade eigentlich. Ich mochte seine Filme. Vor allen Dingen Rosemaries Baby.«

»Ja, ich auch. Aber wie gesagt, darauf kann ich keine Rücksicht nehmen. Man muss heutzutage nehmen, was man kriegt. Obwohl ich mir wirklich überlege, ob ich nicht langsam aus dem Geschäft aussteigen soll.«

»Ach wirklich? Warum denn?«

Ich seufze. »Ach, wissen Sie – es ist im Grunde ja eine reizvolle Aufgabe. Aber die Dinge haben sich geändert, seit ich den Auftrag vor einigen Wochen angenommen habe. Seit kurzem gibt es eine Frau in meinem Leben ...« Ich mache eine Pause, »... jedenfalls habe ich überlegt, in den Ruhestand zu gehen. Ich habe in meinem Leben genug Leute eliminiert und genug Geld damit verdient. Und ich erzähle Ihnen das auch nur, weil – ohne Ihnen jetzt zu nahe treten zu wollen – weil Sie mich an meine Mutter erinnern. Natürlich vor langer Zeit, als sie Anfang Vierzig war.«

»Sie Schmeichler«, sagt sie und lächelt schelmisch. »Und wenn ich Sie nun bei der Polizei anzeigen würde?«

»Würde ich unser nettes Gespräch natürlich leugnen. Es gibt keine Beweise, nicht eine Spur. Ich bin ein Profi!«

Eine Weile herrscht Schweigen. Das Blubbern hat aufgehört, das Wasser glättet sich. Sie wirft einen nervösen Blick über die Schulter und fragt: »Wie teuer kommt so eine ... eine Sache eigentlich?«

»Das kann man nicht pauschal sagen. Staatsoberhäupter sind natürlich am teuersten. Es sei denn, es handelt sich um Anführer irgendwelcher Bananenrepubliken. Bei Privatpersonen kommt es ganz darauf an. So ein Promi wie Polanski ist natürlich nicht ganz billig, wegen des Aufsehens und der Sicherheitsvorkehrungen – Sie verstehen.«

»Natürlich.« Ich kann sehen, wie es in Hildegards Kopf arbeitet. »Hätten Sie ...«, beginnt sie zögernd,«... hätten Sie eventuell dieser Tage noch Kapazitäten frei?«

»An wen dachten Sie? An den Barpianisten?«

»Aber nein.«

»Schade.«

»An Herbert«, wispert sie. »Meinen Mann.«

Ich grinse, bis ich merke, dass sie es ernst meint. Donnerwetter, Hildegard, denke ich. Aber im Grunde wundert es mich nicht. Dieser Klugscheißer ging sogar mir schon auf die Nerven. Wie muss das erst nach 47 Jahren sein?

»Wie teuer käme das denn – nur so ungefähr?«, erkundigt sie sich.

»Wie viel könnten Sie denn anlegen?«, frage ich halb neugierig, halb amüsiert und stelle mir vor, wie sie all die Jahre immer ein bisschen was vom Haushaltsgeld abgezweigt hat, mit dem Ziel, sich irgendwann mal was Nettes zu gönnen, ohne Herbert darum bitten zu müssen. Genau das hat sie nun offenbar vor.

»Die Lebensversicherung – zahlt die bei Mord auch?«, fragt sie zurück.

»Es dauert meist ein wenig, bis die Ermittlungen abgeschlossen sind, aber dann zahlen die Versicherungen im Allgemeinen anstandslos. Wenn es wie ein Unfall aussieht, dann geht es noch schneller. Und Unfälle sind zufällig meine Spezialität.«

»Wie wäre es mit zehn Prozent von seiner Lebensversicherung. Es müssten so 100.000 sein.«

»15.000 und wir sind im Geschäft.«

»Einverstanden«, wispert sie. Ihr Hals und ihr Gesicht haben rote Flecken bekommen vor Aufregung.

»Damit Sie ausreichend Gelegenheit haben, noch einmal darüber nachzudenken, werde ich noch drei Tage damit warten. Wenn ich bis dahin nichts Gegenteiliges von Ihnen gehört habe, werde ich den Auftrag ausführen, einverstanden?«

»Das ist nett von Ihnen«, meint Hildegard.

»Ich bitte Sie. Ich bin schließlich kein Heizdeckenverkäufer. So ein Schritt will gut überlegt sein.«

»Drei Tage sind gut. Ich würde nämlich ungern früher abreisen. Aber das müsste ich ja dann wohl – aus Pietätsgründen, oder?«

Ich verabschiede mich und schwimme zurück zur Treppe. Knallhart, diese Mutti aus Halle! Fast kann einem dieser Herbert leidtun. Fast.

* * *

Den restlichen und auch die folgenden Tage war Hildegard aufgewühlt. Was war das für ein merkwürdiges Gespräch gewesen? Und um was hatte sie diesen Mann da, diesen Herrn Reuter, eigentlich gebeten? Herbert töten lassen? Sie betrachtete Herbert, ihren Herbert, ihren Ehemann seit siebenundvierzig Jahren, wie er auf dem Bett lag und leise schnarchte. Am Abend hatte der Mann am Nachbartisch gesessen und nur kurz gegrüßt, sich ansonsten aber den Köstlichkeiten aus der Küche gewidmet.

Ein Leben ohne Herbert. Er hatte sich nach dem Frühstück eine weitere Massage gegönnt und danach gleich wieder hingelegt. Nun war er eingenickt. Wieso schlief er hier so viel, zuhause neigte er doch eher zur Bettflucht. Sie sah ihren Mann an. Ihren Wuffel. Meine Güte, wie lange hatte sie ihn schon nicht mehr so genannt? Konnte sie sich ein Leben überhaupt vorstellen ohne ihren Wuffel?

Wuffel grunzte.

Och, dachte Hildegard.

Herbert schlug die Augen auf. »Na, hast du dich entspannt?« Er sprach das letzte Wort betont spöttisch aus.

Sie antwortete mit einer Gegenfrage: »Was hältst du von einem kleinen Spaziergang, um die nähere Umgebung zu erkunden?«

»Meinetwegen«, sagte Herbert. »Mach nur. Ich bleib noch ein bisschen liegen. Bin grad so entspannt. «

Sie starrte ihn an. »Willst du hier immer bloß im Bett bleiben?«

»Wellness«, antwortete er, stöhnte dann und fügte hinzu: »Na gut, ich komm mit.«

»Du musst nicht, wenn du nicht willst.« Ein Spaziergang ohne Herbert war ja eigentlich nicht die schlechteste Variante, fiel ihr ein. Zu spät.

Sie stapften aufs Geratewohl die gegenüberliegende Seitenstraße hinauf, nach kurzer Zeit gelangten sie auf einen Wanderweg. Es ging stetig aufwärts. Hildegard wanderte vorneweg, Herbert schlurfte hinterher.

Sie fragte sich, was der Auftragskiller gerade tat? Ob er über den Tatort nachdachte, ob er einen Mordplan entwarf? Auftragskiller! Mord! Ein kalter Schauer lief über Hildegards Rücken.

Links von ihnen gluckerte ein dünner Gebirgsbach. Wäre das ein geeigneter Ort? Ein kleiner Stoß würde vielleicht schon reichen, dachte Hildegard.

Sie hörte Herbert hinter sich schnaufen. Der Weg wurde schmaler, führte über einen Holzweg auf eine Wiese und weiter und weiter nach oben.

Er könnte auf dem feuchten Gras ausrutschen, dachte Hildegard.

»Wann sind wir endlich da?«, nölte Herbert hinter ihr.

Sie ignorierte ihn, stieg weiter hinauf, passierte einen kleinen Müllcontainer. In diesen Container bitte nur gebührenpflichtige Gebinde, stand darauf. Gebührenpflichtige Gebinde, dachte sie. Ob der Auftragskiller aus Herbert nach vollbrachter Tat ein gebührenpflichtiges Gebinde machen würde?

»Willst du etwa bis ganz nach oben?«, hörte sie seine Stimme, nun ein gutes Stück hinter sich. Sie drehte sich um. Herbert war stehen geblieben, hielt sich eine Hand vor die Brust und glotzte sie an.

Er könnte sich an einem lockeren Zaunpfahl festhalten, der Holzstamm gibt nach – und zack, dachte sie. »Wir können ja umkehren«, rief sie ihm zu.

Hildegard war froh, als sich Herbert nach ihrem Ausflug wieder aufs Zimmer zurückzog. Sie streifte sich einen Bademantel über und verzog sich in die Saunalandschaft. Ihr Weg führte direkt in die Quarzit-Sole-Dampf-Grotte. Schon am ersten Tag hatte sie diesen Ort für sich entdeckt. Dort war man komplett in Nebel eingehüllt und quasi unsichtbar für andere. »Hallo?«, sagte sie in den Dampf hinein, aber niemand antwortete.

Herbert hatte sie noch nicht überreden können, hier hineinzugehen. Er bevorzugte die Bio-Sauna, die ihr wiederum fast zu kühl war.

Sie tastete sich vorwärts und erreichte einen Sitz, spülte ihn mit Wasser ab und nahm Platz. Sie wusste, was jetzt kam – und sie freute sich drauf. Gleich würde kühles Wasser aus winzigen Düsen, die im Boden eingelassen waren, an ihre Beine rieseln, wenig später kam der Moment, bei dem sie sich das erste Mal fast zu Tode erschreckt hatte: Lichtblitze zuckten, ein heißer Dampfstrahl schoss von oben herab.

Tatsächlich, dachte sie nun erneut, ein Ort, an dem man sich zu Tode erschrecken konnte.

* * *

Es ist kurios anzusehen, wie Hildegard mir während der nächsten drei Tage so dermaßen auffällig aus dem Weg geht und meinen Blick so konsequent meidet, als wären wir ein heimliches Liebespaar. Ich sitze im Whirlpool und denke darüber nach, was eine Frau wie sie alles ertragen musste, um den Entschluss entstehen zu lassen, ihren Gatten ermorden zu lassen. Ich schließe eine Wette mit mir selbst ab, dass sie noch vor dem Abendessen mit mir Kontakt aufnimmt und die Sache abbläst. Was immer dieser Herbert für ein Kotzbrocken sein mag – so kaltblütig und rachsüchtig kann so eine brave Hausfrau doch nicht sein, oder? Oder?

Eben sah ich ihn in der Quarzit-Dampfsauna verschwinden. Eigentlich der ideale Ort für einen Mord. Der Nebel in diesem Raum ist so dicht, vermutlich könnte man darin einen Menschen erwürgen, ohne dass es die anderen Saunabesucher überhaupt mitbekämen.

Aber es gibt gar keine anderen Besucher. Nur den bedauernswerten Herbert. Und nun mich.

Bedauernswert? Ich überlege. Ist nicht jeder bedauernswert, der von seiner Frau so gehasst wird, dass sie ihn umbringen lassen möchte? Andererseits hat dieser alte Miesepeter seiner Hildegard in 47 Jahren nichts anderes geboten als eine Pension im Harz. Und wenn das der Urlaub war, dann möchte ich nicht wissen, wie ihr Alltag aussieht. Bestimmt wohnen sie in einem Reihenhäuschen am Stadtrand von Halle – Halle, was ist das überhaupt für eine Stadt, kann man dort wirklich leben? Ich sehe ihr trautes Heim förmlich vor mir: Zu viele Pflanzen in den Fenstern, zwischen dem Grünzeug baumelt eine Hexe auf einem Besen – Souvenir aus dem Harz – und vor der Tür ein Fußabtreter, auf dem »Willkommen« steht. 47 Jahre Ehe. Das muss man sich mal reinziehen, allein diese Zahl!

Undenkbar für einen wie mich. Meine längste Beziehung hielt drei Jahre, Daniela war Fitnesstrainerin und wurde mir auf die Dauer zu anstrengend. Nein, mein Beruf lässt kaum Raum für traditionelle Bindungen. Selbst meine Mutter in St. Gallen besuche ich nur an Weihnachten.

Aus dem Dampf dringt ein Schnaufen. Herbert, nur als dunkles Massiv im gemauerten Sessel gegenüber erkennbar, atmet schwer. Ja, es wäre DIE Gelegenheit ... Die Gelegenheit, mir 15.000 Euro zu verdienen.

Dabei wollte ich Hildegard nur ein bisschen veralbern und erschrecken. Zudem bin ich ausgesprochen verärgert darüber gewesen, dass Herbert mir die letzten Massagetermine weggeschnappt hat. Ich muss ihr reinen Wein einschenken, gleich nachher.

Meine Gedanken wandern von Herbert und Hildegard zu Roman Polanski. Was ihn angeht, habe ich die Wahrheit gesagt – zumindest teilweise. Ich warte hier auf sein Eintreffen in Gstaad. Wenn es mir gelingt, ein paar gute Fotos von ihm zu schießen, werde ich sie an meine Agentur verscheuern. Ich bin nämlich freier Journalist und Fotograf. Manche nenne mich auch verächtlich Paparazzo, aber diesen Begriff lehne ich ab. Schließlich sind es Leute wie Hildegard, die nach Bildern und Geschichten von Prominenten gieren.

Hildegard. Herbert. Ich habe noch nie einen Menschen umgebracht, ich schieße nur mit meiner Kamera. Andererseits sind 15.000 Euro nicht von Pappe. Dafür muss ich lange vor irgendwelchen Promi-Hütten auf der Lauer liegen. Und wenn ich ehrlich bin – ich stecke im Moment in einer Liquiditätskrise. Ich kann vielleicht gerade noch die Hotelrechnung bezahlen, aber mit der nächsten Miete sieht es schon schlechter aus. Und es wäre so einfach, wirklich so einfach …

Blitze zucken auf, fahren auf mich hernieder, ich erschrecke mich fast zu Tode. Himmel, was war das? Das jüngste Gericht? Die Strafe für meine bösen Gedanken? Auch Herbert ist erschrocken, ich höre, wie er scharf die Luft einzieht und japst. Ich stehe langsam auf ….

* * *

Auch wenn sie noch ein paar Tage Zeit hatte, sich auf das Kommende vorzubereiten (die Gelegenheit, einen Rückzieher zu machen, bot sich mehrfach, aber sie ließ sie verstreichen), auch wenn sie also Zeit hatte – sie empfand es doch als Schock, als sie am Tag vor ihrer Abreise allein im Zimmer stand und es an der Tür klopfte.

Sie hatte Herbert in der Sauna zurückgelassen, er konnte es aber nicht sein, der vor der Tür stand, schon deshalb nicht, weil er nicht angeklopft, sondern einfach hereingekommen wäre. Sie ging zur Tür, spürte ihr Herz hämmern. Sie drückte die Klinke, öffnete die Tür – und auf dem Flur stand: Carolus Reuter, der Auftragskiller.

Er blickte sie freundlich, aber auch etwas unsicher an. Würde er jetzt Vollzug melden? War das nicht riskant, wenn sie gemeinsam gesehen wurden? Carolus Reuter schwieg.

»Hallo«, hauchte Hildegard.

»Ja, ähm, hallo.« Reuter sah nach rechts und links, dann studierte er interessiert den Flurboden. Schweigen breitete sich aus. Schließlich öffnete er den Mund, doch bevor er etwas sagen konnte, öffnete sich die Tür, die zur Bar und den Restaurants führte. Ein schlanker Mann im Anzug kam mit schnellem Schritt herein, stutzte, als er Carolus und Hildegard im Flur stehen sah, entschuldigte sich und trat langsam näher. Der Hoteldirektor, der stets mit einem freundlich-zuvorkommenden Lächeln durchs Haus ging, sah Hildegard nun mit sehr ernstem Gesicht an. Er habe eine schlimme Nachricht zu überbringen, sagte er. Der werte Gatte sei offenbar einem Herzinfarkt erlegen. In der Quarzit-Sole-Dampf-Grotte. Eine Besucherin habe ihn gefunden. Ob sie wohl bitte mitkommen wolle.

Hildegard blickte an dem Direktor vorbei. Carolus Reuter war verschwunden.

* * *

Hildegard ist abgereist, nicht ohne mich noch dreimal dafür zu loben, wie sauber ich gearbeitet hätte. Zweimal habe ich ihr erklärt, dass ich nichts damit zu tun habe, dass ich kein Auftragskiller bin und es sich beim Ableben ihres Gatten in der Sauna um einen natürlichen Tod handelt, Herzversagen, genau wie der Notarzt dies bestätigt hat. Aber Hildegard wollte mir ums Verrecken nicht glauben, und beim dritten Mal habe ich ihr dann halt meine Kontonummer gegeben.

»Sobald die Versicherung gezahlt hat ...«, versprach sie mir unter Tränen hoch und heilig. Ich weiß, dass sie ihre Zusage einhalten wird. Frauen wie Hildegard stehen zu ihrem Wort.

Polanski soll übrigens erst in drei Tagen kommen. Also kann ich mich noch ein wenig erholen. Ich habe Herberts letzten Massagetermin gleich auf meinen Namen umbuchen lassen, ehe mir noch jemand zuvorkommt.

* * *

Und Herbert? Nun, wir dürfen sagen: Er schied versöhnlich dahin – und das ist doch auch schon was. Sein letzter Gedanke lautete nämlich: Eigentlich ist es doch sehr schön hier. Ich werde es Hildegard gleich saaa...

Das Schlüsselerlebnis

PETER ZEINDLER

Er saß vor dem großen Panoramafenster im Speisesaal und schaute in die Nacht hinaus. Seit vier Tagen saß er immer allein an seinem Tisch am selben Platz und wartete auf den Augenblick, der sein Leben veränderte. Er hatte bei winterlichen Wanderungen auf einen kreativen Schub gehofft, hatte sich gewünscht, dass ihn seine animierende Umgebung, in der Wellness-Oase, bei einer Ganzkörpermassage mit Aromaöl, bei gepflegten Gesprächen in weiblicher Gesellschaft, von der Lethargie, die ihn seit Wochen lähmte, befreien könnte. Und auch die Erinnerung an diese mysteriöse Begegnung in der atemberaubenden Taminaschlucht hatte seinen Schreibstau nicht aufgebrochen. Und er war sich ja auch nicht sicher, ob es wirklich ein Schuss gewesen war, den er damals in einiger Entfernung gehört hatte. Alles, wie nie gewesen. Folgenlos für sein Schreiben.

Eigentlich hätte er es ja wissen müssen, dass ein Soloaufenthalt, selbst in diesem vereinnahmenden Schlosshotel, seine Phantasie nicht anheizen würde. Er hatte ja diesbezüglich seine Erfahrungen gemacht. Es gelang einem ja nie, dieses gute erhabene Gefühl bei der Ankunft über die darauffolgenden Ferientage hinaus zu konservieren. Man kam an als Fremder unter Fremden, nahm die forschenden Blicke der Gäste versteckt zur Kenntnis, die ihn einschätzten, die hinter seine Fassade zu blicken versuchten. Nur sich jetzt keine Blöße geben! Dieses Spiel »Who is who« ist Teil des Hotelrituals, dem sich alle Gäste unterwerfen. In Hotels wird alles zelebriert: Das Essen, die Auftritte, die Konversation. Stil ist gefragt. Es gehört zu diesem Programm, dass man sich zum Abendessen umzieht. Die Zäsur zwischen Tag und Abend ist markant und nicht fließend wie zu Hause, wo die Mahlzeiten meistens eher beiläufig eingenommen werden, eine kurze Zäsur zwischen Alltag und dem nachfolgenden Fernsehprogramm. Der Hotelabend selbst ist das Fernsehprogramm, an dem der Gast als Akteur und Zuschauer zugleich teilnimmt. Die Diskretion und die freundliche Beflissenheit des Hotelpersonals steigern das Selbstbewusstsein des Gastes und die Bedeutung der eigenen Person. Der Gast, der die Hotelhalle betritt, ist nicht mehr derselbe, der eine halbe Stunde zuvor noch halb angezogen auf dem Bett gelegen hat oder sich vor dem Spiegel bemüht, die Spuren seines Alltagsgesichts zu verwischen. Am Abend wird die Maske getragen, die einem die Umgebung diktiert.

Er schob sein Kinn vor, damit seine Hamsterbacken, die den Fleischfresser kennzeichnen, verschwanden. Und er bemühte sich, nachdenklich dreinzuschauen.

Er schloss die Augen. Doch er öffnete sie gleich wieder. Er durfte seine Umgebung nicht aus den Augen lassen. Er streckte sich. Er wollte nicht aussehen wie ein Erdmännchen mit Krawatte. Possierlich und nichtssagend. Er versuchte zu lächeln. Aber er spürte schon im Ansatz, dass es ihm missraten würde. »Manchmal lächelst du so blöd, wenn du schläfst«, hatte ihm einmal eine Frau gesagt, »mit halboffenem Mund. Feucht und nichtssagend.«

Er brauchte ein Schlüsselerlebnis! Jetzt!

Er gab sich einen Ruck und musterte die andern Gäste aus den Augenwinkeln, und dieser Anflug von Euphorie, der ihn gestreift hatte, verließ ihn wieder. Er hatte ja manche von ihnen im Wellnesspavillon gesehen, halb nackt, mit hochrotem Kopf, schwitzend, hatte unvorteilhafte Silhouetten verinnerlicht, ausladende Hintern und gewölbte Bäuche. Ganz kreatürlich. Die Magie war verschwunden. Wenn er in die Runde blickte, wusste er von manchen Gästen, was sie zu verbergen hatten.

Sein suchender Blick fiel auf einen neuen Gast, der etwas verwirrt das Arrangement von Gläsern, Besteck, Tellern, mit und ohne Brötchen musterte. Offensichtlich wusste er nicht, welches sein Brötchen war, das auf der linken oder das auf der rechten Seite seines Tellers. Er schien abwarten zu wollen, bis ihm ein anderer Gast vormachen würde, wo er zugreifen musste. Aber wenn der andere es nun falsch vormachen würde, das Brötchen auf der falschen Seite des Tellers, auf der rechten, packen und so eine einzige Kettenreaktion auslösen würde. Am Schluss würde ein einsames Brötchen in stummer Anklage übrigbleiben und ein einzelner Gast bliebe brotlos zurück. Die totale Demaskierung. Eine schöne Szene, aber nicht der Realität entsprechend. Es gab hier keinen langen Banketttisch.

Schade, er war er kein Komödienschreiber. Diese Beobachtung half ihm nicht weiter. Er war ein ernsthafter Autor. Aber er war in der Routine erstarrt. Sogar sein Autogramm, das er nach Lesungen auf Wunsch seiner Fans, deren Zahl stetig schrumpfte, auf dem Titelblatt seiner Romane platzierte, hatte im Verlauf der Jahre an Schwung verloren, war zu einem schäbigen unleserlichen Schlenker verkommen. Jede Arztunterschrift hatte mehr Charakter. Er war ausgebrannt.

»Ihre Vorspeise, mein Herr. Linsensalat mit geräucherter Entenbrust und Winterblattsalaten.«

Der Kellner war scheinbar aus dem Nichts aufgetaucht und hatte ihn aus seinem Gedankenlabyrinth befreit. Er war froh darüber. Nur: Im Augenblick war ihm nicht an einer hitzigen Diskussion über Calcio zumute, die er sonst mit dem Kellner zu führen pflegte: Milan gegen Juve!

Er nickte verwirrt.

»Und als Hauptgang, Signore? Rindshackbraten im Wirsingmantel an Maienfelder Rotweinsauce, nicht wahr?«

Der Kellner sah ihn fragend an.

»Verwirrnismantel?« fragte er verwirrt.

»Wirsingmantel«, korrigierte ihn der Mann leise.

Er schüttelte irritiert den Kopf und erbat sich Bedenkzeit.

»Warum nehmen Sie nicht Flusskrebsschwänzchen mit Rohschinken an Apfelmus?«

Er drehte sich erschrocken um und schaute ihn das blasse Gesicht einer Frau. Die Stimme erkannte er sofort wieder. Aber das Gesicht war ihm nicht vertraut. Er hatte sie ja nur von hinten und kurz im Profil gesehen. Ein Glücksgefühl durchströmte ihn. Hatte ihn die Muse geküsst?

»Flusskrebsschwänzchen!« rief er dem davoneilenden Kellner nach. »Und eine Flasche Maienfelder. Und zwei Gläser, bitte!«

»Ist das als Einladung zu verstehen?« fragte sie lächelnd.

Er stand auf und verbeugte sich andeutungsweise. Sie setzte sich ihm gegenüber hin, lehnte sich zurück, strich sich eine Strähne ihres tizianroten Haares aus der Stirn und holte tief Luft. Ihr Busen wölbte sich. Er war froh, dass er sie nicht schon zuvor in Frotteeschläppchen durch die Wellnessoase hatte schlurfen sehen. Sie war vollkommen.

»Sie sitzen seit drei Tagen allein an diesem Tisch, nicht wahr?«

»Bitte? Ich sehe Sie hier zum ersten Mal. Ich meine, hier im Hotel!«

»Ich bin auch erst seit heute hier. Ich meine, in diesem Hotel. Dass Sie hier sind, hat sich herumgesprochen. Ich habe Ihr Bild in der Lokalpresse gesehen.«

Der Kellner kam mit der Flasche Maienfelder zurück, entkorkte sie feierlich, schenkte dann ein, aber nur wenig, präsentierte dem Gast den Flaschenbauch, während dieser, den Blick starr auf die Etikette gerichtet, einen kleinen Schluck nahm, ihn auf der Zunge gleichsam zergehen ließ und dann vorsichtig in den Gaumen beförderte, wo er ihn noch einen Augenblick lang, jetzt mit geschlossenen Augen, festhielt, bevor er ihn in die Speiseröhre entließ. Dann nickte er, und der Kellner schenkte ein, der Dame zuerst.

»Auf Ihre Gesundheit, Madame«, sagte er steif.

Hatte er sie beeindruckt? Hatte sie ihn als Weinkenner identifiziert, als Mann von Welt?

»Auf alles, was uns lieb und teuer ist«, entgegnete sie und nippte an ihrem Glas. Sie beobachtet ihn mit ihren hellgrünen Augen über den Rand des Glases. Ein misstrauischer Blick? Der Blick einer Mörderin? Lieb und teuer? War das ihr Mann gewesen an ihrer Seite, dort oben in der Taminaschlucht?

»Sie sind Schriftsteller, nicht wahr?«

Er nickte geschmeichelt.

»Krimis?«

Er nickte wieder, diesmal vage. Er wusste nicht, wie er ihre Frage deuten sollte. Hatte Enttäuschung mitgeklungen?

»Habe ich Sie nicht schon einmal gesehen?« fragte er.

Sie packte ihr Glas und nahm einen großen Schluck. Dann setzte sie es ab und hustete. Hätte er ihr auf den Rücken klopfen sollen? Nein, das wäre eine zu private Geste.

»So? Haben Sie?« fragte sie, als sie wieder zur Ruhe gekommen war.

»Zusammen mit einem Mann«, ergänzte er.

»Und?«

»Ich meine nur.«

»Ich liebe das Wasser.«

»Flusskrebse?« fragte er lächelnd.

»Flüsse und wilde Wasser und tiefe Schluchten!«

Sie schaute ihn streng an. Er setzte noch eins drauf.

»Ein Sturz in die Hölle. Und keine Wiederkehr für das Opfer. Wie nie gewesen!«

»Ihre Phantasie möchte ich haben!«

Sie schob den Stuhl zurück und stand auf.

»Bitte?«

»Ich danke Ihnen für die Einladung. Aber es ist jetzt nicht der Augenblick für gute Gespräche. Vielleicht morgen? Unten auf dem Damm?«

Als der Kellner mit den Flusskrebsen auftauchte, war die Frau bereits verschwunden.

»Die Dame ...?« fragte der Kellner verwirrt.

»Unpässlich. Ich esse allein. Und auf den Nachtisch verzichte ich. Ich habe noch zu tun.«

Eine Stunde später saß er in seinem Zimmer am Schreibtisch. Er schrieb die ganze Nacht. Am andern Morgen nach dem Frühstück rief er in Paris an. Und bald stand er auf dem Rheindamm neben ihr. Sie starrten beide stumm ins Wasser. Endlich wandte sie sich ab, entfernte sich ein paar Schritte von ihm und blieb dann wieder stehen. Sie trug ein jagdgrünes Kostüm und einen Tirolerhut mit Gamsbart. Sie wirkte etwas verkleidet. Aber beinahe genauso hatte er sie in seinem nächtlichen kreativen Schub beschrieben. Der Gamsbart passte eigentlich nicht zu ihr, und in seinem Text trug sie den Hut kecker, leicht schräg. Jetzt war der Augenblick der Wahrheit gekommen: Würde die Fiktion der Realität standhalten? Es war alles so unwirklich.

Er schüttelte sich. Dann ging er auf sie zu und blieb neben ihr stehen.

»Nun?« fragte sie, den Blick noch immer auf den Rhein gerichtet.

»Sie haben mir geholfen. Dafür danke ich Ihnen. Ich fühle mich wie neu geboren.« Er atmete hörbar aus.

»Wie soll ich das verstehen?«

»Sie haben mir den Stoff zu einer Geschichte geliefert.«

»Wie schön für Sie!« Ihre Stimme klang spöttisch. »Und?«

»Vor drei Tagen habe ich Sie dort oben in der Taminaschlucht gesehen. Ich war erschöpft vom Marschieren und habe mich ausgeruht.«

»Sie wollen mich gesehen haben?«

Sie blähte ihre Lippen auf.

»Zusammen mit einem Mann in rotem Anorak.«

Sie kramte in ihrer Jackentasche herum und zog endlich ein rotes Taschentuch mit einem verschnörkelten schwarzen Monogramm heraus: A.Z. Er erinnerte sich an vergangene Zeiten, als kunstvoll verschnörkelte Monogramme noch Mode gewesen waren.

»Ich bin allein hier. Mein Mann ist in Paris.«

Sie schaute ihn scheinbar gelangweilt an.

»Im Hotel George V. Ich weiß.«

Sie ließ ihr Taschentuch fallen. Es flatterte davon und fiel schließlich in den Rhein. Sie schauten ihm beide nach, wie es davon getragen wurde, ein blutrotes Segel, das sich mit Wasser voll saugte und langsam unterging.

»Dann sind Sie ja gut informiert.«

Ihre Stimme klang jetzt heiser.

»Aber er ist nicht in diesem Pariser Hotel angekommen, Frau Zahlendorf.«

»Ach! Sie kennen meinen Namen?«

»Ich habe mich erkundigt. Hier im Hotel. Und in Paris..«

»Und? Vielleicht hat er wieder einmal eine seiner Affären und ist woanders abgestiegen. Was kümmert's mich!«

Die Frau hatte Nerven, dachte er. Der Gamsbart auf ihrem Hut zitterte. Das war alles. Die Frau hielt sich nicht an die Rolle, die er für sie vorgesehen hatte. An dieser Stelle sollte sie einen durchdringenden Schrei ausstoßen. Er musste diesen Schrei also provozieren.

»Der Mann im roten Anorak ist in die Schlucht gestürzt. Nicht ganz freiwillig, wenn ich das so formulieren darf. Ich glaube da einen Schuss gehört zu haben! Er hätte auf seine innere Stimme hören sollen. Er hasste ja die ungezähmte Natur. Und er fürchtete sich vor ihr.«

»Sie waren also Ohrenzeuge?« flüsterte sie kaum hörbar.

Jetzt war sie offensichtlich beeindruckt. Mehr als das. Sie begann zu zittern. Aber sie stieß noch immer keinen Schrei aus.

»Ich habe Ihr Streitgespräch mitverfolgt. Sie haben ja nicht geflüstert, im Gegenteil.«

Wieder verschwand ihre Hand in der Jackentasche, wohl auf der Suche nach einem zweiten blutroten Taschentuch mit dem Monogramm A.Z.

»Bergluft macht frei!« sagte er laut. »Sie sind jetzt eine reiche Witwe.«

Sie lächelte. »Zeugen sind nicht gefragt, Herr Schriftsteller. Und: Haben Sie Beweise für Ihre ungeheuerliche Behauptung?«

»Ich heiße Hugo.«

»Zeugen sind nicht gefragt, Hugo.«

Sie nahm ihre Hand aus der Jackentasche. Der Lauf einer niedlichen Damenpistole zeigte in seine Richtung. Der Gamsbart wippte freudig.

»Anastasia!« rief er erschrocken.

»Rühren Sie sich nicht von der Stelle, Hugo!«

Er erstarrte. »Ich verstehe Sie nicht, Frau Zahlendorf.«

»Sie wollen mich nicht verstehen, weil die Geschichte sich nicht so entwickelt, wie Sie es vorgesehen haben. Sie verstehen die Sprache der Waffen nicht. Sie haben wohl raffiniertere Lösungen in petto.«

Sie bewegte den Lauf ihrer Pistole.

»Nein!«

Jetzt war er es, der einen Schrei ausstieß.

»Springen Sie, Herr Schriftsteller. Und beruhigen Sie sich: Das ist nicht die Taminaschlucht. Kein Sturz in die Hölle. Der Rhein wird Sie später wieder freigeben. Spätestens bei der Mündung in den Bodensee. Ein pompöses Begräbnis ist garantiert. Nachrufe in den Medien.«

Sie hob den Lauf ihrer Waffe um ein paar Zentimeter. Jetzt zeigte sie genau auf sein Herz.

»Das ist kein Ende, das literarischen Kriterien standhält. Schreien Sie, Anastasia! Zerraufen Sie Ihr Haar! Und dann springen *Sie*! Und ich versuche, Sie von diesem Sprung abzuhalten. Wir verkrallen uns ineinander. Ein lautloser Kampf auf dem Rheindamm. Und dann lasse ich Sie los und Sie entfernen sich, schreiten wie ein Phantom in die Dämmerung hinein. Und dann stürzen Sie sich in den Rhein, nicht ich. Ich schaue Ihnen nach, erschüttert, auch traurig und denke an die Gerechtigkeit. An ein verpasstes Happy End. Literatur ist stärker als das wahre Leben.«

»Es ist Vormittag, Hugo. Keine Dämmerung weit und breit. Und ich denke nicht daran, mich in den Rhein zu stürzen. Leben und Literatur sind zwei verschiedene Paar Schuhe.«

»Aber nicht, wenn sich Leben in Literatur verwandelt. Ich habe Ihre Geschichte aufgeschrieben, Frau Zahlendorf. Ein stoffbedürftiger Schriftsteller beobachtet eine Touristin, die ihren Mann dazu zwingt, sich in die Tiefen der Schlucht zu stürzen. Aber sie weiß nicht, dass es da einen Zeugen ihrer Tat gab. Und dann, konfrontiert mit dieser Tatsache, versucht sie den Zeugen ebenfalls zu beseitigen. Aber sie weiß nicht, dass ihr zweites Opfer, eben ein Schriftsteller, diesen

Mord als Vorlage zu einer Erzählung benützt hat, sie in der Nacht danach wie im Fieber niedergeschrieben und dann im Hotelsafe deponiert hat. Sollte ich von diesem Ausflug an den Rhein nicht zurückkommen ...!«

Sie stieß einen kleinen Schrei aus, spitzer und weniger kreatürlich, als er es vorgesehen hatte. Aber sie ließ die Pistole sinken.

»Große Literatur nimmt die Realität vorweg, Frau Zahlendorf. Große Literatur öffnet Räume, ist visionär!«

Es klang pathetisch, was er da im Stakkato von sich gab. Aber es war kein hohles Pathos. Er fühlte sich in diesem Augenblick stark, unwiderstehlich.

»Große Literatur oder was auch immer Sie darunter verstehen, verkauft sich schlecht, mein lieber Hugo. Nur Trivialliteratur findet reißenden Absatz und ist auch einträglich.«

Sie hatte sich beruhigt. Sie zeigte ein verächtliches Lächeln.

Er rang nach Luft. Wieder zeigte die Mündung der Pistole auf sein Herz.

»Ach! Und wie soll ich das verstehen?«

»Ich wüsste einen andern, einen spektakuläreren Schluss dieser Geschichte, Herr Schriftsteller. Die reiche Witwe erklärt sich bereit, den bedürftigen Schreiberling künftig finanziell zu unterstützen. Sie kann es sich jetzt ja leisten. Spätere Heirat nicht ausgeschlossen. Das ist wahres Mäzenatentum. Beeindruckender als jede Literatur. Und so endet meine Geschichte. Es ist die einzig mögliche Fassung, die Sie reich macht, mein lieber Hugo.«

Sie seufzte. Und dann hakte sie sich bei ihm ein. Er spürte wie sich ihr spitzer Ellbogen in seine Rippen bohrte. Doch plötzlich umarmte sie ihn. Ihre Hände erkundeten seinen Körper. Er erstarrte. Die Euphorie hatte ihn verlassen.

»Leben ist also doch stärker als die Kunst. Überleben!«

Er atmete tief durch.

»Dafür leben Schriftsteller in meiner lebensnahen Fassung länger. Und in einem dieser lichten Doppelzimmer im Schlosshotel schläft es sich zu zweit besser. Und zusammen geben wir uns den himmlischen Kräften des Heilwassers hin, desselben Wassers, das oben in der höllischen Schlucht Tod bedeutet.«

Ihre Hände fielen von ihm ab. Sie schaute ihn mit einem zweideutigen Lächeln an. Er lächelte zurück. Auch sein Lächeln war aufgesetzt. Falsch.

»Vergiss nicht, Anastasia! Meine Fassung der Geschichte liegt noch immer im Hotelfach.«

»Natürlich, mein lieber Hugo. Sie wartet auf einen neuen Schluss«, sagte sie leise. »Und der Schlüssel zum Safe ist jetzt in guten Händen. Ich habe dir zu einem Schlüsselerlebnis verholfen.«

Er zuckte zusammen. Warum hatte er nicht damit gerechnet, dass sie den Schlüssel in seiner Jackentasche finden würde! Den Safe- und den Zimmerschlüssel.

»Ich danke dir, Anastasia!« flüsterte er und küsste sie andeutungsweise auf den Mund.

Der Rhein floss ruhig dahin. Sie drehten sich beide gleichzeitig um und gingen Arm in Arm zurück zum Hotel, dessen Turm zwischen den Bäumen unverrückbar das gemeinsame Ziel markierte: das Happy End einer vertrackten Geschichte.

Ein ganz besonderer Hochzeitstag

Sunil Mann

Er hatte es vergessen, einfach vergessen! Sie konnte es immer noch nicht fassen. Absichtlich hatte sie sich schlafend gestellt, als er sich nach einer unruhigen Nacht endlich erhob und – nachdem er sich ausgiebig zwischen den Beinen gekratzt hatte – ins Badezimmer schlurfte. Sie kannte die Geräusche auswendig, das Rauschen des Wasserhahns, das Pochen in den Leitungen, das Hochklappen des Toilettendeckels und das darauffolgende Plätschern, das in den letzten vierzig Jahren, ähnlich wie seine Leidenschaft, vom ungestümen Wildbach zum sickernden Rinnsal verdorrt war. Ausnahmsweise drehte sie sich nochmals um, um ihm genügend Zeit zu lassen, doch als sie ihm wenig später in die Küche folgte, saß er am Tisch, die Zeitung aufgeschlagen neben dem Teller, mit dem Löffel abwesend in einer Kaffeetasse rührend. Nur kurz hob er den Kopf und brummte, dann wandte er sich wieder den neusten Meldungen zu. Ein Morgen wie jeder andere. Sie ließ sich nichts anmerken, doch als sie sich über die Kaffeemaschine beugte, kämpfte sie mit den Tränen. Obwohl er seit vier Wochen pensioniert war, stand er noch immer früh auf, doch während andere Rentner ratlos und gelangweilt in der Wohnung herumlungerten, bis sie von ihren genervten Frauen aus dem Haus gescheucht wurden, schien ihr Mann keine Mühe mit seinem Ruhestand zu bekunden.

Die letzten Jahre bei der Bank waren anstrengend gewesen, doch er hatte viel Erfolg damit gehabt, besorgten Kunden gut zuzusprechen, für starke Nerven zu plädieren, während um ihn herum keiner mehr welche hatte, Vertrauen zu bilden, als das Wort längst zur Hülse verkommen war.

Und diese Geschäftigkeit hatte er beibehalten. Seit vier Wochen hing er dauernd am Telefon, meist heimlich, hinter geschlossenen Türen, mit gedämpfter Stimme, als glaubte er, sie hörte ihn nicht. Und telefonierte er nicht, tippte er mit tapsigen Fingern Nachrichten in sein brandneues iPhone, die Zunge im Mundwinkel, die Stirn angestrengt gerunzelt; ein großes, dickes Kind, das ungeduldig auf das heisere Hundebellen harrte, das eingehende Antworten ankündigte.

Sie wusste nicht mehr, wann sie begonnen hatte, an seinen Hemden zu riechen, wenn er von Auslandsreisen heimkehrte, die Kragen auf Lippenstiftspuren hin zu überprüfen. Ihn spätnachts in den Hotels anzurufen, nur um sicher zu gehen, dass er alleine war. Doch nie hatte sie eine Bestätigung für ihre Befürchtungen gefunden. Bis jetzt. Es waren nicht nur die heimlich geführten Gespräche und seine manchmal so aufgekratzte Stimmung. Mehr als einmal hatte sie den Frauennamen am Anfang der Mails deutlich lesen können, Mails, die er ertappt wegklickte, wenn sie überraschend sein Arbeitszimmer betrat.

Seufzend blickte Erika Schüpbach durch die Windschutzscheibe in den azurblauen Himmel hinauf. Eben waren sie durch das Nadelöhr zwischen Simmen- und Weißfluh gefahren, danach war das Tal etwas breiter geworden. Zu beiden Seiten steil ansteigende Weiden, Schnee wie dick aufgetragene Zimtsternglasur auf den Tannenästen, die Bauernhäuser hingeklebt an den Hängen. Darüber majestätisch die Bergspitzen, schroffe Felswände, die Grate gezackt wie Drachenrücken, dazwischen immer wieder flach abfallende Stellen, die weiß im Sonnenlicht glitzerten.

Sie hatte sich insgeheim erhofft, dass sie Weihnachten für einmal anderswo verbringen würden, Las Vegas vielleicht oder Nizza, schließlich feierten sie dieses Jahr etwas Besonderes. Nicht nur, dass ihr Mann das offenbar vergessen hatte; als Werner nach dem Frühstück stumm begonnen hatte, den Wagen zu beladen, hatte sie geahnt, dass alles beim Alten bleiben und sich rein gar nichts ändern würde. Schönried. Den Namen musste sie Bekannten jedes Jahr aufs Neue buchstabieren, meist nickten diese dann eifrig, doch die vagen Blicke, die sie dabei verstohlen austauschten, entgingen ihr nicht. Erst wenn sie »bei Gstaad« nachschob, flackerte ein flüchtiges Wiedererkennen auf, was sie nur noch mehr deprimierte. Schwungvoll bog Werner von der Hauptstraße ab und steuerte vor den Eingang des Hotels Ermitage-Golf. Sofort eilte ein junger Mann in Uniform heran und war ihnen beim Ausladen des Gepäcks behilflich. Als Erika die Eingangshalle betrat, erfasste sie ein heimeliges Gefühl, eine stille Wehmut auch, nach einer längst vergangenen Zeit. Hier hatte sie Werner kennengelernt, er war damals aufstrebender Filialleiter der lokalen Sparkasse gewesen, und sie hatte hinter dem Büffet gestanden und ihm in den Winterferien Eier gekocht, drei Spiegeleier jeden Morgen, dazu Speck und Würstchen, bevor er in die Skischuhe stieg. Im Sommer kam er wieder und einige Monate später hatten sich zwar nicht seine Essensgewohnheiten geändert – das kam erst, als das Wort »Cholesterin« wie ein Damoklesschwert über jedem mayonnaisebeschmierten Spargelbrötchen hing – jedoch der Standort ihrer Kochplatten. Die befanden sich nämlich nach einem etwas gar hastigen Besuch auf dem Standesamt am Morgen des 24. Dezembers neu bei ihm zu Hause. Genauso wie die kleine Wiege, in der sie das Neugeborene schaukelte. Der Direktor breitete die Arme aus, als er sie entdeckte, und auch die Empfangsangestellten begrüßten sie herzlich, als wären sie nicht nur Stammgäste sondern Familienmitglieder.

Was irgendwie auch hinkam, denn seit der Hochzeit Mitte der Sechziger verbrachten sie die Weihnachtsfeiertage immer im Ermitage.

Während Werner die Formalitäten erledigte, begab sie sich weiter in die Halle hinein, die Stufen hinauf, wo ein Pianospieler gerade »New York, New York« intonierte, weiter hinten war eine Art englischer Teesalon mit pastellfarbenen Sesseln und niedrigen Tischchen sowie einer Bibliothek zu finden, an den Wänden hingen Stillleben, auf denen das altbekannte Thema »Krüge und Perlenketten« erfrischend neu interpretiert wurde. Doch Erikas Augen blieben am Kuchenbüffet hängen, das gerade aufgebaut wurde, ein Vielzahl an Fruchtwähen, Torten und Patisserie.

»Bedienen Sie sich ruhig, ich bringe derweil Ihr Gepäck aufs Zimmer«, raunte ihr der Page zu und zwinkerte verschwörerisch, was Erika etwas peinlich war. Unschlüssig sah sie sich nach Werner um, doch der war in ein Gespräch mit dem Direktor verwickelt. Etwas Wichtiges offensichtlich, er fuchtelte nachdrücklich mit den Händen, während sein Gegenüber unruhig auf den Zehen wippte. Wahrscheinlich hatte er wieder einmal etwas zu beanstanden. Erika hatte gelernt, sich bei solchen Gesprächen rauszuhalten.

»Worüber habt ihr geredet?«, fragte sie dennoch, als er sich endlich zu ihr aufs Sofa setzte.

Er wischte ihre Frage mit einer Handbewegung weg, als handle es sich dabei um eine lästige Schmeißfliege. »Das verstehst du nicht.«

Sie starrte ihn an und spürte gleichzeitig, wie die Wut in ihr aufwallte. Schon früher hatte er sie manchmal behandelt wie ein unmündiges Kind, als hätte sie von nichts eine Ahnung, als wäre sie ein ungebildetes Ding, das gerade mal zum Eierkochen und Kindergebären von Nutzen war. Diese Überheblichkeit hatte sie schon damals zur Weißglut getrieben. Natürlich hatte sie ihm das gesagt, und er hatte sich entschuldigt, doch wenn er unter größerer Anspannung stand, rutschte ihm manchmal eine dieser unbedachten Bemerkungen heraus, was sie immer wieder veranlasste, darüber nachzudenken, wie er sie wirklich sah, ob er sie tief drin immer noch für die unbedarfte Eierköchin von damals hielt. Ehe sie zu einer scharfen Entgegnung ansetzen konnte, riss eine grelle Stimme sie aus ihren düsteren Gedanken.

»Erikaaaaa! Weheheherner!«, jauchzte die elegante Dame, die mit ausgebreiteten Armen auf sie zustürzte und ungeduldig trippelnd vor ihr stehen blieb, bis sie sich aus den Polstern gehievt hatte, um ihr dann mit einem gummientenähnlichen Quietschen um den Hals zu fallen.

»Claire«, begrüßte Erika sie kühl. Sie sah keinen Anlass zu Euphorie. Natürlich war Claire auch hier, sie hätte es ahnen müssen, sie kam ebenfalls jedes Jahr. Alles begann, Sinn zu machen. Zu Beginn hatte sie Claire sehr gemocht, sie war ein wandelndes Kernkraftwerk, mit ihrer mitreißenden Energie überstrahlte sie jede Weihnachtsbeleuchtung, ihr breites, herzliches Lachen, dem selbst Botox und Skalpell nichts hatten anhaben können, war ansteckend. Eigentlich hätte sie sich freuen müssen. Doch sie hatte ihren Namen in letzter Zeit ein paar Mal zu oft gelesen. Am Anfang verstohlen weggeklickter Mails zum Beispiel.

Für wie blöd halten die mich?, dachte Erika, während Claire sich an Werner schmiss und aufgeregt drauflos plapperte. Die Wut schwappte wieder hoch, sprudelnd und sauer wie schlechter Champagner. Um Fassung ringend, sah sich Erika um. Alle waren wieder da, wie jedes Jahr. Die älteren russischen Oligarchen mit ihren blutjungen, nun ja, »Nichten«, die Rentnerpärchen, die Bridgedamen, selbst die Venusmännerfalle, wie sie die groß gewachsene, stets schwarz gekleidete Frau heimlich nannte, war angereist. Mal blond, mal dunkel, jedoch immer auf der Jagd, lauerte sie im Salon, unverschämte Mengen Tee konsumierend, während sie die alleinstehenden Männer im Raum dreist auf ihre finanzielle und wohl auch sonstige Potenz abcheckte.

»Wie wär's mit einer Runde Sauna?« Claires Jubelstimme trillerte in ihr Ohr und ehe sie sich versah, wurde sie hochgezogen wie ein kleines Mädchen. »Gönnen wir dem Werner eine kleine Pause«, säuselte sie, während sie sich unterhakte und die überrumpelte Erika Richtung Aufzug schob.

Natürlich sah Claire immer noch toll aus, das Gesicht faltenfrei, die Haut straff, die Brüste stramm; angesichts ihres makellosen Körpers erfuhr das Wort »Unterhaltszahlungen« eine ganz neue, eher architektonisch ausgerichtete Bedeutung. Beschämt dachte Erika an ihren Hintern, der aussah, als wäre er in einen Hagelschauer geraten. Sie fixierte den angeblich positiv strahlenden Amethysten, der in einer Nische der Sauna stand, atmete den duftenden Dampf ein und hoffte, dass sie sich wenigstens ein bisschen entspannte. Doch dann stellte sie sich vor, wie sich ihr tollpatschiger Werner hinter ihrem Rücken auf die rundum restaurierte Claire wälzte, und vorbei war's mit der Gelassenheit.

Es war bereits dunkel, als sich die Hotelgäste vor dem Eingang sammelten. Angestellte versorgten jeden einzelnen mit einer brennenden Fackel, dann spazierte die Schar, angeführt vom Direktor höchstpersönlich, am Bahnhof vorbei hügelaufwärts. Nach kurzer Zeit bog man ab, ein Pfad war in den knietiefen Schnee geschaufelt worden, er führte zu einer Lichtung unter hohen Tannen, die mit Kerzen geschmückt waren. Dort erwartete die Urlauber wie jedes Jahr nicht nur ein Sankt Nikolaus mit eindrücklichem Bart, sondern auch ein Chor von Hotelangestellten, der weihnachtliche Lieder anstimmte, derweil heißer, alkoholfreier Punsch ausgeschenkt wurde. Erika hatte diesen Moment immer als den schönsten ihrer Weihnachtsferien betrachtet, hier im Freien zu stehen, um sie herum die Stille des Tals, die altbekannten Melodien, die ihr Herz wärmten, die Weihnachtsgeschichte, die der Nikolaus mit dunkler, tiefer Stimme vortrug.

Doch in diesem Jahr wollte sich bei ihr keine feierliche Stimmung einstellen. Es war ihr vierzigster Hochzeitstag, und Werner hatte ihn vergessen. Dafür zwinkerte er schon wieder dieser Claire zu, die in ihrem dramatischen Mantel, der wahrscheinlich aus den letzten Exemplaren einer aussterbenden Pelztiergattung gefertigt war, einfach fabelhaft aussah; verstohlen natürlich, im Halbdunkel, sie hatte es trotzdem bemerkt. Die Wut war schlagartig wieder da, gärendes Gift, das sie von innen verätzte.

Die Gäste sangen jetzt lauthals »Jingle Bells«, da brummten selbst die russischen Oligarchen mit, und gemächlich bewegte sich der Zug wieder Richtung Hotel. Der Gasthof lag in kompletter Finsternis, kein Licht brannte, selbst die Weihnachtsdekoration war ausgeknipst worden. Die Angestellten nahmen den Gästen die Fackeln wieder ab und löschten sie im Schnee, sodass in der Dunkelheit nur noch Silhouetten auszumachen waren, am samtschwarzen Firmament funkelten die Sterne.

»Erika.« Werners Stimme klang merkwürdig zaghaft. Sie wandte sich um und erkannte ihn beinahe nicht im fahlen Mondlicht, während Claire mit ihrem strahlenden Kernkraftwerklächeln nah an ihr vorbeihuschte, ins Hotel hinein.

»Lass uns kurz warten, bis alle drin sind.«

»Weshalb?«

»Das verstehst du nicht.« Er grinste geheimnistuerisch.

Schon wieder! Es verschlug ihr die Sprache, und wie eine glühend heiße Welle überflutete sie der Zorn.

»Jetzt komm«, sagte Werner leichthin, während er, den letzten Gästen in das stockdunkle Gebäude folgend, auf die Eingangstür zuging. In blinder Wut packte Erika den hüfthohen, metallenen Aschenbecher, der an einen Zaunpfahl erinnernd neben dem Eingang stand, und schwang ihn über den Kopf. Ganz kurz erstaunte sie das Gewicht des Sockels, dann fuhr er auch schon herab und zerschmetterte Werners Hinterkopf. Mit einem erstaunten Ächzen strauchelte ihr Ehemann und stürzte durch die offene Schiebetür vorwärts, mit dem Gesicht voran in die nächste Glastür, die aufschwang und splitternd gegen die Wand krachte, dann sackte er kraftlos zu Boden. Totenstille machte sich breit.

Erika blieb wie erstarrt stehen, den Aschenbecher hielt sie immer noch wie einen Baseballschläger vor dem Körper. Allmählich erkannte sie das Blut an der Wand, an der zerborstenen Glasscheibe, auf dem Boden um Werners Kopf herum, wo es sich wie eine schwarze Öllache ausbreitete.

Dann erst fielen ihr die Angestellten auf, die in der Empfangshalle Spalier standen, jeder mit einer Kerze in der Hand, deren Flammen dunkle Schatten auf die entsetzten Gesichter warfen. Niemand rührte sich. Von den andern Gästen keine Spur.

Von weither erklang plötzlich Musik, die rasch lauter wurde, ein Lichtschein war zu sehen, dann rückten die Mitarbeiter mechanisch zur Seite und gaben den Weg frei für Claire, die auf einem Rolltisch eine riesige Torte heranschob, auf der Wunderkerzen sprühten. Laut begann sie zu singen, »Marmor, Stein und Eisen bricht«, das war damals Erikas und Werners Lied gewesen. Die übrigen Gäste, die ihr folgten, fielen sogleich mit ein. Sie schienen zahlreicher geworden zu sein. Erika blinzelte ungläubig, als sie im flackernden Widerschein vertraute Gesichter erkannte: ihre Kinder, Freunde, Familienmitglieder, sogar eine ehemalige Arbeitskollegin. Claires Augen weiteten sich, jäh brach sie den Gesang ab, während hinter ihr noch einen Moment lang inbrünstig weitergesungen wurde.

Wie in Trance entzifferte Erika die Aufschrift. »Vierzig Jahre Glück mit Erika!«, stand in schokobraunen, verschnörkelten Buchstaben auf der Torte. Darunter, kaum hatte der Satz noch Platz gehabt: »In ewiger Liebe, Werner«.

Das Letzte, was sich in Erikas schwindendes Bewusstsein bohrte, war Claires gellender, nicht enden wollender Schrei.

Im Schatten des Schicksalsbergs

Hans Zippert

Tiefe Dunkelheit lag über Merligen, Schnee fiel in dicken Flocken auf die fast schwarzen Häuser. Aus irgendeinem Grund schien die Straßenbeleuchtung ausgefallen zu sein. Der Weg durch die Hauptstraße am Ufer war durch eine Barriere versperrt, im Schein einer Fackel machte ein alter Mann in einer Art Uniform wilde Zeichen. Ich hielt an und fragte nach dem Hotel Beatus, er stutzte erschrocken, dann zeigte er nach rechts und erklärte in einem mir unverständlichen Idiom einen anscheinend noch viel unverständlicheren Weg. Ich hatte den Eindruck, als bekreuzige er sich mehrmals, vielleicht hatte er auch nur seinen Mantelkragen hochgeschlagen. Im Rückspiegel sah ich noch im diffusen Licht der Fackel, wie er einen Schluck aus einer riesigen Flasche nahm und die Barriere zur Seite schob. Der Weg führte durch enge Gassen hoch in den Ort hinauf und wieder herunter. Auf einem größeren Platz musste ich kurz anhalten, weil plötzlich Menschenmassen die Straße überquerten und in die durch tausend Kerzen hell erleuchtete Kirche strömten. Dann stand ich völlig unerwartet vor dem Beatus, einem mächtigen, lang gestreckten Bau. Drei Hoteldiener stürzten aus dem Eingangsportal und bemächtigten sich meiner Koffer, Tüten und der Aktentasche. Ihnen folgten sieben Musiker in einer fast schwarzen Tracht, auf die ein weißes pyramidenförmiges Symbol gestickt war, und spielten mit Trompeten, Posaunen und Waldhörnern eine irgendwie schief klingende aber anscheinend fröhlich gemeinte Melodie.

Hinter den Blechbläsern tauchte ein gedrungener, schnurrbärtiger Mann im weißen Anzug auf, stellte sich als Direktor vor und entschuldigte sich zunächst für die Musik, die für meine Ohren wahrscheinlich geradezu misstönend klinge. So aber musiziere man rund um den Thuner See, wo man eine Art Zwölftonalität bevorzuge. Er reichte mir die Hand, an der mir ein sehr großer Siegelring ins Auge fiel, mit einer weißen Pyramide, die in einen schwarzen Stein eingelassen war.

Im Moment sei der Ort von der Stromversorgung abgeschnitten, das Hotel erzeuge aber seine Elektrizität selber, weshalb es an der für das Schreiben nötigen Helligkeit keinesfalls fehlen würde. Damit spielte er auf den Grund meines Hierseins an. Das Beatus hatte den Posten eines Hotelschreibers ausgelobt. Drei Schriftsteller sollten gegeneinander im öffentlichen Wettstreit antreten, wem die beste Geschichte gelang, der durfte ein Jahr lang kostenlos im Hotel wohnen und erhielt darüber hinaus noch eine monatliche Apanage von 1000 Franken und die Schweizer Staatsbürgerschaft. Und durfte den Titel »Poeta Beatus« tragen. Angeblich hatten sich über 4000 Autoren aus dem deutschsprachigen Raum beworben, von denen schließlich besagte drei für die Endausscheidung ausgewählt wurden. Neben mir waren das noch Amselfelder und Röllke. Amselfelders Roman »Das Spätzlekomplott« stand auf den Bestsellerlisten ganz oben, Röllke hatte gerade ein aufsehenerregendes Werk unter dem Titel »Gott ist tot – wer hat die Leiche?« auf den Markt gebracht.

Wir drei waren uns schon häufiger begegnet, schließlich bestritten wir unseren Lebensunterhalt mit solchen subventionierten Tätigkeiten. Ich hatte gerade einen sechsmonatigen Aufenthalt als Drogerie-Dichter absolviert, in dessen Verlauf ich in insgesamt 100 Filialen eines bekannten Drogeriemarktes mit pathetischer Stimme aus den Inhaltsstofflisten von Shampoos und Nagellackentfernern vorgelesen hatte, damit den Kunden ihr Einkauf nicht zu prosaisch vorkam. Röllke war u. a. Gewinner der Goldenen Spargelzange, wobei sein Gewicht in Spargel aufgewogen wurde und er das Wohnrecht im Offenbacher Spargelturm erhielt. Amselfelder konnte sich dagegen über den »Grünkohl-Griffel« der Stadt Bremen freuen. Der Preis war mit 20.000 Euro verbunden und der Auflage, auf keinen Fall nach Bremen zu kommen. Damit konnte er leben.

Ich war gerade in der Endausscheidung zum Atom-Autor gescheitert, wodurch ich lebenslanges Wohnrecht im Atomkraftwerk Gundremmingen erhalten hätte, inklusive 5 Millionen Kilowattstunden Gratisstrom. Deshalb machte ich mir große Hoffnungen auf diesen Hotelschreiberposten, ehrlich gesagt, ich brauchte ihn ziemlich dringend.

Vor dem Abendessen bestand der Direktor darauf, dass ich noch einen Abstecher in die Wellness-Abteilung machte, damit man dort mit einem speziellen Körperscanner meine Säurewerte messen könne. Man werde anschließend ein spezielles Wohlfühlprogramm für mich entwerfen. Zunächst aber legte man mich in einen Blasen werfenden Heilschlamm, der aus Schlick, Algen, Sand und einem Sud aus Blumenkohl und Schwarzwurzeln zusammengesetzt war und der mich energetisch aufladen sollte.

In dieser Nacht schlief ich unruhig, ich wachte mehrfach auf, ging ans Fenster und betrachtete die dunkle Wasserfläche des Sees. Gegen drei Uhr morgens bemerkte ich plötzlich Bewegung am Ufer. Dunkle Gestalten liefen im Schein des vollen Mondes geschäftig hin und her und legten einen länglichen Gegenstand, der unter einer Plane verborgen war und ziemlich schwer zu sein schien, in ein kleines Boot, das sie zuvor mit Steinen beladen hatten. Für einen kurzen Moment verrutschte die Plane und ein bleiches, starres Gesicht kam darunter hervor. Es konnte sich aber auch um eine optische

Täuschung durch die Reflexion des Mondlichts gehandelt haben. Die Bootsmänner nahmen plötzlich Haltung an, als eine Gestalt, deren Kopf von einer spitzen weißen Kapuze, die nur die Augen frei ließ, verhüllt war, aus dem Dunkel an das Boot getreten war, das nun vorsichtig ins Wasser geschoben wurde. Man gab ihm einen ordentlichen Stoß und leicht schwankend trieb der merkwürdige Transporter Richtung Seemitte. Der Mann mit der Kapuze gab den vier Helfern, in denen ich plötzlich Kellner zu erkennen glaubte, ein Signal, sie zogen aus ihren Gürteln eine Armbrust, alle vier legten an, und auf ein Kommando des Kapuzenmannes flogen vier Pfeile Richtung Boot. Man hörte an dumpfen splitternden Geräuschen, dass sie ihr Ziel erreicht hatten. Kurze Zeit später versank das Boot in den Fluten des Thuner Sees. Der Mann zog beim Weggehen die Kapuze ab und fast hätte ich aufgeschrien, als ich den Direktor erkannte. Als hätte er meinen stummen Schrei gehört, blickt er plötzlich nach oben, doch in diesem Augenblick verhüllte eine Wolke den Mond und verbarg mich gnädig vor seinen misstrauischen Blicken.

Am nächsten Morgen erinnerte ich mich kaum mehr an das Erlebnis und dachte, ich hätte geträumt, bis ich in einer Vitrine mehrere antike Armbrüste ausgestellt fand. Ich sprach mit dem Oberkellner, einem grauhaarigen, vollbärtigen Mann über meine nächtlichen Beobachtungen und er wiegte bedenklich den Kopf. »Der Vollmond«, sagte er, verführe zu den seltsamsten Wahrnehmungen. Er habe allerdings mal gehört, dass es früher üblich gewesen sei, verstorbene Hotelmitarbeiter auf diese Art und Weise zu bestatten. Das sei aber schon lange nicht mehr Usus.

Mein Zimmer hatte gigantische Ausmaße, es wäre selbst mit dem Wort Suite nur sehr unzureichend beschrieben. Schätzungsweise 400 m^2, allerdings etwas eigenwillig möbliert. Insgesamt 23 Schreibtische und fünf Stehpulte waren über den ganzen Raum verteilt. Selbst in dem begehbaren Kleiderschrank war eine kleine Schreibecke eingebaut, genauso wie in die Dusche, damit mir keine Idee verloren gehen sollte, damit ich keine Sekunde warten musste, um einen auch noch so unbedeutenden Gedanken festzuhalten. Mir standen wasserfeste Füllfederhalter, Kugelschreiber, Blei- und Buntstifte sonder Zahl zur Verfügung. Selbst ein Gänsekiel wartete darauf, in die täglich ausgewechselte Tinte getaucht zu werden. Statt Bildern war der Raum mit riesigen Schultafeln verziert, auf die ich mit Kreide meine Ideen notieren konnte. Laptops waren in Vertiefungen in der Wand eingelassen und kamen lautlos hervor, wenn man sich ihnen näherte. Man konnte in diesem Raum wenig anderes machen als schreiben oder schlafen. Die ganze Nacht lief automatisch ein Tonband mit. Falls ich im Schlaf irgendwelche bedeutsamen Sätze sprechen würde, konnte ich mir die dann am nächsten Morgen anhören. Eine Spezialanzeige informierte mich, ob ich überhaupt etwas gesagt hatte, damit ich keine Zeit mit dem Abhören von Schnarchgeräuschen vergeuden musste.

Der Direktor hatte mir begeistert eine weitere Besonderheit des Zimmers erklärt. Die Panoramafenster waren mit der Fernbedienung steuerbar. Wenn einem der Ausblick auf einen verregneten See zu trübsinnig war, konnte man die Scheiben auf Schönwetter, Sturm, Schneetreiben, Sonnenuntergang oder Morgenstimmung mit Wildgänsen programmieren. Es war sogar möglich, den See vollkommen verschwinden zu lassen und eine Reihenhaussiedlung oder eine chemische Fabrik vor das Fenster zu setzen.

»Je nachdem, was Sie am meisten anregt!«, sagte der Direktor mit einem schwer definierbaren Gesichtsausdruck.

Ich machte von dem Angebot zunächst keinen Gebrauch, denn der Anblick des Niesen, jenes pyramidenförmigen Berges am anderen Ufer des Sees, der schon Paul Klee fasziniert hatte, schien mir anregend genug, ja, ich konnte mich von seinem Anblick kaum losreißen.

Das Abendessen nahmen wir in einem *Chambre Séparée* neben dem Speisesaal ein, von dem aus wir die anderen Gäste durch Spiegelglasscheiben beobachten konnten, ohne dass sie uns sahen. Das Essen war fantastisch, reichhaltig und dazu wurde ein schwerer Rotwein unbekannter Herkunft kredenzt. Nach dem Essen servierte uns der Direktor Absinth, eine lange Zeit verbotene Spirituose, die aus Anis, Fenchel und Wermut hergestellt wird und deren grünliche Farbe allein schon berauschend wirkt. Wir sollten dem Getränk ausgiebig zusprechen, es habe seine inspirierende Wirkung schon bei Baudelaire, Gauguin, van Gogh, Hemingway, Edgar Allen Poe, Rimbaud, Oscar Wilde oder Toulouse-Lautrec unter Beweis gestellt.

Die seien aber alle früh gestorben, bemerkte Amselfelder halblaut, während er gierig sein zweites Glas inhalierte. Der Absinth verfehlte tatsächlich nicht seine Wirkung auf uns. Wir tranken Abend für Abend mindestens zwei Flaschen, entwickelten spätestens nach dem dritten Glas großartige Ideen für furiose Romane und Novellen, die wir auf Zetteln notierten, die natürlich auf dem Tisch bereitlagen. Am nächsten Morgen lasen wir dann entsetzt in unseren Aufzeichnungen: »Mann verliebt sich in verheiratete Frau« oder »kleinwüchsiger Trommler kann Glas zersingen«. Ich hatte mir sogar mal notiert: »Zwei Kinder werden von ihren Eltern ausgesetzt und verbrennen eine Hexe«. Das Internet funktionierte vorübergehend nicht, wie man uns mitteilte, aber ich entdeckte in der Bibliothek in Meyers Konversationslexikon von 1928, dass Absinth das Nervengift Thujon enthält, welches Schwindel, Halluzinationen und Wahnvorstellungen hervorrufen könne.

»Genau das, was wir brauchen«, entschied Röllke, und von da an tranken wir drei Flaschen.

Als ich am Morgen des vierten Tages zu meinem Auto ging, um einen Mantel zu holen, stellte ich fest, dass über Nacht alle Reifen abmontiert worden waren und der Wagen auf Backsteinen ruhte. Das sei ein Spaß der Dorfbewohner, beruhigte man mich an der Rezeption, die Räder hätte ich bestimmt morgen wieder, wahrscheinlich mit Sinnsprüchen und Ornamenten verziert, damit beweise man hier seine Zuneigung. Der spaßige Räderdiebstahl bedeute so etwas wie »Ach, wenn Sie doch immer bei uns bleiben könnten«. Auch nach zwei Tagen waren die Räder nicht wieder dran, worin aber niemand einen Grund zur Sorge zu sehen schien. Ein Auto brauchte ich im Moment sowieso nicht, da ein Erdrutsch die Straße zwischen Thun und Merligen unpassierbar gemacht habe.

»Und die Straße zwischen Merligen und Interlaken«? fragte ich. Dort habe es Schneeverwehungen, Merligen werde aber vom Wasser aus mit dem Nötigsten versorgt und das Hotel habe genügend Vorräte fürs zwei Jahre.

Die Tage verliefen gleichförmig aber keineswegs unangenehm. Dienstbare Geister ließen es uns an nichts fehlen, wir wurden freundlich aber nachdrücklich gebeten, an bestimmten Körperertüchtigungen teilzunehmen, die unseren Geist stärken sollten. Amselfelder und ich verrenkten uns beim »Tschäggät«, einer schweizerischen Variante des Yoga, während Röllke sich dem Pilates-Training hingab, da er eine gewisse Zuneigung zu Gerti, der Trainerin entwickelt hatte. Auch Hanteltraining stand auf dem Programm, der Hotelleitung war sehr daran gelegen, dass wir unseren Schreibarm kräftigen sollten. Massagen und Ölbäder, sowie tantrische Klangschalenmeditationen mit Vanessa und Yvonne rundeten unser Fitnessprogramm ab, so dass wir abends guten Gewissens den exquisiten Speisen zusprechen konnten.

Alle Gerichte waren vorzüglich, aber jedes Mal befand sich auf den kunstvoll angerichteten Tellern eine hellbräunliche Substanz, die ein wenig herb aber nicht unangenehm schmeckte und die der Küchenchef auf Nachfragen als »Mötschli« bezeichnete, dass sei so eine Art Sauce de région, das kenne man in der Schweiz nur am Thuner See, die Zutaten ein Geheimnis, das in seiner Familie über fünf Generationen vererbt worden sei.

Röllke, der sich in seiner Jugend, wie er sagte, »so einiges reingehauen« hatte, meinte, dieses »Mötschli« schmecke eindeutig nach Fliegenpilzen. Er habe mal auf Grund einer Wette mit Martin Walser einen verspeist und den Geschmack nie vergessen können. Amselfelder und ich lachten, aber irgendwie wurde uns etwas beklommen zumut. Fliegenpilze und Absinth, konnte das gut gehen?

Meiner Inspiration schadete es jedenfalls nicht, ich notierte immer wildere Ideen wie:

»Mann verliebt sich in verheiratete Hexe« oder »Kleinwüchsige Eltern verbrennen die Trommel ihrer beiden Kinder«.

Die drei Wochen Frist, in der wir unsere Werke zu Papier, bzw. auf die Festplatte bringen sollten vergingen rasend schnell. Am nächsten Abend schon sollte die öffentliche Vorlesung in der Bibliothek erfolgen, und die Gäste würden dann noch in der Nacht abstimmen.

Röllke und Amselfelder sahen blass und übernächtigt aus, ich hatte ein nervöses Zucken im rechten Arm bekommen und zog beim Schreiben das linke Bein nach. Wir hatten hart an unseren Werken gearbeitet und waren selber begeistert davon. Selten war mir ein Text aus meiner Feder so gut gelungen und war mir das Schreiben so leicht gefallen. Sicher, ich hatte ja auch noch nie zuvor zum Frühstück zwei Gläser Absinth getrunken – aber gerade für einen Schriftsteller ist es wichtig, dass er sich für neue Einflüsse öffnet.

Die Hotelgäste bemühten sich geradezu rührend, durch allerlei bizarres Verhalten, obskure Marotten und extravagante Umgangsformen unsere Aufmerksamkeit zu erregen und uns reichlich Stoff zu liefern. Amselfelder hatte sogar einen Morgen lang einfach mit der Kamera den Frühstücksraum gefilmt, weil er, wie er sagte, sich den ganzen Wahnsinn unmöglich merken konnte. Die Pfeife rauchende Professorengattin war noch das harmloseste, verglichen mit den beiden Zwillingen, die beide am Tourette-Syndrom litten und die Kellner mit wüsten Beschimpfungen bedachten. Die alleinstehende Dame mit sechs Pudeln begeisterte uns ebenso wie das holländische Ehepaar, das zum Frühstück stets 20 Scheiben trockenes Knäckebrot mit Pfefferminztee verzehrte. Etwas unglaubwürdig aber amüsant war der Herr, der sich als Vater des amtierenden Papstes ausgab, sowie die beiden Ehepaare aus der Westschweiz, die uns jeden Abend verschwörerisch mitteilten, im Empire-Saal gebe es ab 21.00 Uhr eine Swinger-Party, wir wären herzlich eingeladen, Garderobe sei nicht erwünscht. Und das waren die eher unspektakulären Gäste. Die wirklich außergewöhnlich abgedrehten Fälle hatten wir alle in unseren Erzählungen verarbeitet. Jedenfalls hatten wir uns das gegenseitig so erklärt. Doch bei der Lesung zeigte es sich sehr schnell, dass die Geschichten auf dem Blatt nicht mit denen in unserem Kopf übereinstimmten. Röllke trug mit raumgreifender schöner Stimme eine Erzählung aus Afrika vor, mit sprechenden Elefanten, die als Wildhüter in einem Nationalpark für vom Aussterben bedrohte Menschen arbeiteten. Amselfelder verlor sich in einer zweistündigen, geistreichen Betrachtung eines Ameisenhaufens, den er mal auf der schwäbischen Alb gesehen hatte, und ich las zu meinem nicht geringen Entsetzen eine Geschichte, in der ich mit meiner Mutter einen Sarg kaufen gehe und wir schließlich bei Ikea landen.

Am Ende unseres Vortrags erfüllte eisiges Schweigen den Raum, keine Hand rührte sich, um uns Beifall zu spenden. Die Hälfte des Publikums war mitten in der Lesung aufgestanden und hatte die Bibliothek geräuschvoll verlassen. Schließlich standen wir nur noch dem Direktor gegenüber, der uns mit schneidender Stimme mitteilte, er habe unsere Zimmer räumen lassen, wir seien mit sofortiger Wirkung »ausgeschafft«. Auf diese Worte hin näherten sich drei Kellner, die statt eines Namensschilds ein Abzeichen mit einer weißen Pyramide trugen und machten Anstalten, uns abzuführen. Amselfelder reagierte blitzschnell, er warf ein Buchregal um, das die Kellner unter sich begrub, und wir rannten zum Parkplatz. Zum Glück hatte ich den Wagenschlüssel eingesteckt, wir stiegen ein, hinter uns hörten wir die Verfolger schreien, die Zentralverriegelung rastete mit sattem Klicken ein, der Motor sprang zuverlässig an, und da fiel mir wieder ein, dass der Wagen immer noch keine Räder hatte.

Ich erwachte in einem dunklen fensterlosen Raum, der von einigen weit heruntergebrannten Kerzen spärlich erhellt wurde. Neben mir schnarchten Amselfelder und Röllke, wir trugen alle drei einen schwarzen Overall mit einer weißen aufgenähten Pyramide. Als ich langsam wieder klar wurde, sah ich, dass der Raum sich schier ins Endlose dehnte. Wir waren keineswegs allein, Dutzende Gestalten saßen erloschen an der Wand und schienen uns nicht wahrzunehmen. Ein jüngerer Mann, der einen halbwegs lebendigen Eindruck machte, nickte uns müde grinsend zu:

»Hotelschreiber, was? Jaja, das wollten wir alle mal werden. Und vielleicht werden wir es ja sogar noch, wer weiß«

Er klopfte sarkastisch lächelnd auf seine Brusttasche und zog einen Block und einen Bleistift heraus.

»Der Direktor lässt einmal die Woche die Blöcke einsammeln und überprüft die ‚Qualität des Verfassten' wie er das nennt, und danach werden wir eingeteilt.«

»Eingeteilt? Wozu?« jetzt war auch Amselfelder wieder wach.

»Zur Arbeit im Stollen oder im Kraftwerk«.

Und dann erklärte der Mann, der sich »Dürrenmatt aber mit dt« nannte, unsere Lage. Wir befanden uns etwa 150 Meter unterhalb der Panorama-Bar. Wenn man im Hotelaufzug eine bestimmte Tastenkombination drückte, fuhr er direkt hinab in diese unvorstellbare Tiefe. Hier unten wurden über 300 Teilnehmer vergangener Hotelschreiberwettbewerbe gefangen gehalten. Sie alle hätten in den Augen des Direktors versagt und nun müssten sie den dreiwöchigen Aufenthalt abarbeiten. Die Ältesten seien über zwanzig Jahre dabei. Man arbeite entweder in der Mine, denn hier unten sei ein gigantisches Kohlevorkommen, aus dem sich das Hotel mit Energie versorge. Oder aber man sei für die Instandhaltung des Tempelganges zuständig.

Wem der Direktor besonders vertraue, den lasse er in der Pyramide arbeiten.

»Tempelgang? Pyramide?« Nun war auch Röllke hellwach.

»Na, ihr wisst schon, der Niesen. Habt ihr euch nie gefragt, warum der diese Form hat? So was kann doch nicht natürlichen Ursprungs sein. Das ist eine Pyramide, die von der

Bruderschaft des Niesen in über tausend Jahren aufgebaut worden sei. Die Nachkommen der Pyramidenbauer leben noch heute rund um den See und die Mitglieder der Bruderschaft erkennen sich an der weißen Pyramide auf schwarzem Grund. In der Pyramide werden die Toten bestattet und unaussprechliche Rituale veranstaltet. Es gebe einen geheimen Tempelgang unter dem See, der führe direkt in die große Opferhalle des Niesen. Dieser Hotelschreiber-Wettbewerb diene einzig und allein dazu, um neue Arbeitskräfte zu rekrutieren. Wem die Arbeit zu anstrengend werde, der darf zur Erholung eine Seereise machen, von der sei aber bisher noch keiner zurückgekehrt.

»D-d-das habe ich gesehen«, stieß ich heiser hervor.

»Was haben Sie gesehen?« fragte eine freundliche, weibliche Stimme. »Hallo, ist Ihnen nicht gut? Sie sind wohl im Schlammbad eingeschlafen. Ich habe hier übrigens das Ergebnis Ihrer Untersuchung, Sie sind ja völlig übersäuert und verbittert. Jetzt müssen Sie aber schnellstens duschen. Gleich beginnt doch Ihre Lesung«.

Geisterjagd in Bad Ragaz

Eine Gespenstergeschichte, die einfach keine werden will

RALF KRAMP

Bertram Klingenbergs Ehrgeiz und Fleiß standen in einem stark kontrastierenden Verhältnis zu seinem Können, und das würde sich niemals ändern, denn er war völlig talentlos. Er hatte keinerlei Begabungen, war weder fingerfertig noch besonders helle, er hegte kaum irgendwelche Leidenschaften. Nur ein einziges Ziel schien ihm schon seit Langem als besonders erstrebenswert: Schon seit der frühesten Kindheit war es sein innigster Wunsch, als Geisterjäger arbeiten zu dürfen. Er hatte den »Exorzist« gesehen und »Ghostbusters«, er war Abonnent sämtlicher einschlägiger Heftromanserien, er kannte alle Tricks und Kniffe. Ja, Geisterjäger, das war es! Nichts anderes kam für ihn in Frage.

Als er sich nach einem abgebrochenen Studium der Philosophie und einer vorzeitig beendeten Lehre als Fleischereifachverkäufer selbstständig gemacht hatte, befand er sich bereits im Besitz zahlreicher technischer Hilfsmittel, mit deren Hilfe man heutzutage Geistern und Gespenstern auflauern konnte. Verschiedene Messgeräte wie Magnetometer oder Geigerzähler sollten ihm ebenso helfen wie besonders lichtempfindliche Videokameras, Fotoapparate und hochsensible Audiorecorder. Im Hause seiner Tante in Köln richtete er sich im Souterrain Lager und Labor ein. Von hier aus plante er seine künftigen Kreuzzüge gegen die Untoten.

Nach verschiedenen Testläufen glaubte er sich irgendwann bereit für den ersten offiziellen Auftrag. Ein altes Haus in Schwerin beherberge eine besonders bösartige Urahnin, so klagte die Erbin, die ihn aus dem Telefonbuch herausgesucht hatte. Heroisch schritt er zur Tat, belud seinen Fiat Panda mit allem nötigen Werkzeug und machte sich auf die lange Reise. Als er aber an seinem Einsatzort ankam, wurde er gerade noch Zeuge, wie die letzte Ziegelmauer des Anwesens der Abrissbirne zum Opfer fiel. Staubwolken hingen in der Luft. Man hatte sich kurzerhand entschieden, das Gebäude samt der umgehenden Urgroßtante einfach zu planieren.

Sein nächster Kunde lud ihn nach Freiburg ein, wo das Auftauchen einer kopflosen Gestalt in einem Zimmer im ersten Stock einer Gründerzeitvilla mehrere Menschen in den Wahnsinn oder in den Freitod getrieben hatte. Er reiste an, baute mit Feuereifer seine Apparate auf, überließ nichts dem Zufall, als er das Zimmer verkabelte und mit Kameras und Bewegungsmeldern ausstaffierte, ging danach nur kurz zur Pommesbude, um sich für die Nacht zu stärken, und als er zurückkehrte, hatte unterdessen der Priester des Ortes mit ein paar Spritzern Weihwasser und einem goldenen Kruzifix dem Spuk für immer ein Ende bereitet.

Selbstverständlich erhielt Bertram für seine Mühen jeweils eine kleine Aufwandsentschädigung, aber das reichte bei Weitem nicht dafür, dass sich seine Anschaffungen irgendwann amortisieren würden. Seine Tante gewährte ihm zwar laufend Kredit, aber er war begierig, irgendwann auf eigenen Füßen sein Geschäft abwickeln zu können. Im Moment aber sah es nicht danach aus.

Im fernen Wien, wo man seine Hilfe erbat, schnappte ihm ein anderer Geisterjäger einen überaus imageträchtigen Auftrag vor der Nase weg, entgeisterte im Handumdrehen ein beliebtes Kaffeehaus und wurde statt seiner in der Presse gefeiert.

Vor Helgoland versuchte er, die herumspukende Schar schwedischer Matrosen eines vor langer Zeit gesunkenen

Frachters zur ewigen Ruhe zu bringen und konnte nur mit knapper Not von der Küstenwacht vor dem Ertrinkungstod gerettet und wiederbelebt werden.

Bei anderer Gelegenheit verursachten seine technischen Apparaturen bei einem Einsatz an der Mosel einen Kabelbrand in den maroden Stromleitungen des Weinguts, das daraufhin bis auf die Grundmauern abbrannte.

Seine Tante zahlte zwar alles, aber Bertram litt. Die Geschichte seiner beruflichen Laufbahn war ein Zeugnis des grandiosen Scheiterns auf der ganzen Linie.

Was ihm aber den größten Schmerz zufügte, war die Tatsache, dass er seit seiner Jugend, in der er Tag und Nacht davon geträumt hatte, dass er in den Jahren des Erwachsenwerdens, in dem er sich reif genug gefühlt hatte, dass er in seiner beruflichen Laufbahn, in der es eigentlich zwingend notwendig gewesen wäre, ja, dass er in all den Jahren nicht ein einziges Mal eine Begegnung mit einem wirklichen und wahrhaftigen Geist gehabt hatte.

Dieser Gedanke zerfraß ihn regelrecht.

Und jetzt war er in der Schweiz gelandet. Seine Tante hatte ihn mit in den Urlaub nach Bad Ragaz genommen. Seit Jahr und Tag fuhr sie im Februar ins Schlosshotel, vor zwei Jahren hatte sie das »Ragazer Tübli« für ihren dreißigsten Aufenthalt im schönen Kurort im Sarganser Land bekommen.

Natürlich gab es keine Gespenster im Hotel, das war ja zu erwarten gewesen. Er war um Mitternacht ein paar Mal durch die Gänge gestreift, hatte an Türen gelauscht und in dunkle Ecken gespäht, hatte hier mal ein halbes Stündchen auf einem mit Chintz bezogenen Sessel gewartet und da eine Weile in einer Nische gelauert, aber umsonst.

Während seine Tante sich tagsüber lustvoll im Wellnessbereich tummelte und jeden Abend mit frisch geröteten Wangen beim Abendessen mit ihm zusammentraf, stapfte er zumeist stundenlang missmutig im nasskalten Wetter durch die graugrünen Anlagen, durchstreifte das angrenzende Golfareal und die nahen Wälder und sah am Abend genauso blutleer und mürrisch aus wie am Morgen. Die freundliche Rezeptionistin konnte ihn nicht aufheitern, nicht das gemütliche Interieur des Hotels, kein noch so köstliches Viergangmenü am Abend.

Bad Ragaz war sicherlich ein wunderschöner Urlaubsort im Sommer, wenn alles üppig grün war, und auch im Winter, wenn der Schnee die Gipfel ringsum aufleuchten ließ, auch ein goldener Herbst hatte hier sicher seinen Reiz. Doch jetzt war es trist und ungemütlich, und Bertrams Stimmung war auf dem Nullpunkt.

»Und Sie, was ist mit Ihnen?«

Bertram fuhr zusammen. Er hatte die Gestalt gar nicht bemerkt, die bewegungslos am Ufer des kleinen Sees stand und die Hände tief in den Taschen des dunklen Lodenmantels vergraben hatte. Der junge Mann sah ihm kurz aber intensiv in die Augen und richtete dann wieder den Blick auf die Oberfläche des Sees, auf der die Regentropfen bizarre, gegeneinander laufende Muster malten.

»Meinen Sie mich?«

Er nickte und ließ das Kinn auf der Brust ruhen. »Haben Sie schon einmal ein Gespenst gesehen?« Das Murmeln war kaum zu hören, und doch verstand Bertram jede Silbe.

Er war wie vom Donner gerührt. Jetzt, inmitten der Krise, in dem Moment, in dem sich alles, von dem er je geträumt, was er je erhofft hatte, in Nichts aufzulösen schien, wurde ihm mit einem Mal diese Frage gestellt.

Die Frage seines Lebens.

»Nein«, hauchte er, »gibt es hier vielleicht eins?«

Der Fremde wandte sich ihm zu. Er hatte ein blasses Gesicht, mit einer spitzen, fast kindlich anmutenden Nase. Ein paar blonde, strähnige Haare waren unter dem Saum der Mütze hervorgekrochen und fielen ihm in die Stirn. Er begann leise glucksend zu kichern und sagte heiter: »Eins? Viele ... viele!«

Bertram schluckte und rieb sich nervös die rot gefrorenen Hände. »Sie meinen Gespenster? Sie haben Gespenster gesehen? Hier?«

Womöglich wollte der Fremde einen platten Witz über die Senioren machen, die hier kurten, oder vielleicht war es ein ihm nicht verständlicher Spaß auf Kosten der Einheimischen. »Echte Gespenster?«

Der Mann nickte, und seine blauen Augen glitzerten wie Eiskristalle. »Die Geister der Verstorbenen. Ich habe sie gesehen.«

Andächtig hauchte Bertram eine weiße Wolke in den kalten Himmel. »Können Sie mir verraten, wo ich sie finde?«

»Sie wollen sie sehen?«

»Das will ich. Können Sie es mir zeigen?«

Eine blasse Hand glitt aus der Manteltasche und wurde ausgestreckt. Ein weißlicher Finger wies in den Steilhang, hoch über ihren Köpfen. Bertram erkannte eine Ruine auf dem Kamm des Berges. Eine bruchstückhafte Aneinanderreihung von Mauerresten und leeren Fensteröffnungen.

»Dort oben?«, fragte er mit zitternder Stimme.

Der Fremde nickte nur.

* * *

Das kleine Auto hatte nicht ausreichend Platz gehabt für die zahlreichen Koffer seiner Tante *und* für seine Ausrüstung. Da er ohnehin nicht damit gerechnet hatte, auf dieser Reise paranormalen Phänomenen über den Weg zu laufen, hatte es ihm ursprünglich nicht viel ausgemacht, seine technischen Apparaturen zuhause zurückzulassen, aber jetzt fehlte ihm sein Handwerkszeug doch sehr. Wenigstens seinen Fotoapparat trug er bei sich. Durch seine Adern rollte pures Adrenalin. Mit einem Mal war es ihm, als sei der Himmel aufgerissen. Die freundliche Rezeptionistin erntete ihr erstes Lächeln, der portugiesische Kellner bekam ein kleines Trinkgeld, und Bertram stahl sich heimlich aus dem Hotel, nachdem es dunkel geworden war und er seine Tante ins Bett verfrachtet hatte.

Seine Euphorie trug ihn und das Auto regelrecht die Haarnadelkurven den Berg hinauf. Er hatte bei Herrn Zettel, dem Hotelier, ein paar Erkundigungen eingeholt. Sein Ziel war die Ruine der Burg Wartenstein, die ihren Namen ihrer strategisch günstigen Lage verdankte: »Der Stein, von dem Ausschau gehalten wird«. Die Burg war Anfang des 13. Jahrhunderts errichtet worden und Mitte des 17. Jahrhunderts zur Ruine geworden. Hier trieben sich also nach Aussage des geheimnisvollen Fremden Geister in ausreichender Zahl herum. Eigentlich kein Wunder bei einem alten Gemäuer wie diesem. Welcher Art mochten die Geister sein? Fürsten, Henker, Burgfräulein?

In Bertrams Fantasien entstanden bunt herumwirbelnde Bilder. Nur einen Steinwurf entfernt gab es ein ehemaliges Kloster, St. Pirminsberg, in dem jetzt eine psychiatrische Klinik untergebracht war. Schlichen die verdammten Seelen der Mönche durch das nächtliche Steingerippe?

Seinen Wagen stellte er auf einem Parkplatz bei den ersten Häusern der Ortschaft ab.

Der unablässige Nieselregen hatte den Pfad, der von der Straße den Hang hinunter über krumme, unebene Stufen zur Ruine führte, unwegsam und glitschig gemacht. Er umrundete einen Kuhstall und kletterte wenig später zu den Überresten der Burg hinauf, die auf einem Buckel am Abhang thronte.

Er spürte es in allen Fasern seines Körpers. Dies war der Platz, an dem seine Sehnsüchte ihre Erfüllung finden würden!

Er trat durch eine Türöffnung, die sich im tanzenden Schein seiner Taschenlampe vor ihm auftat und erreichte über eine hölzerne Treppe einen etwas tiefer liegenden Platz mit einer Feuerstelle. Gleich dahinter lag der schroffe Abhang. Dort unten, zweihundert schreckliche Meter tiefer lag Bad Ragaz im Schlummer. Deutlich waren die Gebäude des Hotels zu erkennen. Am Tag konnte man sicher alle Details erkennen.

Er hörte nur sein eigenes Keuchen und das hämmernde Schlagen seines Herzens, als er sich einmal um die eigene Achse drehte und die Szenerie auf sich wirken ließ.

»Kommt nur«, dachte er. »Ja, kommt nur zu mir, ihr verlorenen Seelen.«

Er kramte seinen Fotoapparat aus der Tasche seiner Regenjacke und prüfte, ob er einsatzbereit war. In der anderen Tasche umfassten seine Finger ein kleines Kruzifix, das er stets mit sich trug.

Dann brachte er sich an der buckligen Steinwand in eine leidlich bequeme, hockende Position und lauschte in die Nacht. Der Wind frischte auf, der feine Regen raschelte in den dürren Zweigen.

Es dauerte keine zehn Minuten, bis er eingeschlafen war.

* * *

»He, Sie!«

Es war ein milchiger, grauer Morgen. Die Gestalt vor ihm zeichnete sich als breitbeinige Silhouette gegen das matte Licht ab.

»Was machen Sie hier?«

Was war das da in der Rechten? Eine Flinte?

Der Jäger starrte auf ihn herab und hatte den Mund grimmig verkniffen. Der Gamsbart an seinem Hut wippte müde.

»Sind Sie Tourist? Fremd hier?«

Bertram brauchte einen Moment, um sich seiner Situation bewusst zu werden. Er richtete sich unbeholfen auf. Ein scharfer Schmerz fuhr durch seine Beine bis hinab in die tauben Füße. »Ich bin ... ich habe ... Können Sie mir ...«

»Das ist gefährlich, sich hier rumzutreiben.« Zur Untermalung seiner Erklärung reckte der Mann das Gewehr in die Höhe. »Da kann allerhand passieren. Ich hätte Sie für ein Tier halten können.«

Bertram nickte beschwichtigend. Er versuchte, das Zifferblatt seiner Uhr zu erkennen. Fünf Uhr? Sechs? Es war nicht zu sehen. Alles war nass, die Kälte hatte seine Finger steif gemacht.

»Bitte verzeihen Sie«, stammelte Bertram und entfernte sich langsam und mit ungelenken Schritten aus der Nähe des grimmigen Waidmanns. »Ich bin eingenickt ... ich ...«

Er stolperte die hölzernen Stiegen hinauf und sah sich, bevor er durch den Mauerbogen flüchtete, noch einmal zu dem Jäger um. Der blickte ihm mit verschränkten Armen hinterher und schüttelte verständnislos den Kopf.

Bertram taumelte davon. Wie lange hatte er geschlafen? Wie hatte ihm das passieren können?

Wenn es hier Geister gab, dann hatte sie der Jäger mit Sicherheit vertrieben. Er strauchelte, als er den kleinen Hügel hinunterlief, fing sich jedoch gleich wieder. War dies der richtige Weg? Ein feiner, fahler Nebel kroch zwischen den Bäumen und Büschen umher und verwirrte ihn.

Plötzlich wuchs dicht vor ihm ein weiteres steinernes Relikt aus der Vergangenheit aus dem Boden. Eine zweite, deutlich kleinere Ruine. Dies war zweifellos die Unterburg, von der ihm der Hotelier berichtet hatte.

Schwer atmend hielt er inne, besann sich.

Und dann hörte er etwas. Ganz undeutlich, kaum wahrnehmbar.

Stimmen.

Es war ein leises, hohles Flüstern, dann ein unterdrücktes Kichern.

Seine Hand holte langsam und ohne ein Geräusch zu verursachen den Fotoapparat hervor.

Da war es wieder. Es schallte bizarr von den Bruchsteinen wieder, klang sphärisch, blechern.

Die Stimmen kamen näher, er glaubte, einen Mann und eine Frau erkennen zu können, und dann umrundeten zwei Gestalten eine Mauerecke gleich vor ihm. Der Nebel machte ihren Anblick undeutlich, ihre Umrisse waren verschwommen, und was sie sagten, klang hohl und verzerrt.

Es war soweit!

Sie kamen!

Sie kamen zu ihm!

»Nein, mein Häschen, nein, ich glaube, wir müssen hier lang.«

»Sind wir nicht gerade von da gekommen?«

»Nein, nein. Ich erinnere mich ganz genau.«

Die beiden waren Deutsche. Der Mann trug eine dicke

Hornbrille, und die Frau kicherte fortwährend, als sie, vorsichtig mit den Füßen tastend, aus dem Nebel traten. Sie hatte sich bei ihrem Mann eingehakt und schien nicht ganz nüchtern zu sein.

Als sie Bertram sahen, hielten sie erschrocken inne. Der Mann lüftete seinen Hut.

»Verzeihen Sie, eine Schnapsidee, das mit dem Nachtspaziergang. Können Sie uns sagen, wie wir nach Pfäfers zurückfinden?«

Bertram war einem Zusammenbruch nahe. Er war auf alles gefasst gewesen, aber nicht auf das! Sein Körper, sein Geist, alles war konzentriert gewesen wie nie zuvor, und nun wimmelte es hier vor Jägern, Touristen und wer weiß noch wem.

Wortlos ließ er die beiden Verirrten stehen und lief davon.

»Der war aber nicht gerade hilfsbereit«, hörte Bertram noch die Stimme des Mannes, während er an der Kuhweide vorbei bergan lief.

Er rutschte aus und schlug mit dem Körper der Länge nach auf dem schlammigen Boden auf. Als er sich aufrichtete, glitschten seine Füße wieder und wieder auf dem morastigen Untergrund weg.

Schließlich erreichte er die Stufen zur Straße hinauf. Es brauste in seinen Ohren, Magensäure schoss ihm den Hals hinauf.

Niemals würde er einen Geist sehen! Nie, nie!

Mit zitternden Händen schaffte er es, den Schlüssel aus der Tasche zu kramen und ins Schloss zu stecken. Als er sich in den Wagen geworfen hatte, ließ er den Motor aufheulen und schoss rückwärts auf die Straße.

Sie hielten sich von ihm fern, sie mieden ihn und verlachten ihn. Niemals würde er in ihre Welt vordringen! Nie, nie!

Als er den ersten Gang einlegte und mit einem Ruck anfuhr, stand plötzlich eine schlanke Gestalt mitten auf der Fahrbahn. Er trat auf die Bremse und der Wagen kam mit einem grässlichen Quietschen zum Stehen. Die Frau war schreckensbleich. Sie hielt ein Bündel Zeitungen umklammert und rührte sich nicht vom Fleck.

Auch Bertram war wie versteinert. Er hatte das Gefühl, die Glieder seines Körpers hätten sich in Sekundenschnelle in eine Skulptur aus Eis verwandelt.

Wie hatte das geschehen können? Beinahe hätte er jemanden getötet. Um ein Haar hätte er eine unbescholtene Zeitungsausträgerin ins Jenseits befördert!

Jetzt kam Bewegung in die Frau. Ihre Zeitungen flatterten durch die Luft, als sie mit weit ausholenden Schritten auf die Beifahrertür zugestapft kam. Ihr Mantel flatterte um sie herum, der Schreck war ihr immer noch ins blasse Gesicht gezeichnet. Sie schrie etwas Unverständliches und wollte gerade nach dem Türgriff fassen, als Bertram Gas gab und anfuhr. Ohne ein einziges Mal zurückzublicken fuhr er den Berg hinunter. Er schlingerte durch die Kurven, geriet wieder und wieder gefährlich nah an den Abgrund, wich ein paar aufhupenden, entgegenkommenden Fahrzeugen aus. Sein Blick fiel auf die Uhr. Es war kurz nach sechs. Er wimmerte, Tränen rollten ihm die Wangen hinunter, seine Fäuste schlugen wieder und wieder auf das Lenkrad, als er durch den erwachenden Kurort rollte.

»Nie ... nie ... nie ...«, schluchzte er.

Als er mit einem nachlässigen Schlenker in die schmale Einfahrt des Schlosshotels einbog, streifte sein Kotflügel den eisernen Torbogen. Es war ihm egal.

Er fand einen Stellplatz direkt vor dem Hotel, in dem schon emsige Betriebsamkeit herrschte. Erschöpft drehte er den

Zündschlüssel im Schloss, und das Motorengeräusch erstarb.

Da entdeckte er den jungen Mann, der bewegungslos im Halbschatten an der Mauer bei der modernen Metallplastik stand, die Hände in den Manteltaschen. Er starrte zu ihm hinüber, schien auf ihn gewartet zu haben.

Bertram stieß die Autotür auf. Sie donnerte gegen das neben ihm geparkte weiße, deutsche Fahrzeug mit Kelheimer Kennzeichen, aber er nahm keine Notiz davon. Mit malmenden Wangenknochen und geballten Fäusten schritt er langsam auf den Mann zu. Er versuchte, seine Wut und Verzweiflung im Zaum zu halten.

»Und?«, fragte dieser mit einem scheuen Lächeln. »Haben Sie sie gesehen?«

»Wer sind Sie?«, fragte Bertram knurrend.

»Ich habe dort oben gelebt«, sagte der Mann. »Ich habe sie gesehen. Oft.«

»Sie haben dort oben gelebt?«

»In St. Pirminsberg.«

»In der Anstalt?«

»Ich bin geheilt.« Der junge Mann schenkte ihm ein unschuldiges, kindliches Lächeln.

Wie von selbst schossen Bertrams Hände nach vorn und griffen nach seinem Hals. Er packte ihn, schüttelte ihn, stieß einen bestialischen Schrei aus, und als er den Kopf des jungen Mannes wieder und wieder gegen die Mauer schmetterte, rief er : »Nie ... nie ... nie ...«

* * *

Sie beobachteten alles vom Feuerplatz aus. Der Nebel hatte sich verzogen, der Tag wurde heller, sie mussten sich bald zurückziehen.

Fahrzeuge mit Blaulicht waren gekommen und wieder fortgefahren. Um das Hotel herum herrschte große Aufregung. Von hier aus konnte man alles vorzüglich beobachten.

»Er war am Ende«, murmelte der Jäger, dessen Hinterkopf eine bizarre Landschaft aus Knochensplittern, Hautfetzen und verkrustetem Blut war, seit er sich vor vierundzwanzig Jahren in der Ruine der Burg Wartenstein den Lauf seiner Flinte in den Mund geschoben und abgedrückt hatte.

An seiner Seite stand die junge Zeitungsverkäuferin. Ein Windhauch ließ die Schöße ihres Mantels aufflattern und entblößte für einen Moment ihren grotesk verdrehten Körper, aus dem die Knochen allenthalben herausstaken wie Garderobenhaken, weil sie eines Morgens, in einem Herbst vor beinahe zehn Jahren, auf der Straße hinunter nach Bad Ragaz ein Auto überfahren hatte.

Sie sagte leise: »Wir können von Glück sagen, dass er ein solcher Versager ist. Irgendwann wird ein anderer kommen, und der versteht vielleicht sein Handwerk.«

Stimmen näherten sich von rechts, und sie wandten ihre Köpfe um. Das deutsche Touristenpärchen näherte sich kichernd und prustend. »Kommen wir zu spät?«, fragte der Mann. Seine Frau klammerte sich immer noch an ihn, wie in jener Nacht im Winter 1959, als sie betrunken zu einer Nachtwanderung aufgebrochen und nicht mehr lebend zurückgekehrt waren. »Haben wir viel verpasst?«

»Nichts Besonderes«, knurrte der Waidmann und schulterte sein Gewehr. »Der Kerl wird niemals Gespenster erkennen, wenn er sie trifft. Niemals.«

Dann verschwanden sie wieder.

Mit Schillers Hilfe

KASPAR SCHNETZLER

Sieh vorwärts, Werner, und nicht hinter dich!
(Schiller, Wilhelm Tell, I,2)

Seit wir ein Paar waren, verbrachten Werner und ich den Urlaub im Engadin, vierzig Jahre lang. Es waren dieselben vierzig Jahre, die Werner als Versicherungsmathematiker dem größten Unternehmen der Branche gedient hatte. Jeden Abend hörte ich ihm seine Klagen geduldig ab, die er von der Arbeit nach Hause brachte – über sein Pensum, über seine Mitarbeiter, über den Zigarettenrauch in der Toilette, über alles und den Lauf der Welt generell klagte er, nur über die Vorgesetzten nicht. Werner war ein ängstliches Pfeffermännchen, ich bin eine dem praktischen Leben zugewandte Frau. Ich päppelte ihn mit gewürzarmer, salzfreier Kost zur Schonung seines empfindlichen Magens auf, damit er am nächsten Tag in bester Verfassung seine beschwerliche Arbeit wieder aufnehmen konnte, um den guten Lohn zu verdienen, den ihm das Unternehmen nach seiner und meiner Auffassung zu Recht zahlte. Jeden Abend, jeden Tag, vierzig Jahre lang. Ein ganz normales Eheleben, Kinder hatten wir keine. Man kann nicht alles haben, ich hatte mit Werner Kind genug am Hals.

Ein Wort des Dankes für meine Arbeit hatte ich von ihm nie gehört.

Den einzigen Anspruch, den ich meinem Gatten gegenüber erhob, war der auf einen Hotelurlaub, der mir drei haushaltfreie Wochen im Jahr bescherte. Werner stellte die restlichen neunundvierzig Wochen vollendeter Häuslichkeit in Rechnung und erachtete die Erfüllung meines Wunsches als fairen Preis. Das immerhin. Er hatte auch nichts dagegen, als ich eines Septembers Feuer wie die Engadiner Lärchen fing und von der ganzen Saison zwischen Bergfrühling und Altweibersommer zu schwärmen begann, die wir nach seiner Pensionierung im Engadin verbringen wollten. Er zuckte zwar zusammen, als er das Wort »Pensionierung« vernahm, erhob aber keinen Einwand. Alleweil. Ich fühlte mich in meiner Euphorie bestärkt und schaute beglückt in die nahe Zukunft. »Es wird unser Paradies werden, komm gib mir einen Kuss – Adam!«, rief ich. Er tat wie eingeladen, ich nahm den Kuss als Siegel der Vereinbarung und das Paradies für garantiert – wann hatte er mich zum letzten Mal geküsst! Im Engadin kannte ich außer der Maloja- keine andere Schlange oder erinnerte mich in meiner Begeisterung nicht an sie.

In die Ferne hatte es uns nie gezogen. Ich äußerte von den Reisewünschen, die ich durchaus hatte, keinen einzigen und war mit der Bahnfahrt ins Engadin zufrieden – »wie kann man mit dem Engadin nicht zufrieden sein!«, scherzte ich über meinen Verzicht hinweg. Es war für mich eine Selbstverständlichkeit, Rücksicht auf die Ängstlichkeit des Ehemanns zu nehmen. Das Unfallrisiko beim Autofahren war Werner zu hoch und vor dem Fliegen hatte er Angst. Die Vorstellung, nur durch einen dünnen Boden von zehntausend Metern Tiefe getrennt zu sein, erschreckte ihn zu Tode. Eine Fahrt im Lift hielt er für gleich gefährlich. Ich beklagte mich nicht, wenn wir alle Hoteltreppen zu unserem Zimmer hoch stiegen, ich bin eine auf das Positive ausgerichtete Frau, die immer zuversichtlich vorwärts schaut, auch wenn meine Zukunft immer kürzer wird und mit ihr die Zeit schwindet, mir meine eigenen Wünsche zu erfüllen. Ich lebte von der

Hoffnung auf das Paradies und behauptete, auf einer Bahnfahrt sei viel mehr zu sehen als nur Himmel und Wolken über dem Meer, und Treppensteigen sei gut fürs Herz.

Als Werner pensioniert wurde und sich das Tor zum Paradies auftat, wurde alles anders als erhofft, schneller, als ich es ertrug.

Die Bahnfahrt aus dem Unterland ins Engadin hinauf wurde Werner auf einmal zu lang und zu beschwerlich und zu langweilig. »Bis der endlich in Preda oben ist! Die Jungs von den Internaten, nur Bierbüchsen und die Latschen auf dem Sitzpolster, schau dir die Schuhe an! Dieses ewige Kreisen in den Kehrtunnels, vierzig Jahre lang im Dunkeln rundum!«

»Sieh vorwärts, Werner, gleich sind wir in Samedan, da steigen alle aus!«

»Wir auch!«, meinte er bloß.

Als die gewohnten drei Urlaubswochen vorbei und wir nicht auf der Rückreise ins Unterland waren, sondern durch den Stazerwald in unsere neue Freiheit hinein wanderten, begann er zu maulen: »Ich ertrage diese Landschaft nicht mehr, nach vierzig Jahren hat man genug gesehen. Ewig die gleichen vier Seen da vorn. Was soll an denen für ein Vergnügen sein, wenn einem Hodler dauernd in die Quere kommt!«

»Sieh vorwärts, Werner …«, begann ich.

Werner fiel mir ins Wort: »Sieh vorwärts, sieh vorwärts – eben gerade nicht! Ich kann das nicht hören. Wenn ich vorwärts über Hodler und seinen Silsersee hinaus schaue, läuft mir ein Schaf von Segantini über den Weg!«

»Wie kannst du so über unser Engadin schimpfen! Von den großen Künstlern ganz zu schweigen!« Ich blieb stehen, stieß die Walking Sticks heftig in den Boden, als wollte ich ihn zum Schweigen bringen. Er wich meinem Blick aus, wartete trotzig, bis ich mich von ihm wegdrehte und weiterging. Er schlurfte hinter mir her, blieb alle hundert Meter stehen, um sich ängstlich umzuschauen: »Ha! *Unser* Engadin! Die verdammten Biker haben es uns gestohlen, vor denen bist du auf dem Wanderweg nicht mehr sicher. Vierzig Jahre waren wir unbehelligt, jetzt fahren die dich glatt über den Haufen!«

»Sieh vorwärts, Werner, die Baumwurzeln!«, rief ich, ohne mich nach ihm umzusehen.

Er stolperte in der Tat. »Gopfertamisieche!«, rief er hinter mir her. Ich tat, als hörte ich nicht, und ging zügig meinen Weg allein weiter.

Die Gewöhnung bremste mich, auf einer Bank am Lej da Staz erwartete ich ihn, er kam herangeschlurft wie ein uralter Griesgram. Das Paradies hatte ich mir anders vorgestellt, jedenfalls den Mitbewohner im Garten Eden.

Er setzte sich neben mich auf die Bank, ich rückte zur Seite, als er Schuhe und Socken auszog, um nach Blasen an den Füßen zu tasten. Er brummte, es sei nicht seine Laune, die vierzig Jahre seien es, die würden ihm die Laune verderben. Wie könnten die paar Jährchen, die er noch vor sich habe, die vierzig Jahre Berufsleben kompensieren, die er hinter sich habe! Nein, er weigere sich nicht, vorwärts zu schauen, er könne schlicht und einfach nicht, weil da vorn nichts Lebenswertes zu sehen sei. In der Rückschau tue sich ein schwarzes Loch auf und die Dunkelheit lege sich wie eine düstere Wolke über seine Zukunft. Es bestehe absolut kein Grund vorwärts zu schauen, wenn die Zukunft schwarz wie die Vergangenheit aussehe.

»Wie soll ich das verstehen? Du hast doch deine Arbeit gern getan, hast ja nur für deine Arbeit gelebt. Und einen guten Lohn hattest du auch, hätten wir uns sonst Urlaub im Engadin leisten können?«

Jaaa – aber habe er denn je ein einziges Mal ein einziges Wort des Danks erhalten für die Arbeit, die er geleistet habe? Tadellos sei sie gewesen, nie hätte man ihm die kleinste Unregelmäßigkeit nachweisen können. Alles für das Unternehmen! Ohne Leute wie ihn hätte sich der Kader seine Boni ans Bein streichen können! Aber habe er je von denen da oben ein Wort der Anerkennung gehört? Jeder Mensch brauche Anerkennung, zumindest ein Wort des Lobes oder Dankes, von den Vorgesetzten ausgesprochen, nicht bloß stillschweigend angenommen. Aber das habe er nicht zu hören bekommen, nie in all den vierzig Jahren. Und wenn sie noch gewollt hätten, sie hätten es gar nicht tun können, weil sie kein Deutsch sprächen. Diesen Leuten habe er den größten Teil seines Lebens geopfert. Mit einer solchen Erkenntnis fröhlich in Rente zu gehen? »Geh mir weg mit deinem Vorwärtsschauen, das Paradies hat sich ausgeträumt, bevor ich es betreten habe!«

Hatte ich ein »tut mir leid um dein Paradies« gehört? Da saß der Mann, dem ich meinerseits das Leben gewidmet hatte – nein, von Opfer wollte ich nicht reden, bis zu diesem Tag jedenfalls nicht. Er zerstörte meine bescheidene Hoffnung auf einen späten Lohn und polkte zwischen den gichtigen Zehen, bejammerte sich und machte mir Vorwürfe, dass ich nicht mit ihm jammerte! Nein, Gerechtigkeit war nicht zu erwarten, von nichts und niemandem, soviel hatte ich vom Leben gelernt, aber einen kleinen Rest von Fairness hätte der Mann aus einem so langen Eheleben retten müssen. Hatte er nicht. Was schwafelte er von einem dunklen Loch, statt sich mit mir am Paradies zu freuen! Was war dieses Loch, verglichen mit der Hölle, die sich vor mir auftat, wenn ich mir meine Zukunft mit diesem Mann vorstellte!

Das hatte ich nicht verdient! »Schau vorwärts, Gertrud, lass dich nicht!«. Ich stand auf und machte mich auf den Weg in meine eigene Zukunft, je näher ich dem Hotel kam, desto klarer sah ich sie, desto rosiger erschien sie mir.

Vom Balkon aus sah ich, wie der alte Griesgram auf das Hotel zuhumpelte. Er war wohl auf dem Rückweg noch immer so stark mit seinem traurigen Los beschäftigt, dass er die Zeit nicht fand, über den Grund nachzudenken, der seine Gattin veranlasst hatte, sich ohne ein Wort davonzumachen. Bevor er dazu Gelegenheit fand, war er vor dem Hotel angelangt. Die junge Deutsche von der Rezeption ging ihm, wie mit mir abgesprochen, entgegen und führte ihn ins Haus. Ich ging vom Balkon zur Zimmertür, öffnete sie einen Spalt, um Werners Ankunft abzuwarten. Es dauerte, bis sie den Aufstieg in die vierte Etage geschafft hatten. Die junge Dame öffnete die Tür zum hintersten Zimmer im Korridor. »Da sind wir ja schon! Schauen Sie, Ihre Frau Gemahlin hat alles vorbereitet, Sie haben Glück gehabt, es war das einzige freie Einzelzimmer mit Südbalkon, wie Sie es sich gewünscht haben. Recht haben Sie, es gibt nichts Schöneres als die Aussicht auf das Oberengadin. Nun erholen Sie sich gut, Ihre Frau erwartet Sie zum Abendessen an Ihrem Tisch.«

Ich vereinbarte mit ihm die getrennten Zimmer bis ans Ende unserer Tage im Paradies und das gemeinsame Abendessen als Denkmalpflege unserer Ehe. Die Option, gemeinsam wandern zu gehen – wozu waren wir sonst hier oben – ließ ich ihm offen, unter der Bedingung, dass er bei der Gelegenheit über nichts und niemand meckern würde. Ich wusste, er würde sie nicht einhalten können, seine Phantasie reichte nicht aus, sich eine andere, eine positive Art der Kommunikation mit mir vorzustellen.

Er ließ sich alles gefallen. Die Ergebenheit war nur eine scheinbare. Wider mein Erwarten legte er bald seine Griesgrämigkeit ab, nahm Farbe an im Gesicht, begann Statur zu gewinnen, von der das Pfeffermännchen wie Schlangenhaut abfiel.

Ich begann mir Gedanken zu machen. Wie jeden Tag genoss ich auf dem Balkon den Apfel vom Frühstücksbuffet, der mir den Lunch ersetzte. Es musste einen Grund geben für seine Veränderung, wie alles im Leben seinen Grund hatte. Nur wäre mir nie in den Sinn gekommen, dass es der einfachste von allen, weil auch bei einem Pfeffermännchen wie Werner der nächstliegende war: der Lauf des Lebens.

»Jeden Morgen, lange bevor du aufstehst, bin ich auf dem Vita Parcours«. Als hätte er meine stumme Frage gehört, gab Werner eines Abends seine Erklärung ab. »Das Paradies ist ein Jungbrunnen – vorausgesetzt, man tut etwas dafür. *Voilà tout!* Sind wir nicht im Paradies, war's nicht deine Idee?«

Das gewiss, aber seine Unbefangenheit war mir so neu wie sein Fitnessbewusstsein. Neu die Erkenntnis auch, dass die aufgehende Sonne so stark war, dass sie den Teint färbte. Zuviel war rätselhaft, als dass ich nicht das Bedürfnis nach Aufklärung verspürt hätte. »Schau vorwärts, Gertrud!« Die Schlange verführte mich, mehr wissen zu wollen, was mich in meiner Absicht bestätigen würde.

Am nächsten Morgen saß ich vor Sonnenaufgang auf dem Balkon. Aus der Erinnerung brauche ich nicht das Wunder eines Sonnenaufgangs im Oberengadin zu beschreiben, es genügt, wenn ich feststelle, dass die Sonne aufging und ihre frühen Strahlen meinen Mann ans Licht brachten, wie er in einem Jogging-Anzug, den ich noch nie an ihm gesehen hatte, da unten stand und wartete. Auf die Blondine, eine junge natürlich, die um die Ecke des Hotels wie das Reh am Waldrand auftauchte und ihm in die Arme lief. Und so weiter. Nach einer Stunde kamen sie zurück, erhitzt, als stünde die Sonne im Zenith.

Ich ging dann meinerseits zum Aufwärmen in den Frühstückssaal, kam an der Rezeption vorbei. »Oh«, sagte ich zur blonden Deutschen, »Sie waren aber früh auf heute Morgen – was tut man nicht alles für die Fitness, nicht?«

»Sie müssen mich mit meiner Schwester verwechselt haben, das passiert immer wieder. Eve arbeitet in der Bäckerei, in der Backstube, da geht sie nach der Frühschicht beim Joggen die Lunge auspusten – der Mehlstaub, Sie wissen, das alte Bäckerübel. Nachher, wenn ich mit meiner Arbeit anfange, legt sie sich ins Bett.«

»Legt sich ins Bett«, ich versuchte das Flüstern der Schlange zu überhören, es gelang mir nicht.

Am nächsten Morgen saß ich wieder auf dem Balkon und danach stichprobeweise immer wieder einmal, ich beobachtete immer dasselbe. Beim Abendessen verlor ich kein Wort über meine Beobachtung; ich schaute vorwärts, an Werner vorbei.

So ging der Sommer vorüber, an unserem Arrangement änderte sich nichts. Außer dass Werner sich gelegentlich via Rezeption vom Abendessen dispensierte, die Gründe changierten zwischen Unpässlichkeit und später Rückkehr von einer langen Wanderung. Ich hinterließ meinerseits an der Rezeption meine besten Genesungswünsche im einen Fall, gab im andern Fall meiner Hoffnung Ausdruck, er sei auf der Alp nicht von einer Schafherde überrannt worden.

So ging der Sommer in den Altweibersommer über. Die Vertreibung aus dem Paradies durch die Zeit stand bevor. Wer einmal draußen war – wir würden nie mehr wiederkehren.

Ob er am letzten frühen Morgen noch joggen gehe, in die Kälte hinaus, ich redete wie eine besorgte Ehefrau daher, im September könne es schon unter Null werden in der Nacht.

Er ziehe sich warm an, wärme sich durch Stretching gut auf, antwortete er, er gehe trotz Kälte und Dunkelheit wie gewohnt um sechs Uhr joggen, er könne die Strecke blindlings laufen. Der Zug fahre erst um elf, da bleibe ihm Zeit genug, sich auf die Abreise vorzubereiten.

Diese Auskunft genügte mir.

Bei Anbruch des letzten Tages verließ ich fünf Minuten vor sechs kurz mein Zimmer. Kein Mensch auf dem Korridor, Totenstille, der dicke Teppich dämpfte meine Schritte. Zurück im Zimmer ließ ich die Tür einen Spalt breit offen stehen, stellte mich dahinter in Bereitschaft.

Punkt sechs trat Werner aus seinem Zimmer, lief lockeren Schritts, fast schon joggend, durch den Korridor. Kurz bevor er den Treppenabsatz erreicht hatte, riss ich die Türe auf. Laut genug, dass er mich hören konnte, leise genug, dass mich niemand sonst hörte, rief ich: »Sieh vorwärts, Werner – die Treppe!«

Erschrocken drehte er sich nach mir um, Schwung und Schritt konnte er nicht mehr bremsen – er stolperte und stürzte, als wär's ein Sprung von der Brücke, kopfüber die Treppe bis auf den ersten Absatz hinunter, vor Überraschung lautlos, auf dem dicken Teppich geräuschlos.

Ich lief zur Treppe und sah von oben schon, dass er sich das Genick gebrochen hatte. Die Schnur, die ich auf Knöchelhöhe quer über die oberste Treppenstufe gespannt hatte, band ich los und wickelte sie zu einem Knäuel, den ich fürs erste in die Tasche meines Morgenmantels steckte. Dann begann ich laut um Hilfe zu schreien.

Wilsberg in Schönried: »Mein Name ist Li, Schmutzli«

JÜRGEN KEHRER

Ich kannte die Landschaft, ich hatte sie selbst gebaut. Diese grünen Hänge mit den vereinzelten, dekorativ herumstehenden Bäumen, darüber graue Spitzen mit zuckerpudrigem Überguss. Weiter unten im Tal braune Holzhäuschen mit langen Balkonen und Blumenornamenten. Und dazwischen eine Eisenbahn, die sich auf ihrer eingleisigen Strecke um die Hügel, über Brücken und durch Tunnel schlängelt und an jeder Milchkanne anhält.

Nun gut, meine Märklin-Eisenbahn brauchte nur rund zwanzig Sekunden, um die Landschaft zu umkreisen, und ich fuhr jetzt schon seit mehr als einer Stunde in ihr herum, aber sehr viel einfallsreicher als das, was ich in meinen Kindertagen zusammengeklebt und -geschraubt hatte, war die Schweiz nun auch wieder nicht. Zumindest das, was mir zwischen Spiez, Zweisimmen und Gstaad geboten wurde, wenn ich aus dem Fenster des Panoramazugs schaute. Mal abgesehen von den Schneekanonen, die unsinnigerweise grüne Wiesen bestäubten. Oder dem kryptischen Angebot eines Bahnhofsrestaurants, das auf einer Schiefertafel *Fünf gluschtige Röstis und ein feines Poulet-Karussell* annoncierte. Was, um Himmels Willen, war ein Poulet-Karussell? Ein Hühnchen, das auf einem putzigen Wagen im Kreis fuhr? Wieso sollte es davon knusprig und lecker werden?

Bevor ich länger darüber nachdenken konnte, war ich auch schon am Ziel. In Gstaad-Schönried stieg ich aus, gleich um die Ecke befand sich das Hotel. Fünf Sterne. Privat hätte ich mir höchstens zweieinhalb leisten können, doch ich musste ja nicht selbst zahlen. Frau Zabern kam für meine Kosten auf. Sie hatte mir den klassischsten aller klassischen Privatdetektivaufträge erteilt: »Ich möchte, dass Sie meinen Mann beschatten, Herr Wilsberg«, hatte sie gesagt. »Ich glaube, er trifft sich in Gstaad mit einer Freundin.«

Frau Zabern war um die fünfzig und hatte – soweit ich das beurteilen konnte – schon ein paar chirurgische Kunstgriffe gegen den natürlichen Alterungsprozess vornehmen lassen. Vor ihr hatte es bereits zwei andere Frau Zabern gegeben, von daher sprach eine gewisse Wahrscheinlichkeit dafür, dass es in Zukunft noch eine vierte Trägerin dieses Namens geben könnte. Und da Herr Zabern während der letzten Wirtschaftskrise eine Milliarde seines vormals drei Milliarden Euro umfassenden Vermögens verloren hatte, war Vorsicht geboten. Jedenfalls für Frau Zabern Nummer drei.

»Warum fahren Sie nicht selbst hin und überraschen ihn?«, fragte ich.

»Ach, Herr Wilsberg!« Nicht eine Strähne ihrer in Stahl gegossenen Frisur verlor auch nur für eine Sekunde den Halt, während sie den Kopf schüttelte. »Sie kennen sich nicht aus mit Fünf-Sterne-Hotels, oder?«

»Nein«, gab ich zu.

»Sehen Sie, die Mitarbeiter der Rezeption sind für solche Fälle geschult, halten mich mit irgendwelchen fadenscheinigen Ausreden hin, während hinter den Kulissen in Windeseile die Sachen meines Mannes in ein anderes Zimmer geräumt werden. Und nicht etwa ordentlich. Nein, man legt seine benutzten Unterhosen zwischen die Oberhemden, wie er es auch tut, feuchtet im Badezimmer die Seife an, verstreut ein paar Bartstoppeln im Waschbecken und zerknüllt das Fernsehprogramm. Damit das Zimmer richtig benutzt aussieht. Und wenn ich dann doch ein langes schwarzes Haar auf dem Kopfkissen finde, redet er sich damit heraus, dass es das Zimmermädchen verloren haben müsse.«

Das leuchtete mir ein. Ohnehin war mein Einwand nicht wirklich ernst gemeint gewesen. Ich hatte überhaupt nichts dagegen, Herrn Zabern in einem Luxushotel zu beschatten. In meinem langen Privatdetektivdasein hatte ich schon weitaus unangenehmere Aufträge erfüllt.

Nachdem ich im Hotel eingecheckt hatte, legte ich mich im Solebad auf die Lauer. Später wechselte ich in den Sauna-Park, doch auch nach drei Durchgängen finnischer Sauna und Erlebnisdampfbad entdeckte ich keine Spur von Herrn Zabern und seiner Freundin.

Dafür im Hotelrestaurant beim Abendessen. Sie war in den Dreißigern und damit knapp vierzig Jahre jünger als ihr Liebhaber. Vermutlich bewunderte sie an ihm den hageren, nicht allzu groß gewachsenen Körper und die silbrig-grauen, zu einer Dirigententolle gekämmten Haare über der hervorspringenden Hakennase. Womöglich aber noch ein bisschen mehr die übrig gebliebenen zwei Milliarden Euro auf seinem Konto.

Sie hielten Händchen und lachten wie verliebte Teenies. Die Kalbsmilken mit dem glacierten Gemüse schmeckten plötzlich fade, als ich mir vorstellte, wie ich wohl in seinem Alter leben würde – ohne die Erotik des Geldes und wahrscheinlich nur halb so gesund wie der rüstige Milliardär.

Außerdem war ich enttäuscht. So einfach hatte ich mir den Job nicht vorgestellt. Ich beschloss, Frau Zabern Nummer drei vorläufig noch nicht von meinem Erfolg in Kenntnis zu setzen. Zumindest ein paar Tage Observation in der klaren Schweizer Bergluft und Hintergrundrecherchen mit Dreiviertel-Pension im Hotel wollte ich mir gönnen.

Am nächsten Morgen unternahmen Herr Zabern und seine Begleiterin eine Wanderung. Es ging talabwärts, an dem Bach neben dem Hotel entlang in Richtung Gstaad. In der Nacht hatte es ein wenig geschneit, nicht viel, zwischen den Deko-Bäumen lagen ein paar weiße Flecken, aber an schattigen Stellen war der Boden noch gefroren. Dummerweise hatte ich keine Wanderschuhe auf Spesenrechnung gekauft, daher rutschte ich in eleganten Halbschuhen meinen Zielpersonen hinterher und legte mich, als wir eine taufrische Wiese überquerten, gleich ganz ins feuchte Gras. Der alte Galan und die unbekannte Frau an seiner Seite waren allerdings derart mit sich und ihren Hormonen beschäftigt, dass sie nicht einmal ein Rudel zähnefletschender Wölfe bemerkt hätten.

Irgendwann stießen wir wieder auf die Segnungen der Zivilisation in Form einer asphaltierten Straße. Ungefähr zu diesem Zeitpunkt fiel mir auf, dass wir nicht allein waren. Womit ich nicht meine, dass die Schweizer Berge so einsam sind, dass man nie einem Menschen begegnet. Nein, wir waren schon an mehreren kleinen Bauernhäusern vorbeigekommen, neben denen knorrige Typen mit grob karierten Flanellhemden, lustigen Hüten und buschigen Schnurrbärten werkelten und »Grüß Gott!« sagten, ebenso hatten zwei ältere Damen, die mithilfe von Nordic-Walking-Stöcken schneidig den Berg hinaufschritten, meine Outdoor-Kleidung mit abfälligem Blick betrachtet. Doch der Mann, der sich parallel zum Liebespaar bewegte und ab und zu so tat, als würde er die Berge hinter ihren Köpfen fotografieren, gehörte womöglich nicht in die Kategorie Zufall. Ein Kollege? War Zaberns Freundin verheiratet und ihr Ehemann auf den gleichen Gedanken gekommen wie Frau Zabern? Ein Paparazzo? Dafür war der Milliardär nicht prominent genug. Oder gar ein Erpresser, der mit der langbeinigen Turteltaube zusammenarbeitete? Hofften sie, Zabern mit kompromittierenden Fotos ein wenig ärmer zu machen? Ich nahm mir vor, bei nächster Gelegenheit die Identität der dunkelhaarigen Schönheit herauszufinden.

Drei Straßenbiegungen weiter vergaß ich vorübergehend den Fotografen, denn da lungerten zehn seiner Berufskollegen sowie zwei Kamerateams vor einem Holzchalet herum. Das Chalet lag an einem Hang oberhalb von Gstaad, und wären die Fensterläden nicht geschlossen gewesen, hätte man von dort aus einen grandiosen Blick über das gesamte Tal gehabt. Vermutlich warteten die Fotografen darauf, dass ein Blitz einschlug oder jemand vor die Tür trat. Ich erlebte nichts von beidem, denn das Liebespaar ließ sich von dem Trubel nicht beeindrucken und strebte zielsicher den Juweliergeschäften in der Gstaader City entgegen. Nicht zum Schaden der Edelsteinkonjunktur. Nach dem dritten Laden strahlte das makellose Gesicht der Frau mit etwas Glitzerndem an ihrem Hals um die Wette. Da war ich übrigens schon ein wenig schlauer. Während des Herumstehens auf der Straße hatte ich auf einer Stellwand vor einem Kiosk gelesen, welche Schlagzeilen an diesem Tag angesagt waren. Fast alle drehten sich um einen berühmten europäischen Regisseur, der in die USA ausgeliefert werden sollte, sein Gstaader Chalet und die elektronischen Fußfesseln, die er darin tragen musste.

Am Nachmittag – wir waren mit dem Panoramazug nach Schönried zurückgefahren und das Paar hatte sich in den Wellnessbereich zurückgezogen – stieg ich in Zaberns Suite ein. Ich fand einen Namen, der zu der Frau passte, und nach einer nicht allzu gründlichen Recherche im Internet konnte ich ihn mit einem kompletten Lebenslauf ergänzen. Sie hieß Veronika Kinshofer, war Schauspielerin und hatte in einigen prämierten europäischen Filmen mitgespielt. Dass ich sie nicht erkannt hatte, lag einfach daran, dass ich nie ins Kino ging. Auf einer Fanseite stand, dass sie seit der Trennung von ihrem ersten Mann allein mit ihren zwei Hunden und vier Katzen in einem Haus am Starnberger See lebte. Auch das Internet war nicht immer auf dem Laufenden. Doch vermutlich würde die Welt bald von Veronikas neuer Liebe erfahren. Inzwischen war ich nämlich ziemlich sicher, dass der fotografierende Wegelagerer, den ich in Gstaad aus den Augen verloren hatte, sich nicht für Zabern, sondern für die Kinshofer interessierte.

Kaum hatte sich dieser Gedanke in meinem Gehirn verfestigt, klingelte mein Handy. Die aktuelle Frau Zabern – wer sonst. Was blieb mir anderes übrig, als ihr die Wahrheit zu sagen. Nachdem ich meinen Bericht beendet hatte, hörte ich nur noch ein Klicken in der Leitung. Offenbar hatte es ihr die Sprache verschlagen. Was ich verstehen konnte. Andererseits, so überlegte ich, hatte sie auch nicht verlangt, dass ich die Beschattung abbrechen sollte. Was hinderte mich also daran, noch ein paar Tage dranzuhängen?

Am Abend machten wir eine Fackelwanderung. Das heißt, Zabern, die Kinshofer, der Hoteldirektor, zehn weitere Hotelgäste und ich wanderten mit brennenden Fackeln durch die von Straßenlaternen gut beleuchteten Straßen Schönrieds. Zum Glück gab es keine Einheimischen, die sich über uns lustig machen konnten. Zum Schluss verließen wir dann doch noch die Straße und gruppierten uns auf einer von Tannen umstandenen Lichtung um einen Kanister mit Glühwein. Nach dem zweiten oder dritten Becher Glühwein – die Fackeln hatten wir inzwischen in die Erde gerammt – tauchte ein junger Mann auf.

»Mein Name ist Li, Schmutzli«, sagte der junge Mann, worauf der Schweizer Teil der Fackelwanderer lachte.

Schmutzli sei der Schweizer Name für Knecht Ruprecht, raunte mir ein Mann zu, der sich zuvor als Krimiautor geoutet hatte. Ich sagte ihm natürlich nicht, wer ich war, nachher würde er mich noch in einem seiner Kriminalromane verwursten.

Und dann ging alles ganz schnell. Schmutzli tanzte herum, trat, trotz des heftigen Protestes des Direktors, eine Fackel nach der anderen aus. Auf der Straße, nicht weit von unserem Platz entfernt, stoppte ein Wagen, Türen wurden geschlagen, mehrere Menschen trampelten über den Waldboden auf uns zu. Dann schrien alle durcheinander, darunter auch die Kinshofer, wie ich zu hören glaubte. Kurz darauf rauschte der Wagen auf der Straße davon.

Als der Direktor mit zittrigen Fingern die Fackeln wieder entzündet hatte, stellte sich heraus, dass alle Anwesenden mit dem Schrecken davongekommen waren. Allerdings hatte sich unsere Zahl um drei reduziert. Es fehlten: Zabern, die Kinshofer und der Schmutzli.

Ich wartete nicht ab, bis die Polizei erschien, sondern ging auf schnellstem Weg zum Hotel zurück. Irgendwie war mir der Schmutzli bekannt vorgekommen, und als ich noch einmal alle Seiten aufrief, die ich mir am Nachmittag im Internet angesehen hatte, schaute er mich aus einem Szenenfoto an. Der Schmutzli war Schauspieler, wie die Kinshofer, in ihrem letzten Film hatten sie sogar gemeinsam vor der Kamera gestanden. Und noch etwas fiel mir auf, was ich am Nachmittag übersehen hatte. Jetzt begriff ich die Zusammenhänge.

Trotz des einsetzenden Schnees verließ ich das Hotel. Ich schlitterte und rutschte die Straße nach Gstaad hinunter, mit durchnässten Schuhen und eiskalten Füßen erreichte ich das Chalet des berühmten Regisseurs. Die Fotografen und Kamerateams hatten sich in ihre Hotelbars verzogen, leise rieselnd hüllte der Schnee die Landschaft in eine weiße Märchendecke. Selbst die Reifenspuren, die zu der Garage unterhalb des Chalets führten, waren kaum noch zu erkennen.

Ich musste nicht lange warten, bis sich die Garagentür öffnete. Eine schwarze Limousine rollte heraus. Von den Schneemassen gebremst, fuhr der Wagen so langsam, dass ich einen Blick auf die Rückbank werfen konnte. Neben der Kinshofer saß ein Mann, der große Ähnlichkeit mit Zabern hatte. Auch seine Kleidung entsprach exakt der, die der Milliardär zuletzt getragen hatte.

Frau Zabern Nummer drei traf am nächsten Tag in Schönried ein. Sie hatte genügend Winterausrüstung dabei, um drei Wochen ohne Erfrierungen an der Eigernordwand zu überstehen. Inzwischen hatte ich mir ebenfalls Wanderschuhe gegönnt. Viel zu spät, wie ich an den Hitzeschüben und Fröstelattacken merkte, mit denen sich eine Erkältung ankündigte.

Während wir gemächlich zum Chalet des Regisseurs wanderten, brachte ich Frau Zabern auf den Stand meiner Erkenntnisse.

»Sie meinen also«, sagte sie und ihre Augen unter der großen, verspiegelten Sonnenbrille ruhten auf dem nun wieder von Fotografen belagerten Chalet, »mein Mann sitzt da drin?«

»Ja«, bestätigte ich. »Die Kinshofer war nie an Ihrem Mann interessiert, ich meine, an seiner … äh … Ausstrahlung. Sie und der andere Schauspieler, der sich Schmutzli nannte, arbeiten seit langer Zeit mit dem Regisseur zusammen. Sie haben jemanden gesucht, der große Ähnlichkeit mit ihrem Herrn und Meister hat. Und da kam Zabern ins Spiel. Als Schauspielerin fiel es der Kinshofer natürlich nicht schwer, ihn anzubaggern und Gefühle zu heucheln. Auch der Fotograf, den ich gesehen habe, gehört vermutlich zu der Crew. Er hat Fotos gemacht, damit man die Kleidung besorgen konnte, die Ihr Mann normalerweise trägt.«

Auf Frau Zaberns Gesicht zeigte sich eine Regung. Wäre ihre Gesichtshaut nicht so stark gestrafft gewesen, hätte man sie vielleicht als Lächeln deuten können.

»Mittlerweile ist der Regisseur längst in einem anderen Land«, fuhr ich fort. »Einem Land, das kein Auslieferungsabkommen mit den USA hat. Falls er jedoch Aufsehen und diplomatische Konflikte vermeiden will, wird er eine Zeit lang an seiner Tarnung festhalten. Nur ein DNA-Test und Ihre Aussage, Frau Zabern, können dem Mann, der sich dort im Chalet aufhält, zur Freiheit verhelfen.«

»Ach, wissen Sie«, sagte Frau Zabern und wieder regte sich etwas in ihrem Gesicht, »damit möchte ich noch eine Weile warten. Es reicht doch, wenn ich mich melde, sobald er einen Teil seiner Strafe in den USA abgesessen hat.«

Drachenblut

PETER ZEINDLER

»Das Leben nennt der Derwisch eine Reise,
und eine kurze. Freilich! Von zwei Spannen
dieseits der Erde nach zwei Spannen drunter.«

Einmal mehr wurde Lukas Kurz angesichts der Beatushöhlen von einem Kleist-Zitat eingeholt. Er konnte in dieser Landschaft um den Thunersee keinen Schritt tun, ohne sich in den Fußstapfen eines berühmten Vorgängers zu bewegen. Kleist, der vor über 200 Jahren vorübergehend auf der Aareinsel, am Ausfluss des Thunersees, gelebt hatte, folgte Lukas Kurz wie ein Schatten, holte ihn immer wieder ein und machte ihm bewusst, wie unbedeutend sich sein Werk neben diesem Giganten der deutschen Literatur ausnahm. Dass Kurz, diesem mediokren Schriftsteller aus Zürich, ausgerechnet jetzt diese Zeilen über die Vergänglichkeit einfielen, wo er sich stumpf und schlapp von der Busstation bergaufwärts quälte, war wie ein Hohn. Die Landschaft zu seinen Füßen, der See, die Bergkulisse, wirkte jetzt Anfang November noch vereinnahmender als im Sommer. Und auch die Tatsache, dass es mittlerweile etwas kühler geworden war, wurde durch einen tiefblauen Himmel, der südliche Sehnsüchte weckte, relativiert. Kurz blieb stehen, packte sein Fernglas, das er in seinem roten Rucksack mit sich trug und nahm den Eingang zur Beatushöhle, sein Tagesziel, ins Visier. Und da entdeckte er die beiden, oben auf der obersten Holzbrücke, sie mit einer zitronengelben Pudelmütze auf dem Kopf, er mit einer roten Baseballkappe. Sie standen eng umschlungen da und dann begannen sie sich im Kreis zu drehen, immer hektischer, ein roter und ein gelber Fleck in einem ekstatischen Tanz.

Es war ein masochistischer Akt, dass Lukas Kurz jetzt, ein halbes Jahr danach, hierher zurückgekehrt war. Damals hatte er mit Camilla zusammen, die er in zärtlichen Augenblicken unter Kleists Diktat Mädi genannt hatte, ein paar unvergessliche Ferientage im Hotel Beatus verbracht. Er hatte sie geliebt, liebte sie noch heute mit einer verzweifelten Beharrlichkeit, und immer wieder tauchte er in Bilder von damals ein, sah er Mädi, wie sie als Silhouette vor dem großen Fenster ihres feudalen Hotelzimmers stand, sah ihr faszinierendes klassisches Profil mit der kleinen kecken Stirnlocke. Er erinnerte sich an das Buch mit Kleists Gedichten, aus dem sie zitiert hatte. Und schon kamen die Verse als dumpfes Echo zurück:

»Du, die das Unglück mit der Grazie Schritten,
auf jungen Schultern, herrlich jüngsthin trug ...«

Es war ein irgendwie antiquiert angehauchtes Bild, das sich ihm eingeprägt hatte, wohl auch deshalb, weil er im Grunde seiner Seele ein unverbesserlicher Romantiker war, der sich wahrscheinlich gerade deshalb in der modernen Literaturszene als Autor nicht hatte durchsetzen können. Dass andere, Jüngere und Ältere, an ihm, der einstigen Hoffnung der Schweizer Literaturszene vorbeidefiliert waren, hatte ihm Mädi denn auch immer wieder zu verstehen gegeben, wenn sie bei jeder passenden oder unpassenden Gelegenheit mit dem Zitat eines bekannten Dichters zur Stelle gewesen war und damit andeuten wollte, welche literarischen Kriterien er zu erfüllen hatte, wollte er sie an seiner Seite wissen. Und deshalb hatte er damals in ihren ersten gemeinsamen Ferien im Hotel Beatus immer wieder versucht, Mädis Lieblingslandschaft um den Thunersee mit Worten einzufangen, wie sie bisher noch niemand benützt hatte, nicht einmal Heinrich von Kleist. Sie hatten gemeinsam draußen in sprudelnden heilenden Wassern gesessen, doch seine Versuche, ihre Erwartungen zu erfüllen, waren gescheitert; immer wieder hatte er sich in literarisch fragwürdige Vergleiche verstiegen, dorthin, wo die Luft immer dünner wurde, so dass seine Sätze schließlich kollabierten und sein großes Vorbild Kleist wieder den Ton angab:

»... schließt er sein Lied; er wünscht mit ihm zu enden
Und legt die Leier tränend aus den Händen.«

Und so war er denn an diesem ominösen Tag wortlos weggegangen, hatte mit dem Schiff den See überquert und sich am andern Ufer, in Spiez, auf eine einsame Bank gesetzt und auf das Schreckhorn gestarrt, das Kleist angeblich bestiegen, als sein Mädi in seiner »Schwyzertracht« in der Kirche Gott gehuldigt hatte. Und dann war Kurz abends zurückgekehrt und hatte seinem Mädi nachts im Bett ein Gedicht vorgelesen, das das Schreckhorn aus ihm herausgebrochen hatte. Sie hatte scheinbar beifällig genickt, und zwei Wochen später hatte sie ihn doch verlassen. Weil er ihrer Lieblingslandschaft literarisch nicht gewachsen war? Oder weil Camilla alias Mädi dem Sog des Großschriftstellers Erhard Erzberger, in der Literaturszene unter dem magischen Kürzel E. E. bekannt, erlegen war, dem sie kurz vor ihrer Abreise in der Hotelhalle begegnet war?

Und warum war sie ausgerechnet jetzt, wo er auf einem traurigen Erinnerungsparcours Gefühle von damals wachzukitzeln (versuchte), ein Wölkchen von Luxus in sein armseliges Leben zu hauchen versuchte, ebenfalls hierher zurückgekehrt?

Mit einem tiefen Seufzer ließ Lukas Kurz das Fernglas sinken, mit dem er Mädi, die jetzt wieder Camilla oder in der

neuen Partnerschaft vielleicht sogar Helena hieß, in ihrem heißen Tanz mit Erzberger beinahe bis zum Ende beobachtet hatte. Er versuchte, an Kleist zu denken, an ein Zitat, das ihm diese Gegenwart erträglicher machte:
»Solange ein Mensch noch nicht imstande ist, sich selbst einen Lebensplan zu bilden, solange ist und bleibt er unmündig ...«

Und plötzlich kam eine Erkenntnis über ihn: Er musste sich von Kleists Schatten lösen, würde ihn eintauschen gegen Arthur Conan Doyle, der seinen Protagonisten Sherlock Holmes im Berner Oberland, in den Trümmel- oder Reichenbachfällen, zu Tode hatte kommen lassen, als er seiner überdrüssig geworden war. Später hatte Doyle zwar angesichts des Sturms der Entrüstung seitens seiner Leserschaft diesen Tod wieder rückgängig gemacht, hatte ihn als Falschmeldung dargestellt, aber das spielte jetzt für Lukas Kurz keine Rolle mehr.

Noch einmal hob er sein Fernglas, just im Augenblick, als sich Camilla aus Erzbergers Umarmung gelöst hatte und winkend und Kusshände werfend davon ging, dieser zuerst regungslos ihren Abgang verfolgte und dann plötzlich aus seiner Erstarrung erwachte, wie ein Schlittschuhläufer den einen Arm hob, das Handgelenk abwinkelte, eine klägliche Pirouette drehte, aus dem Gleichgewicht geriet, hinfiel, sich wieder aufrappelte und dann hastig aus Kurz' Blickfeld verschwand. Wohin aber war Camilla gegangen? Hatte sie seinen Nachfolger ebenfalls verlassen?

Lukas Kurz atmete einmal tief durch, dann setzte er seinen Weg fort. Endlich war er dort angekommen, wo Erzberger im Dunkel des Berges verschwunden war. Er zögerte kurz, ob er es wagen sollte, in die Eingeweide des Berges einzudringen, dorthin, wo laut der Legende vor Jahrhunderten ein feuerspeiender Drache gehaust hatte, so lange, bis der Heilige Beatus die Konfrontation mit dem Ungeheuer gesucht und diesem nur der tödliche Sturz in den Thunersee übrig geblieben war.

Nein, er wollte warten, bis sein Rivale wieder aus dem Dunkel auftauchte. Dann würde er ihm entgegentreten wie weiland Beatus, nur ohne Kreuz und Gebet, sondern getragen von einem neuen dichterischen Selbstbewusstsein und seinen Zukunftsplänen: Mordgedanken hatten sich in Kurz eingenistet. Der Kraftort am Thunersee war seinem Ruf gerecht geworden.

Es dämmerte bereits, als Erzberger endlich kurz vor 17 Uhr wieder auftauchte. Er war hochrot im Gesicht, bleckte die Zähne und starrte mit weit aufgerissenen blutunterlaufenen Augen seinen Rivalen an, griff dann in die Tasche, holte aber keine Waffe hervor, sondern schälte eine dicke Zigarre aus einer Aluminiumhülle, steckte sie zwischen die Lippen und zündetet sie in einer scheinbar endlosen Zeremonie mit einem überdimensionierten Streichholz an, stieß den Rauch aus und nebelte Kurz ein.

»Nun?« fragte er mit einem schiefen Lächeln in den Mundwinkeln.

»Gehen wir ein paar Schritte zusammen in Richtung Merligen in unsere luxuriöse Absteige?« fragte Kurz.

»Haben wir uns denn etwas zu sagen?« fragte Erzberger spöttisch.

»Im übertragenen Sinn nicht – aber ...!« Kurz machte den Satz nicht zu Ende. Er rollte das R im letzten Wort bedrohlich und ließ es schließlich verklingen.

Erzberger grinste: »Sie haben einen ausgesprochenen Sinn für Dramatik! Passend zu dieser majestätischen Umgebung. Das Schreckhorn ist leider von hier aus ja nicht zu sehen. Also jagen Sie mir auch keinen Schrecken ein!«

Er wandte sich ab und ging davon. Kurz beeilte sich, ihm zu folgen. Eine Weile marschierte er stumm im Schatten seines großen Rivalen. Erzberger war körperlich betrachtet keine beeindruckende Erscheinung. Er wirkte zerbrechlich, unsportlich. Als sie auf einem Felsvorsprung angekommen waren, schaffte sich Kurz auf gleiche Höhe mit Erzberger.

»Hier!« sagte er.

»Hier?« fragte der andere und blieb stehen.

»Hier vollend ich's!«

Er packte Erzberger an der Gurgel und drückte zu.

»Lass mich! Du bringst mich um!« keuchte E. E.

»Das ist auch meine Absicht, Herr Kollege!« brüllte Kurz und lockerte seinen Griff ein wenig, um seinem Opfer Gelegenheit zu geben, letzte bedeutende Worte zu formulieren. Aber Erzberger war noch nicht in Endzeitstimmung.

»Was hast du davon, wenn du mich umbringst?« keuchte er und rammte Kurz das Knie zwischen die Beine.

Kurz fiel hin, versuchte sich aufzurappeln, aber er schaffte es nur, sich hinzusetzen. Erzberger setzte sich neben ihn und legte ihm scheinbar freundschaftlich den Arm um die Schulter.

Kurz befreite sich vom Griff seines Rivalen. »Du hast mir Camilla ausgespannt!«

»Ausgespannt? Sie hat freiwillig zu mir gewechselt. *Mein* literarisches Werk hat sie mehr überzeugt als deins. Und eure Liebe war ohnehin ausgereizt. Das würde sie dir selber sagen, wenn sie nicht einen Termin mit einem bedeutenden ausländischen Verleger hätte. Sie ist nicht nur meine Geliebte, sie ist auch meine Agentin. Und sie hat Großes vor mit mir! Übersetzungen in alle Weltsprachen!«

Er lachte ein lautloses Lachen.

»Eben! Und deshalb bringe ich dich um. Ich werde dich dazu zwingen, in den Abgrund zu springen. Nicht mit der

Kraft des Kreuzes, wie weiland der heilige Beatus, als er den Drachen aus dieser Welt bugsiert hat.«

Er öffnete seinen Rucksack und griff entschlossen hinein.

»Zwingen? Mit der Macht deiner Worte und Sätze? Dass ich nicht lache. Du hast keinen einzigen originellen Satz über diese grandiose Landschaft hier zu Papier gebracht. Und deine Liebesworte sind bei Kamillchen nicht angekommen!«

»Kamillchen? Du hast Camilla zum Diminutiv schrumpfen lassen?«

»Schrumpfen? Sie ist unter meinen Worten aufgeblüht. Eine Kostprobe gefällig?«

Und ohne eine Antwort abzuwarten, begann Erzberger zu rezitieren:

»Das Blümchen, das, dem Tal entblüht
Dir Ruhe gibt und Stille,
Wenn Krampf dir durch die Nerven glüht,
Das nennst du die Kamille.
Du, die, wenn Krampf das Herz umstrickt,
O Freundin, aus der Fülle
Der Brust mir so viel Stärkung schickt,
Du bist mir die Kamille.«

»Bravo!« rief Kurz und Spott klang in seiner Stimme mit. »Kleist hätte es nicht schöner formulieren können.«

»Das Gedicht ist von Kleist, du Banause«, sagte Erzberger und schaffte sich hoch.

»Mit diesen Sätzen wird mein Roman enden. Er steht kurz vor dem Abschluss.«

»Dein Leben steht ebenfalls kurz vor seinem Ende! Du wirst deinen Roman nicht vollenden, Erzberger!«

Kurz hatte seine Pistole endlich gefunden. Er richtete sie auf Erzberger. Seine Hand zitterte.

»Lass das! Auch wenn du mich umbringst, kehrt Camilla nicht zu dir zurück. Sie wird mir treu bleiben über das Grab hinaus. Die letzte Geliebte eines bedeutenden Dichters, der von einem mediokren Kollegen erschossen wurde. Und dazu noch in Kleists Dunstkreis!«

»Spring, du blutiger Drache!« rief Kurz pathetisch.

»Was für falsche Töne! Nicht einmal als Mörder bist du überzeugend. Und deine Pistole ist eine Attrappe,« sagte Erzberger mit sanfter Stimme. »Nomen et omen, Herr Kurz. Halte dich an Kurzgeschichten. Dafür reicht dein dichterischer Atem gerade noch. Lass dich von dieser großartigen Landschaft inspirieren, von Beatus und vom Drachen. Und vergiss Kleist!«

Kurz ließ die Pistole sinken. Erzberger wandte sich ab, setzte die rote Baseballmütze auf und ging davon Kurz schaute ihm nach, so lange, bis die rote Mütze sich wie das Schlusslicht eines Autos in der Dämmerung verlor.

Immerhin: Der grosse E. E. hatte ihm die Idee zu einer Kurzgeschichte gegeben, die in dieser spätherbstlichen Landschaft spielen würde. Und sie würde mit bestimmt einem Mord enden. Und heute Abend noch würde er in der Bar mit Schreiben beginnen, begleitet von Wiener Operettenliedern, die der brillante Pianist ungarischer Abstammung erklingen ließ.

Den Titel wusste er schon: »Drachenblut«.

Der Balkonmord von Schönried

PETER HÖNER

Setz dich hin und morde!

»Nun stehst du starr, schaust rückwärts, ach wie lange schon, was bist du Narr, vor Winters in die Welt entflohen.« Nietzsche. Der half ihm auch nicht weiter, passte nicht hierher, war sowieso ein paar Nummern zu groß. Was verglich er sich mit einem Philosophen, einem Dichter? Was sollte die Hochstapelei? Er sollte, verdammt noch mal, einen Krimi schreiben, nur ein paar Seiten und sich nicht mit fremden Federn schmücken. Aus Zitaten fielen keine Leichen.

Ein 6-Gang Menu, das gefiel ihm, die Beine unter einem Tisch ausstrecken, an dem er nichts zu sagen hatte, sich in Dampfbädern suhlen, von einer Massagedüse zur andern hangeln, ein Herrenleben zwischen Kuchenbüffet und einem letzten Schnaps, bevor er sich gemachten Betten überließ, aber Dankbarkeit, ein bisschen hauen, stechen, schießen, jemandem die Luft abschnüren, in eine Schlucht stürzen, vor die Bahn werfen, war ihm bereits zu viel. Dafür war man sich zu fein, hielt sich für etwas Besseres, für einen Dichter eben, einen zartbesaiteten, feinfühligen.

Dabei war es doch gar nicht so schwer. Bestimmt nicht hier, wo Morde auf dem Serviertablett geliefert wurden, und wo ihm jedermann – vom Hoteldirektor bis zum Kellner – seine Hilfe anbot. Die Freundlichkeit, mit der er verwöhnt wurde, war doch beflügelnd.

Der Mann im Garten des Hotels Ermitage hätte gerettet werden können, wäre er nach seinem Sturz nicht erfroren. Der Tote zwischen fünfzig und siebzig – je nach Fitnessclub sind die Herren heute altersmäßig schwer einzuschätzen – musste auf der mit leichtem Buschwerk bewachsenen Mauer aufgeschlagen und dann seitwärts auf die Terrasse vor dem »Salon Lions« gefallen sein. Er war nur leicht bekleidet: Helles Hemd mit einem feinen Muster, Bundfaltenhose (etwas aus der Mode gekommen), blank polierte, schwarze Schuhe.

Der Sturz von einem der Balkone war nicht freiwillig. Kein Suizid, wie dies die Hoteldirektion gern gehabt hätte, es war Mord. Dies stellten die Polizeibeamten, die von Saanen an den Tatort gerufen worden waren, auf einen Blick fest.

Wie sollte jemand mit gefesselten Füßen, die Hände auf den Rücken gebunden, den Mund mit einem Pflaster verklebt, vom Balkon springen und zwar so, dass er durchs Buschwerk auf die Mauer in den Vorplatz fallen und mindestens zwei Meter von der Hauswand entfernt auf den Rücken zu liegen käme? Auch das als Abschiedsbrief getarnte Schriftstück, das die Beamten dem Toten, nachdem sie den Steifgefrorenen zur Seite gekippt hatten, aus den Fingern lösten, schien die Vermutung zu bestätigen.

Mit dem Satz: »Ich bin kein Gast!« sprang niemand vom Balkon.

Setz dich hin und morde!

Es stimmte schon, er saß, wenn er mordete. Wie die meisten seiner Zunft erledigte er im Sitzen, was er tun musste, oder, was er, lief das Morden gut, nicht lassen konnte. Aber es lief nicht gut. Ganz und gar nicht gut.

Schon am zweiten Tag geriet er unter Druck. Während seine Kollegen jeden Säbel an der Wand und jeden Kerzenständer in eine Mordwaffe verwandelten, blieb für ihn ein Tonhuhn ein Tonhuhn, trotz Krallen und spitzem Schnabel, und nur weil er eine Leiche brauchte, schlug er doch niemandem mit einem schmiedeeisernen Lampenschirm den Schädel ein. Die Gäste waren bunt, aber harm-

los, der Hoteldirektor witzig und liebenswürdig, die Angestellten hilfsbereit und freundlich. Hätte er zum Beispiel die hübsche Köchin, eine zierliche Asiatin, die alles im Griff hatte und ihn, als er eine Praline vom Schokoladenbuffet stibitzen wollte, mit einem kurzen Blick dezent ausbremste, deswegen in einer Tiefkühltruhe versenken sollen? Warum sollte er den Chef de Service umlegen? Weil ihm dessen Witze gefielen?

Es war so sinnlos. Er hatte zum Morden keine Lust, und seine kriminelle Energie schmolz von Stunde zu Stunde.

Zwar setzte er sich brav hinter seinen Laptop, suchte nach Anfängen und schrieb verzweifelt jeden Unsinn auf. Er wiederholte seine Sätze, las sie sich vor und hoffte, dass sie dadurch besser würden. Oder er schrieb immer wieder dieselben Worte, als wäre er Stanley Kubricks Held aus dem Film »Shining«, den er, wie nie zuvor, als verwandte Seele zu verstehen glaubte.

»Verschiebe nie auf morgen, was du heute kannst besorgen.«

Einen ersten Tiefpunkt durchlitt er, als er sich mit dem geringsten aller Geisteslichter, mit dem Dichter Rattengift aus der Komödie »Scherz, Satire, Ironie und tiefere Bedeutung« von Christian Dietrich Grabbe verglich. Er war schon froh um den langen Stücktitel und die vielen Vornamen, und die Sätze des Schreiberlings wiederholte er, als wären es »geflügelte Worte«.

»Reime sind da! Aber die Gedanken!« oder das gute, alte: »Drüben an der Mauer sitzt ein Junge und kackt.«

Dann jagte er hinter einer allerletzten Mücke her, klatschte sie gegen die Fensterscheibe und freute sich über den lausig winzigen Blutfleck, der ihn zu einem Mörder machte.

Es stand wirklich schlimm um ihn.

Die gefrorene Leiche vor dem »Salon Lions« war für das Hotel keine Visitenkarte und alle, Direktion und Kriminalpolizei, waren bemüht, den Vorfall möglichst diskret zu behandeln. Wenn jemand danach fragte, sprachen sie von einem bedauerlichen Unfall.

Ganz vertuschen ließ sich das Ereignis freilich nicht. Die Leiche war von einem der Hotelgäste entdeckt worden, und die Frau – das muss leider so festgehalten werden – weigerte sich, den Mund zu halten.

»Pilates, Fackelwanderungen, Krimilesungen und Qi Gong in Ehren, aber ein echter Mord, mein lieber Herr Direktor, ein Kriminalfall live ist doch der absolute Glückstreffer. Spannender als alles, was uns Gstaad und seine Promis bieten können.«

Die Frau ließ sich nicht belehren und spätestens nach dem Mittagessen zweifelte niemand daran, dass ein Mann aus dem zweiten Stock gefesselt über die Balkonbrüstung in den Garten geworfen worden sei. Wer nicht an einen Mord glaubte, machte sich lächerlich, und als ein freundlicher, älterer Herr mit kurz geschorenen Haaren darauf hinwies, dass der Tote sehr wahrscheinlich gar nicht von hier stamme, sondern nur – wozu er bedauernd lächelte – im Garten des Hotels deponiert worden sei, wurde er als Spielverderber beschimpft. Wenn er schon so wenig Phantasie habe, solle er doch zumindest darauf verzichten, sich in ihrer Runde als Detektiv aufzuspielen.

Tatsächlich waren Hoteldirektion und Polizei mit ihren Ermittlungen kaum weiter gekommen.

Der Tote war kein Hotelgast, aber auch kein Angestellter. Ein irgendwie Beschäftigter, ein Fremder. Ein Gast allerdings schon, und wenn sich auch direkt niemand irgendwelche Vorwürfe machte, unangenehm war die Sache allemal. Der Mann hatte ein Hotelzimmer im zweiten Stock bewohnt, er war hierhergekommen, um zu arbeiten, ein Einzelgänger, der sich nur gerade während der Mahlzeiten unter die übrigen Gäste mischte, mit niemandem sprach und doch mit einer seltsamen Neugier alles um ihn herum verfolgte. Zumindest anfänglich.

Später, so erklärte der Chef de Service den fragenden Beamten, soll er verunsichert, ja geradezu verängstigt auf seinem Platz hinter der Türe gesessen haben. Er, der Chef de Service, habe versucht, ihn aufzumuntern, aber seine Scherze hätten eher das Gegenteil bewirkt. Der Mann müsse etwas mit sich herumgetragen haben, betonte er mitfühlend, etwas Furchtbares, etwas, das ihn in Angst und Schrecken gestürzt habe. Er kenne das, diesen Gesichtsausdruck, diese glanzlose Leere hinter den Augen, als werde einer von innen aufgesogen.

Die Kommissare wollten wissen, ob der Mann allein gewesen sei, was ihnen der Hoteldirektor bestätigte, wenn er auch einschränkte, dass er anfangs mit anderen – er, der Direktor habe sie für Kollegen gehalten –, am selben Tisch gegessen habe. Natürlich habe er bemerkt, dass sich der Mann nicht besonders wohlgefühlt habe, zumindest in den letzten Tagen, doch dafür könne es verschiedene Gründe gegeben haben. Vielleicht, und das sei sogar sehr wohl möglich, täusche er sich auch. Bestimmt bleibe ihm, auch als Hüter seiner Gäste, einiges verborgen, aber, dass irgendjemand aus dem Hotel der Mörder des Mannes sei, halte er für absolut ausgeschlossen. Da lege er die Hand ins Feuer. In seinem Hotel verkehrten keine Verbrecher.

Setz dich! Ein Krimi ohne Mord. Was soll das? Mord muss sein. Dafür wirst du bezahlt.

Aber keine Gäste!

Die Hotelgäste seien tabu, bestimmte der Direktor. Er helfe gern, zeige ihnen Küche und Keller. Schauplätze gebe es hier genug. Aber keine toten Gäste!

Das ungleiche Paar am Fenster war darum so sicher wie die fröhlichen Witwen, die sich mit den Renten ihrer Männer den Lebensabend vergoldeten. Der Mann, der ständig seine Apps konsultierte, anstatt sich um seine Frau zu kümmern, würde nicht zwei Tage später in seinem Blut erwachen, und der Schmallippigen, die ständig an ihrem Partner herumkrittelte, würde niemand einen Dolch aus dem Busen ziehen.

Keine Gäste! Keine Angestellten, keiner aus dem Dorf! Ja, was blieb ihm denn? Der Klavierspieler? Der Gärtner? Damit gewann man keine Preise, nicht einmal ein müdes Lächeln.

Andrerseits schämte er sich, dass er Leuten etwas unterjubeln wollte, an das sie nicht im Traum dachten. Nicht jetzt, bestimmt nicht hier, wahrscheinlich überhaupt nie. Warum sollten sie? Er fand keine Gründe, warum er irgendjemanden ins Jenseits befördern sollte.

Seine raffinierten Morde, für die er berühmt war, fanden nicht statt. Je mehr Zeit verstrich, je höher er seine Ansprüche schraubte, desto klarer wurde ihm, dass er nichts hatte. Nicht einen einzigen halbwegs mörderischen Versuch – ein Messer zwischen den Rippen, Schaum vor dem Mund, eine offene Schädeldecke – nichts, das einem gnädigen Publikum wenigstens ein paar Rätsel aufgegeben hätte.

Mit jedem Tag ging es ihm ein Stückchen schlechter.

Dabei unternahm er alles nur Erdenkliche, um ein Opfer zu finden. Er ließ sich die Küchenmannschaft vorstellen, er hockte stundenlang in der Lounge und beobachtete den Direktor und sein Team, er rüttelte an verschlossenen Truhen und tastete Bilder nach versteckten Schlüsseln ab. Er schloss sich der Hotelwandergruppe nach Rougemont an, er studierte die Sagen der Berge, las die jüngsten Meldungen aus der Rubrik »Unfälle und Verbrechen«, notierte sich Namen und Orte, hockte in Erlebnisgrotten, und er stellte sich den letzten Gang der armen Sünder vor, die vom Pfarrer und vom Scharfrichter über den ›Choligring‹ zur ›Dorfflüe‹ hinaufgeleitet und dort über die Felskante in einen fast sicheren Tod gestoßen wurden.

Doch so entsetzlich die Geschichten, so gruselig die Orte auch immer waren, sein Problem lösten sie nicht.

Er spürte, wie er sich abhandenkam.

Die Zeiten waren vorbei, dass jemand ihm an den Lippen hing, niemand machte sich noch Notizen, wenn er etwas erzählte. Sein Ruf verblasste, bevor er überhaupt wahrgenommen wurde. In den ersten Tagen grüßten ihn noch ein paar Damen, die seine Bücher kannten. Doch das schien schon lange her zu sein.

Er zog sich zurück. Erst von seinen Kollegen, deren Gekicher, wenn sie einander die Details ihrer Morde erzählten, ihn peinigte, dann erschien er nicht mehr zum Essen, schließlich getraute er sich kaum noch aus dem Zimmer. Instinktiv wich er jedem Laut, jeder Bewegung aus, und ein Witzchen wie:

»Na, kommen Sie voran? Was machen Ihre Morde?«, hätte ihn in Raserei versetzt. Ohne jede Garantie für irgendeinen Hotelgast.

Er hatte den Boden unter den Füßen verloren, war zum Ballonfahrer geworden, irgendwo hoch über den Wolken und glaubte doch, allen Ballast abwerfen zu müssen, wenn er noch über den Berg kommen wollte.

Als erstes entledigte er sich des Kriminalschriftstellers.

Setz dich hin und morde! - Pfeif drauf!

Und für ein paar Stunden verlor die imperative Formel ihre Kraft. Den Kopf in den Wolken, erlaubte er sich Ungenauigkeiten, leistete sich Behauptungen und spekulierte mit dem Unmöglichen. Spielereien, die ihn eine Zeit lang mit einer bescheidenen Freude erfüllten.

Die Schuhe des Toten führten die Kriminalbeamten auf eine Spur. Schwarze, blank polierte Lederschuhe trugen heute nur noch wenige, bestimmt nicht in der Freizeit, sie gehörten zu einem Outfit, das out war. Schwarze, blank polierte Lederschuhe trugen Angestellte im Dienst. Vornehmlich im Außendienst.

Natürlich stimmte die Verallgemeinerung nicht, schon gar nicht in einem Hotel wie diesem, hier gab es immer noch Herren, die Wert auf gutes Schuhwerk legten und dafür ein paar hundert Franken ausgaben. Doch deren Schuhe waren meistens neu, mit hell schimmernden Brandsohlen und unversehrten Nähten. Nicht so die Schuhe des Toten. Die Absätze waren schief, die Ösen ausgeleiert, und wenn man dem Schuh auch immer noch ansah, dass er von guter Qualität war, so war er eben doch vor allem alt und trotz blank poliertem Oberleder kein Schuh eines begüterten Mannes. Für die Kriminalpolizei war klar, der Mann, der diesen Schuh getragen hatte, gehörte nicht hierher. Er war kein Gast – wie er dies ja auch in seinem Begleitbrief geschrieben hatte –, aber er war auch kein Angestellter. Die Beamten waren überzeugt, dass die Schuhe sowohl die Identität des Toten offenbarten, als auch Hinweise auf den Täter lieferten. Oder auf die Täterin? Wer fesselt einen Mann, klebt ihm den Mund zu, stürzt ihn aus dem zweiten Stock und überlässt ihn, der weder schreien noch sich sonst wie wehren kann, dem Frost einer frühen Winternacht? Wenn er nicht schon durch den Sturz ums Leben gekommen war, was allerdings, wie die Ordnungspolizei bereits festgestellt hatte, nicht der Fall war.

Umstände, die, nach Meinung der Kriminalen, für eine Frau sprachen, weil nur Frauen derart raffinierte Überlegungen anstellten und, um auf Nummer sicher zu gehen, einer ersten Todesursache eine zweite hinterherschickten. Dem Genickbruch das Erfrieren.

Kurz vor zwölf Uhr mittags verlangten darum die Beamten, trotz vehementer Einwände des Direktors, das Zimmer einer attraktiven Dame in Schwarz besichtigen zu dürfen. Diese, die zumindest in den ersten Tagen als Kollegin des Toten gegolten haben mochte, belegte das Zimmer über dem Verschiedenen. Eine weitere Tatsache, die sie verdächtig machte.

Im Schrank hingen mehrere, einschlägig bedruckte schwarze T-Shirts. ›Auftragskiller im Einsatz‹, ›Mord ist mein Beruf‹.

Der Fall war so gut wie gelöst. Auch für Berner Beamte.

Setz dich hin und morde! hatte seinen Schrecken verloren. »Honni soit qui mal y pense«. Für ihn gab es keine Regeln mehr, er konnte schreiben, was er wollte. Da wurde Grabbes Dichter Rattengift zum Waisenknaben. Er leistete sich Behauptungen, reihte Rätsel an Rätsel und hatte Spaß dabei. Nachdem er sich von Dichterglanz und sämtlichen Krimipreisen verabschiedet, nachdem er sich selbst zum Opfer erklärt und so seinen Mord gefunden hatte, kehrten seine Lebensgeister zurück. Und er schrieb und schrieb …

Er war über den Berg. Er hatte seine Geschichte, sogar mehr als die verlangten fünf Seiten. Doch schon meldete sich ein neues Problem. Es gab für sein Finale keinen Grund mehr.

Doch nun war es zu spät. Er hatte seine Chance gehabt. Ein Zurück war nicht mehr möglich. Die Worte des Pfarrers hoch über Saanen vor dem Abgrund der Dorfflüe boten keinen Interpretationsspielraum und sein:

»So spring in Gottes Namen, aber spring!«, galt auch für ihn.

»Aber es war doch gar kein Selbstmord!«

»Eben. Das hier ist auch keiner«, sagte der Scharfrichter und stieß ihn in den Abgrund.

Schweißgebadet schlug er auf dem Spannteppich seines Zimmers auf, den Kopf zwischen seinen schwarzen, blank polierten Schuhen.

Sein Fall riss den Laptop aus dem Ruhezustand und auf dem Bildschirm leuchtete beruhigend der Titel seiner Geschichte auf. ›Der Balkonmord von Schönried‹.

Das Fallen

Franz Binder

Es kann so schnell gehen. So beiläufig. Diese Membran zwischen Leben und Tod ist dünner als gedacht. Es genügt ein Stolpern, zwei taumelnde Schritte nach vorne und erneutes Stolpern über einen vorstehenden Stein und schon ist Wernau in der Luft. Er fällt. Der Schrei, der sich dabei löst, ist von wenig Bedeutung, er kommt mechanisch, ist nichts weiter als Ausdruck ersten Erschreckens und dann tiefen Erstaunens, dass Wernau sich plötzlich in der Luft befindet und fällt.

Es gibt eine Schrift aus dem alten Tibet, die Regeln nennt, welche zu beachten sind, will man ein langes Leben erreichen. Eine Regel lautet: Halte dich von Abgründen fern.

Nun, im Engadin ist das nicht gerade einfach. Man muss nicht einmal klettern und den Boden unter sich im vertikalen Aufstieg schwinden sehen. Klettern wäre sogar sicherer, denn, glitte man aus, fiele man in ein Seil. Man käme mit dem Schrecken davon.

Der Felsgipfel, den Wernau von einer Seilbahnstation aus auf gut bezeichnetem Weg und ohne sonderliche Mühe erreichte, erforderte kein Klettern. Wernau hätte auch nie daran gedacht, zu klettern, er, der ganz und gar nicht sportliche Herr aus den norddeutschen Tiefebenen. Und doch tun sich selbst bei Gipfeln, die auf einfache, normal-touristische Art erreichbar sind, nach mindestens zwei Seiten hin Abgründe auf. Nichts Gefährliches, schließlich steht man auf festem Grund, aber trotzdem, man sollte nicht stolpern auf solch einem Gipfel.

Wie banal: Stolpern. Ins Trudeln kommen. Die Beherrschung über den Körper verlieren. Die Auseinandersetzung mit der Schwerkraft verlieren. Und dann fallen. Das Element Luft ganz umfassen. Fallen. Merkwürdig – man lebt noch, während man fällt und weiß nicht, wie weit der Tod noch entfernt ist. Genau wie im Leben. Gut, man weiß im Fallen, dass er nicht mehr irgendwo in unbestimmt ferner Zukunft wartet, sondern gleich dort unten, in diesem Abgrund. Denn dem fallenden Wernau war völlig klar, dass unten nicht die freiwillige Feuerwehr von Pontresina mit einem Sprungtuch wartete, verstärkt durch eine Blaskapelle, um das Rettungs-Kunststück mit einem Tusch zu feiern. Wernau musste lächeln, während er fiel, innerlich lächeln, als ihm diese Vorstellung durch den Kopf zog. Eine Blaskapelle!

Er hatte sich vorhin überlegt, als er, noch solide stehend, einen Blick in die Tiefe riskierte, wie lange ein Unvorsichtiger wohl fallen würde bis zu den schroffen Felsnadeln unten. Vielleicht drei Sekunden, hatte Wernau geschätzt. Jetzt aber, da er tatsächlich fiel, erschien es ihm anders. Denn er lebte immer noch, hatte Gedanken und Empfindungen. Merkwürdigerweise aber keine Angst, sieht man vom ersten Schrecken beim Stolpern und beim Hinauskippen über die Felskante einmal ab. Und sollte jetzt nicht eigentlich dieser Film kommen, dachte er, in dem sich noch einmal das ganze Leben vor dem Bewusstsein abspult, rückläufig ab dem Augenblick des finalen Stolperns, dem Anfang, dem Geborenwerden zu? Wernau hatte einmal ein Buch geliehen bekommen, in dem solche praktischen Dinge über das Sterben standen. Zunächst jedoch kam kein Film. Vielleicht später. Denn noch lebte Wernau und noch klammerte er sich an das Leben. Jeder tut das, nur bemerkt er es kaum in der scheinbaren Sicherheit seines täglichen Daseins. Im Fallen jedoch wird der Durst nach Leben zur Gier. Wie bei einem Wüstenwanderer, der schon den zweiten Tag nach Wasser sucht. Eben solchen Lebensdurst spürte Wernau und wunderte sich zugleich, dass sich sein Verlangen gar nicht auf die Dinge richtete, die gewöhnlich im Leben hohen Stellenwert genießen – die Liebe, die Kunst, die Familie, die Freunde, der Beruf und alles andere, das stets scheinbar so wichtig und unausweichlich war. Auch die großen Erinnerungen kamen ihm nicht in den Sinn, kein Kindheitsglück, keine phantastischen Reiseerlebnisse – Wernau war passionierter Reisender, der schon die halbe Welt gesehen hatte – auch nicht die Erfolge und Niederlagen, die ihm beschert worden waren, nicht all die Dinge, die er unzählige Male als vorrangig bedeutend besprochen hatte mit seiner Frau – früher jedenfalls, vor der Scheidung – jetzt vorwiegend mit Freunden und wohlgesinnten Kollegen.

Stattdessen fiel er und stellte sich vor, wie herrlich es gerade jetzt wäre, die Stufen zur Rezeption des Hotels Walther hinaufzusteigen, in dem er die vergangenen Tage logiert und sich so wohlgefühlt hatte, diese wenigen Stufen hinauf, durch die automatisch öffnende Türe hindurch, freundlich begrüßt vom Herrn des Hauses, von der Rezeption den Schlüssel gereicht zu bekommen und weiterzugehen, an dem schönen alten Löwenschlitten auf dem Treppenabsatz vorbei ins Zimmer, die Badewanne zu füllen und einzutauchen ins warme Wasser, die von der Wanderung müden Glieder zu entspannen. Einfach nur im Wasser sitzen und leben, anstatt zu fallen. Wie oft habe ich das getan, dachte Wernau, und nie wusste ich, wie einzigartig das doch ist. Jetzt, im Fallen, schien es Wernau wie der Inbegriff warmen, lebendigen Lebens, aus dem er gerade im Begriff war herauszufallen. Wie schön auch wäre es, setzte sich sein Gedankenstrom fort, nach dem Bade beim Dinner am fein gedeckten Tisch zu sitzen, die Lieblingsspeise zu wählen von der Karte, umsorgt zu werden von den aufmerksamen, freundlichen Obern, einen Geschmack auf der Zunge zu kosten, den Wernau im Alltag zuhause niemals schmeckte, da er nur genießender, passiver, nicht aber nach aufwendigen Rezepten kochender, aktiver Feinschmecker war. Den Geschmack der Aprikosenstückchen im Maissamtsüppchen gestern Abend zum Beispiel. Wie raffiniert ... Es wunderte Wernau, dass dies alles nicht die großen, aufrauschenden Gefühle waren, die man eigentlich erwarten würde beim Fallen – Todesangst, Erinnerungen, Visionen und Ähnliches, sondern beiläufige Eindrücke der gerade vergangenen Urlaubstage, die Wärme der Sonne auf der Haut, der Wind in den Haaren, der Ruf eines Raubvogels weit oben am Himmel, der Blick in das Panorama der Schneegipfel. Wernau vermochte nicht zu sagen, wann er sich dessen jemals so bewusst gewesen war als gerade jetzt, im Fallen, eingewoben ins Element der Luft. Auch jetzt im Fallen beschien ihn die Sonne, auch jetzt warf er zweifellos einen Schatten. Als ganz der rationalen Weltsicht verpflichteter Ingenieur wusste Wernau, dass die Naturgesetze sich auch in von Menschen so bezeichneten Ausnahmesituationen ganz selbstverständlich und ohne alle Abweichungen vollziehen. Für die Natur macht es keinen Unterschied, ob einer oben steht und die Aussicht genießt oder ob er stolpert und fällt. Warum machte es für Wernau einen Unterschied? Weil er aus dem Leben hinausfiel, an dem er so hing, an das ihn all diese Gefühle und Eindrücke erinnerten, die er mit viel zu stumpfem Geist hatte vorüberziehen lassen in den Augenblicken, da sie tatsächlich geschahen, da sie ein kleines Jetzt lang Wirklichkeit waren. Nie aber fühlte sich Wernau so lebendig wie eben jetzt, im Fallen. Zwar sah und hörte er nichts, denn instinktiv hatte sein Körper alle Pforten der Wahrnehmung geschlossen, da ihm dieses Fallen ganz und gar nicht behagte und er schon ahnte, wie es ausgehen würde. Und doch griff alles nach Wernau und schrie ihm zu, wie kostbar dieses Leben doch sei, das er so oft kaum wahrgenommen hatte in dem Augenblick, als er es lebte. Noch einmal die Treppen zum Hotel Walther hinaufgehen und jeden Schritt wirklich erspüren, mit ganzem Bewusstsein wahrnehmen, den freundlichen Gruß des Hausherrn hören und erwidern, nicht beiläufig und höflichkeitshalber automatisch, sondern aus ganzem Herzen, wach, achtsam, bewusst. Den Schlüssel an der Rezeption entgegennehmen, das kühle ovale Metall in der Hand spüren, als habe man niemals zuvor kühles Metall gespürt. Die Weiche des Teppichbodens vor dem Zimmer auskosten. Das Rauschen des Wassers in der Badewanne hören und es über die Hand laufen lassen, um seine Wärme zu regeln. Nicht denken, während man dies tut, sondern ganz in diesen Empfindungen aufgehen, sie ganz ausschöpfen, nichts anderem als nur ihnen Aufmerksamkeit schenken, denn nichts anderes existierte in diesem Augenblick. Alles andere war bloß Gedanke, war entweder Zukunft oder Vergangenheit, also nicht im Jetzt lebendig. Den Geschmack der Aprikosenstückchen auf der Zunge fühlen, ihn wahrnehmen als etwas völlig Einmaliges, das es nur jetzt zu schmecken gab. So ist das Leben, nach dem man im Fallen dürstet, erkannte Wernau, als ihm diese Gedanken gemächlich, begleitet von plastischen, farbigen Bildern durch den Kopf zogen. Auch die Zeit ist völlig bedeutungslos. Es gibt nur das Jetzt. Das Jetzt der Aprikosenstückchen und das Jetzt des Fallens. Wernau wusste, dass es jetzt völlig bedeutungslos war, dass er noch vor kürzester Zeit sicher auf dem Gipfel stand, bevor er die verhängnisvollen Stolperschritte tat. Er fiel und er lebte. Mehr war nicht in diesem Augenblick.

Der feierliche Glanz des Lüsters im Speisesaal. Wie viel würde Wernau geben, ihn noch einmal zu sehen, sich von ihm bescheinen zu lassen und sich in seinem Glanz wohlzufühlen, diesmal aber nicht beiläufig, sondern mit allen Sinnen erfasst, durch und durch. Es gibt nur das Jetzt. Das war Wernau nun völlig klar und einleuchtend. Die Zeit des Fallens dehnte sich merkwürdig lange. Ein langes Jetzt, mit einer Uhr wohl nicht zu messen. Was bedeutet schon eine Uhr, wenn es um Zeit geht? Wie wichtig sind jetzt alle Termine, die noch in meinem Kalender stehen, fragte sich Wernau, all die begradigten Zeiten, die wirken wie ein ins Betonbett gezwungener Bergbach. Sie spielen jetzt keine Rolle mehr. Nun fließt der Bach wie er eben fließt, nun dauert die Zeit so lange sie dauert. Dieser Gedanke befremdete Wernau, hatte er doch sein Leben lang nach der Uhr gelebt und die Zeit als etwas Absolutes, von der Natur Festgeschriebenes empfunden, ungeachtet, was manche verrückte Physiker, die doch besser Mystiker geworden wären, heutzutage darüber sagten. Doch ganz ohne Zweifel konnte, wie Wernau gerade am eigenen Leib erfuhr, eine Sekunde eine Stunde dauern, ein Augenblick wie Ewigkeit scheinen. Das Fallen schien ihm in der Tat unendlich. Fliege ich etwa?, fragte er sich. Segle ich an der Felswand vorbei wie die Dohlen, die ohne einen Flügelschlag durch den Wind rauschen? Doch auch diese Möglichkeit verwarf er wie vorhin die freiwillige Feuerwehr mit Blaskapelle.

Wieder griff der Durst nach Leben nach Wernau. Einmal noch einen solch waghalsigen Vogelflug beobachten, ihn ganz auskosten, anstatt selber in der Luft zu stehen, zu fallen. Mit der Seilbahn wieder zurückkehren ins Tal, ins heimelige Hotel, um neu zu leben, fortan immer im Augenblick zu leben, nie zwei Gedanken zur selben Zeit zu denken, nie ein Stück Leben zu überlagern mit einer Erwartung, mit einer

Enttäuschung, mit einem Vergleich, mit dem Wunsch, etwas zu verändern, und ganz ohne Seitenblicke in Vergangenheit und Zukunft. Nie über das Leben hinwegleben, nie über den winzigsten Flecken Moos am Wegrand hinwegsehen. Jedoch – Das Leben ist wie eine Schlacht, so sagte einmal ein Samurai des 16. Jahrhunderts, man kann es nicht von vorne beginnen. Dieses Zitat, das er einmal in einem japanischen Roman gelesen hatte, ernüchterte Wernau ein wenig, denn es traf auf sein Fallen zweifellos zu. Doch fiele ich nicht, so beruhigte er sich, und strömte dieser Lebensdurst durch mich, auf sicherem Erdboden stehend, so könnte ich zumindest *versuchen*, neu zu beginnen. Aber es war eben gerade das Fallen, das all das losgetreten hatte in ihm. Muss man wirklich fallen, von einem Felsgipfel herabstürzen, um solche Dinge zu erkennen?, fragte Wernau sich. Ob diese Erkenntnis noch nützt, wenn man unten ankommt? Man würde sehen. Noch war Zeit, das Leben auszukosten. Nicht die Zeit, die auf Uhren abzulesen ist, aber die Zeit, in die das Fallen einen wirft, eine ungewiss lange Zeit, in der im Augenblick alle Ewigkeit sich aufzuschließen scheint. In der sich ein Innenraum auftut, so groß wie die Welt. Und doch würde es bald keine Welt mehr geben, keinen Wind, keine Schneeberge, keine Stufen zum Hotel Walther, keinen Geschmack von Aprikosenstückchen, kein Lüsterglänzen im Speisesaal und keinen Flecken Moos am Wegrand. Ein Innenraum war das alles nur, ein Gedankenraum, scheinbar ohne Zeit und Begrenzung.

Und doch – auf einmal – Wernau ahnte es mehr als er es fühlte, traf eine schlagende Erschütterung seinen Körper, und tiefes Dunkel breitete sich aus, dichteste Schwärze. Als Wernau widerstandslos in dieser Finsternis versank, fragte er sich noch, ob dies wohl ein Ende sei – oder ein Anfang?

Schönrieder Blutnovelle

SANDRA LÜPKES

Donnerstag

Da bist du ja. Mit deinem blutroten Rollköfferchen. Und hochhackigen Schuhen.

Schaust dich um, suchst nach dem Weg, erkennst den Hoteleingang, gehst darauf zu.

Herzlich willkommen, meine Liebe! Dies wird ein Aufenthalt, den du niemals vergessen wirst. Das schwöre ich bei meinem Leben ...

Wie hübsch, diese kleine Parklandschaft vor der Holzfassade. Dann an der Rezeption die Begrüßung mit einem Glas Apfelchampagner und einem feuchtwarmen Tuch, welches den Reisestress von den Händen wusch. Eine Woche Luxus im Berner Oberland ließ Pamela Aven sich gern gefallen. Da fragte sie auch nicht explizit, wem sie das zu verdanken hatte. Wenn der Sponsor unerkannt bleiben wollte, bitte. Wahrscheinlich steckte ein treuer Fan dahinter, der seine Lieblingsautorin im Wellness- und Spa-Hotel Ermitage-Golf verwöhnen lassen wollte, damit sie endlich, endlich wieder ein paar Zeilen zu Papier brächte, einen Kurzkrimi vielleicht, am liebsten einen ganzen Roman.

Und tatsächlich, der herzliche Empfang sowie der rustikale Charme des Hotels stimmten Pamela heiter, und wenn sie heiter war, wurde sie auch manchmal kreativ.

Ihr sonniges Zimmer lag direkt über dem Solebecken, aus dem geheimnisvoller Nebel bis zu ihrem Balkon aufstieg. Dahinter machte sich ein Bergpanorama der Spitzenklasse breit, nur ab und zu schob sich noch ein hübsches, pfeifendes Züglein dazwischen. Pamela war in der richtigen Stimmung, mal wieder einen Mord zu begehen, lediglich auf dem Papier natürlich. Sie fuhr den Laptop hoch und tippte die Überschrift auf das digitale weiße Blatt. *Blutnovelle,* dieser Titel war ihr eben im Lift eingefallen.

Der Verlag hatte sich ebenfalls unwissend gegeben, woher die geheimnisvolle Einladung stammte. Erst hatte Pamela ihren Verleger im Verdacht, der in den letzten Monaten sämtliche Hebel in Bewegung gesetzt hatte, um endlich den ersehnten zweiten Roman in die Finger zu bekommen. Pamelas erstes Buch hatte den kleinen Berner Verlag ganz oben in die Literaturliga katapultiert. Und nun warteten sie ungeduldig auf ein neues Manuskript. Bislang vergeblich. Doch alle, vom Lektor bis zur Vertreterin, schworen, dass sie nichts mit der spendierten Verwöhn-Woche zu tun hatten.

Um halb acht betrat Pamela den Speisesaal, in dem ein Musiktrio mit Kontrabass, Akkordeon und singender Säge fröhliche Volkslieder zum Besten gab. Sie entschied sich spontan für das Schweizer Menü; Gerstensuppe hatte sie seit Ewigkeiten nicht gegessen und Zürcher Geschnetzeltes mit Rösti erinnerten sie an ihre Großmutter. Es war anzunehmen, dass ihr Gönner irgendwo hier an einem der Tische saß und sie beobachtete. Wahrscheinlich würde er sich früher oder später zu erkennen geben.

Die schlanke Frau am Nebentisch blickte herüber und wünschte guten Appetit. Pamela grüßte freundlich zurück – und stutzte. Irgendwie kam ihr die Tischnachbarin vage bekannt vor. Diese etwas zu große Nase, die eng zusammen stehenden Augen, das glatte, rote Haar – kein Zweifel, die hatte sie schon einmal irgendwo gesehen, sie kam nur nicht drauf, wo und wann. »Sind wir uns schon einmal begegnet?«

»Vielleicht.« Die Frau lächelte geheimnisvoll und tippte mit dem Besteck auf einen delikat aussehenden Käseteller. »Der Etivaz schmeckt übrigens wunderbar.«

Diese tiefe, etwas rauchige Stimme ... »Wie ist Ihr Name?«, fragte Pamela.

»Darauf werden Sie sicher von allein kommen, Frau Aven. Denken Sie noch ein wenig nach ...« Dann legte die seltsame Frau ihre Serviette auf den Tisch und verließ wortlos die Gaststube.

Freitag

Guten Morgen, meine Liebe. Es ist schon nach acht, Zeit zum Aufstehen. Noch hast du keine Ahnung, was hier in Schönried auf dich wartet. Ich kann deine Verunsicherung fühlen. Dabei bist du dir sonst deiner Sache immer so verdammt sicher, oder nicht? Hast gedacht, du könntest dir einfach unter den Nagel reißen, was eigentlich mir gehört. Zurückgegeben hast du es bis heute nicht. Es geht dabei nicht um Geld. Es geht um mein Leben.

Tief und fest hatte Pamela geschlafen und dann beim Sonnenaufgang tatsächlich ein paar Zeilen der *Blutnovelle* geschrieben, diese danach aber gleich wieder gelöscht. Ihr fehlte noch immer die zündende Idee. Damals, beim ersten Buch, war alles viel einfacher gewesen. Der Morgentee stand auf dem Schreibtisch und unter ihrem Fenster radelten ein paar Eifrige auf Trimmrädern im Pool. Sie betrachtete die Strampelnden genauer und erkannte die seltsame Frau vom Vorabend – ob sie den Hotelaufenthalt spendiert hatte? Immerhin hatte sie Pamela gestern beim Namen genannt. Aber weshalb sollte sie so großzügig sein und warum gab sie sich so geheimnisvoll?

Da das Schreiben ohnehin nur schwer in Gang kam, entschloss Pamela sich, vor dem Frühstück ebenfalls in den Pool zu steigen. Etwas Bewegung war sicher nicht verkehrt, immerhin genoss sie hier eine Dreiviertelpension, die neben Frühstück und Abendessen auch noch Salat- und Kuchenbuffet inkludiert hatte. Vielleicht ergab sich ja überdies auch die Gelegenheit, zwischen Massagedüsen und Schwalldusche die Rothaarige noch einmal anzusprechen. Wahrscheinlich fehlte Pamela nur ein simples Stichwort und ihr würde einfallen, woher sie sich kannten.

Das salzige Wasser hatte die perfekte Temperatur und dass sich der Alpenhimmel heute so wolkenlos präsentierte, machte die Szenerie geradezu perfekt. Pamela tauchte ein paar Mal, tat so, als sei sie nur zum Vergnügen hier, dann schwamm sie zu den vielen kleinen Bläschen, die von der Liegebank aufstiegen, auf der die Rothaarige es sich bequem gemacht hatte.

»Entschuldigen Sie, wenn ich Sie erneut anspreche, aber ich komme einfach nicht darauf, wo wir uns schon mal begegnet sind.«

Die Gemeinte hatte die Augen geschlossen und lächelte so seltsam, als wolle sie damit zeigen, wie viel schlauer sie war. »Schreiben Sie wieder an einem Roman, Frau Aven?«

»Ich? Naja, ich bin sozusagen gerade dabei, mit einem zweiten anzufangen ...« Also hatte Pamela mit ihrer Vermutung Recht gehabt, dass es um das neue Buch ging.

»Und wovon handelt er?«, fragte die Rothaarige weiter.

»Nun, das ist mir nicht so ganz klar. Ich suche noch nach einem Thema.« Dann fügte Pamela fast triumphierend hinzu: »Aber ich kenne den Titel bereits.«

»Und? Wie lautet er?«

»Blutnovelle.«

»Ein schöner Titel. Er passt gut!«

Und bevor Pamela nachhaken konnte, wie in aller Welt eine quasi wildfremde Frau wissen konnte, ob der Titel passte oder nicht, stieß die andere sich vom Beckenrand ab und schwamm in raschen Zügen davon.

Samstag

Warum so unruhig, meine Liebe? Da sitzt du heute am Samstagmorgen ganz blass an deinem Frühstückstisch und bekommst keinen Bissen herunter. Wenn du ein wenig mehr nachgedacht hättest, wärst du von selbst darauf gekommen, was es mit unserem Treffen auf sich hat. Und je eher es dir einfällt, desto einfacher wird es für dich. Es wird dich trotzdem nicht begeistern. Aber du hast keine andere Möglichkeit. Danach verschwinden wir wieder, als wenn nichts geschehen wäre. Jede in ihr Leben.

Nach dem opulenten Frühstück – von dem sie leider nur wenige Happen gekostet hatte, ihr Magen war heute irgendwie nervös – entschied Pamela, sich der geführten Wanderung über Saanen nach Rougemont anzuschließen. Frische Luft als Inspiration für die ersten Kapitel, vielleicht funktionierte das ja, denn bislang hatte sie außer der Überschrift noch keine weitere Zeile zustande gebracht. Es fehlte ihr einfach die nötige Konzentration.

Die sportliche Führerin plus noch sportlicherem Hund gaben das Tempo vor. Der Weg führte sie durch Wälder, vorbei an Kühen, Chalets und Aussichtspunkten, die einen traumhaften Blick auf den plätschernden Lauf der Saane ermöglichten. Das alles hätte so anregend sein können. Doch die Rothaarige war auch mit von der Partie, und da war Pamela nicht imstande, einen klaren Gedanken zu fassen.

Inzwischen war sie fast sicher, ihr bei »Clean&Go« begegnet zu sein. Vor ihrer Karriere als Schriftstellerin hatte Pamela nämlich in einer Reinigungsfirma gearbeitet und gemeinsam mit etlichen Kolleginnen das Gerichtsgebäude in Bern gewienert. Von der Putzfrau zur Bestsellerautorin, so wurde ihr Werdegang in der Presse oft umschrieben. Eventuell war diese seltsame Frau ja ebenfalls als Raumkosmetikerin tätig gewesen. Da konnte Pamela sich nämlich kaum an jedes Gesicht in der Firma erinnern. Sie war froh, dass die Zeit vorbei war und nicht sonderlich erpicht darauf, alte Kontakte aufleben zu lassen.

Die Wanderführerin blieb stehen und wies auf einen schroffen Felsen an der gegenüberliegenden Talseite, von dem in grauer Vorzeit die zum Tode verurteilten in die Tiefe gestürzt wurden. Einigen in der Gruppe schauderte es offensichtlich, andere stellten neugierige Fragen.

Plötzlich stand die Rothaarige direkt neben Pamela. »Wollen wir ein paar Schritte gehen? Nur wir beide? Ich kenne einen netten Spazierweg dort in den Wald.«

Pamela blieb die Luft weg. Die Anwesenheit dieser Person setzte ihr mehr und mehr zu. Doch wenn sie wissen wollte, was hier eigentlich los war, musste sie der Einladung folgen, also bogen sie in einen verborgenen Pfad ein, der steil aufwärts ging und an der einen Seite dicht an der Felswand entlang führte, an der anderen jedoch ins Nirgendwo fiel.

»Was wollen Sie eigentlich von mir?«, fragte Pamela atemlos.

»Ich interessiere mich für Ihren neuen Roman.« Das klang nicht viel anders, als es etliche Leser, ihr Verleger und der Lektor gesagt hätten. Alle wünschten sie ein zweites Buch. Dennoch ahnte Pamela, dass bei dieser Frau etwas anderes dahinter steckte. »Und warum?«

»In den letzten Monaten hatte ich sehr viel Zeit zum Lesen, und da habe ich Ihren Bestseller in die Finger gekriegt.«

»Hat er Ihnen nicht gefallen?« Es klang fast ängstlich, wie Pamela danach fragte.

»Doch, sehr! Die Geschichte einer schwarzen Witwe, die nach und nach vier Ehemänner umbringt und sich mit dem Geld ein schönes Leben macht. Sehr spannend. Der erste Gatte vergiftet, der zweite erwürgt, der dritte vom Balkon gestoßen und der vierte mit dem Auto überrollt. Eine sehr skrupellose Heldin. Und zum Schluss wird sie vom Richter zu lebenslanger Haft verurteilt. Wie hieß die Frau doch gleich? Hildegard Tanne?«

Pamela lachte. »Nein, sie hieß Hannelore Kiefer. Wie kommen Sie ...?« Und dann war ihr auf einmal schlagartig klar, wer da ganz dicht neben ihr ging, zu dicht, um davonzurennen.

Die Frau lachte. »Ach? Ist der Groschen endlich gefallen?« Ganz plötzlich schnellte ihr Arm nach vorn, die knochigen Finger krallten sich in Pamelas Kragen und fast hätten sie beide das Gleichgewicht verloren und wären diesen scheußlich steilen Hang hinab gestürzt. »Du hast mich bestohlen!«

Pamelas Fuß rutschte vom festgetretenen Weg ab und hing in der nächsten Sekunde einen halben Meter tiefer. »Hilfe! Bitte nicht!« Ihre Stimme klang hysterisch wie eine Sirene. Immer wieder holte sie Luft, Luft, bis ihr schwarz vor Augen wurde. Oh Gott! »Sie wollen mich doch nicht etwa umbringen?«

Die Frau ließ sie Stück für Stück tiefer in den Abhang sinken. Ganz kontrolliert, halb hielt sie Pamela oben, halb schob sie nach. »Du weißt, dass ich es ohne weiteres könnte!«

Brav, meine Liebe! Fleißig schreibst du nun schon seit so vielen Stunden an der Blutnovelle. Wenn man nur die richtige Idee hat, geht es doch fast wie von selbst, oder? Und dabei war es so einfach, du brauchtest nur die Fortsetzung des ersten Romans zu schreiben: Die vierfache Witwe – im Buch nennen wir sie Hannelore Kiefer – leiht sich in der Gefängnisbücherei einen Krimi aus und stellt fest, dass irgendeine clevere Putzfrau an ihre Gerichtsakten gekommen sein muss und aus dem Stoff einen Bestsellerroman gestrickt hat. Ihr echter Name ist nur notdürftig verfremdet, ansonsten stimmen die grausigen Details bis ins letzte. Da hat ihr also tatsächlich irgendeine fremde Person ganz dreist die Lebensgeschichte geklaut und damit ordentlich abgesahnt. Einige Monate später gelingt ihr die Flucht und sie beschließt, diese Möchtegern-Schriftstellerin in eine Falle zu locken, indem sie sie in ein schickes Schweizer Hotel einlädt.

Guter Plot, nicht wahr? Da werden sicher auch wieder einige hunderttausend Exemplare über die Ladentische der Buchhandlungen gehen.

Reich wird die Autorin damit freilich nicht. Die Tantiemen landen ausnahmslos auf einem anonymen Nummernkonto.

Was? Wie bitte? Du willst eine Pause?

Gibt es nicht. Das Zimmer ist noch bis Donnerstag gemietet. Und bis dahin muss die Blutnovelle vollendet sein.

Eine kurze Chronik über einen geplanten Tod

Urs Schaub

Obwohl beim Bau die größte Sorgfalt auf das zukünftige Wohlbefinden der Gäste gelegt wurde, ganz speziell natürlich auch auf das akustische Wohlbefinden – sprich auf garantierte Ruhe und strikte Verhinderung von störenden Geräuschen durch andere Gäste oder Personal – war der Schrei bis in die hintersten Räumlichkeiten des großen Hotelkomplexes zu hören. Er hatte einen ganz eigenen akustischen Verlauf und – wie es so schön heißt – nichts Menschliches an sich und doch wusste jeder, dass der Schrei von einem Menschen, genauer gesagt von einer Frau, stammen musste. Der Schrei startete auf einer bemerkenswert schrillen Ebene, die in den praktischen Erfahrungen der meisten ganz sicher als bereits höchste Endstufe gelten würde.

Jener Schrei allerdings, der nach übereinstimmenden Aussagen verschiedener Zeugen um exakt sieben Minuten nach zwei Uhr in der Nacht die wohltuende Stille des Hotels Arosa Kulm durchbrach, begann in seiner Lautstärke schon auf einem außergewöhnlich hohen Level, fraß sich durch alle von einem sicherlich gut bezahlten Akustiker ausgeklügelten dämmenden Maßnahmen und steigerte sich ins schier Unvorstellbare, um nach einer kleinen Ewigkeit abrupt abzubrechen und die Bewohner des Hotels, die aus ihrem Schlaf und ihren vielleicht schönen Träumen aufgeschreckt worden waren, in die absolute Einsamkeit und Stille zurückzustoßen; dazu noch mit stark erhöhten Adrenalinpegeln und mit lange anhaltenden Gänsehäuten versorgt, was mitten in der Nacht sehr unangenehm ist, da es ein Zurückfinden in die selige Welt des Schlafens meist auf längere Zeit verhindert. Außerdem liefen die Phantasien von um die zweihundertfünfzig Personen auf Hochtouren, denn niemand wusste zu jenem Zeitpunkt, was geschehen war, aber dass etwas Furchtbares geschehen sein musste, das war jedem klar, denn so klang auch die aberwitzigste Lust nicht und auch nicht Jux und Tollerei.

Auch der Nachtportier hörte den ungeheuren Schrei, allerdings war er am weitesten von der Quelle weg, so dass er eigentlich nur eine recht gedämpfte Variante dieses Geräusches vernahm. Trotzdem machte er einen Rundgang durch die Stockwerke, konnte aber nichts Ungewöhnliches bemerken. Auch gab es nichts anderes mehr zu hören als die üblichen Nachtgeräusche *seines* schlafenden Hotels und die waren ihm seit Jahren vertraut. Erst eine knappe Viertelstunde später, als er wieder an seinem Platz an der Rezeption saß, tauchte völlig überraschend eine blonde Frau mit wild aufgelöstem Haar auf. Sie war lediglich mit einem Bademantel bekleidet, unter dem sie offenkundig nicht viel oder nichts anhatte, denn sie trug ihn ohne Gürtel und nur nachlässig mit ihrer Linken gerafft, so dass er gelegentliche Einblicke auf ihren nackten Körper zuließ. Die junge Frau achtete nicht darauf, sie zitterte am ganzen Körper und war offensichtlich vollkommen durcheinander. Der Nachtportier hatte sie noch nie gesehen, aber nach einer Weile verstand er, dass sie Gast in der Penthouse-Suite des Hauses war. Sie sprach ein schwer verständliches, gebrochenes Deutsch und wusste auch die Nummer ihrer Suite nicht. Offensichtlich war sie barfuß die ganzen Treppen hinuntergelaufen, so dass er sie erst bemerkte, als sie schon dicht vor der Rezeption stand.

Der Nachtportier erfuhr aus dem Computer, dass Herr Guillaume Lütolf, ein Bankier aus Genf, beide Penthouse-Suiten gebucht hatte und sich in Begleitung einer Russin namens Oksana Kolesnikova befand.

Er wollte sich gerade wieder an die Russin wenden, sie war aber nicht mehr da. Er erschrak und ging schnell um die Rezeption herum und sah sie am Boden liegen. Offenbar war sie vollkommen geräuschlos in Ohnmacht gefallen. Er trug die Ohnmächtige auf das nächste Sofa, bedeckte ihre Nacktheit so gut es ging mit ihrem Bademantel und holte eilends hinter der Rezeption eine Wolldecke, deckte sie damit vollends zu und fächelte ihr Luft ins Gesicht. Nach einer Weile öffnete sie die Augen und verlangte mit leiser Stimme Wasser. Der Portier reichte ihr ein Glas, sie stützte sich auf und trank mit gierigen Schlucken.

Der Portier fragte sie, was denn passiert sei und nach längerem Wiederholen verstand er, dass Monsieur Lütolf nicht mehr atmete oder nicht mehr lebte oder beides.

»Bleiben Sie liegen. Ich rufe sofort einen Arzt.«

Der Portier rannte zurück zur Rezeption, rief die Notarztnummer an und erklärte, dass sie im Arosa Kulm einen akuten Notfall hätten. Der Arzt wollte sofort kommen und die Ambulanz würde er auch gleich bestellen.

Danach weckte der Portier Salamin, denn er hatte die Anweisung, bei wichtigen Vorkommnissen den Direktor umgehend zu benachrichtigen. Salamin versprach, sofort zu kommen. Offenbar war er bereits wach gewesen, denn im Hintergrund hörte man Alessia, die jüngste Tochter des Direktors, herzzerreißend weinen.

Der Portier ging sofort zur Russin zurück und meldete ihr, dass der Arzt und auch der Herr Direktor unterwegs wären. Sie hatte sich unterdessen aufgesetzt und wieder etwas Farbe ins Gesicht bekommen.

Seit dem Anruf war noch keine ganze Minute vergangen, da kam Direktor Salamin durch den Eingang gerannt. Er wohnte direkt neben dem Hotel.

Er ging sofort zur Russin und sprach sie zum Erstaunen des Nachtportiers völlig selbstverständlich auf Russisch an. Sie legte sofort los und mit ihrer Muttersprache kamen offenbar auch ihre Lebensgeister wieder zurück.

Salamin wies den Nachtportier an, den Arzt und die Ambulanz einzuweisen, sobald sie das Hotel erreicht hätten, und bestieg mit der Russin am Arm den Lift. Sie hatte sich bei ihm eingehängt, als ob sie alte Bekannte wären. Auch jetzt war es ihr offenbar ziemlich egal, wie viel nackte Haut man von ihr sah.

Auch der alte Lütolf war nackt. Er lag seltsam verkrümmt auf dem Bett, sein Mund stand offen und die Augen waren weit aufgerissen, als ob sie zuletzt etwas ganz Entsetzliches gesehen hätten. Sein ziemlich großes, knorriges Glied war eigenartigerweise erigiert, was dem Anblick des Toten – und dass der Bankier Lütolf tot war, schien Direktor Salamin auf einen Blick klar – einen merkwürdig surrealen Ausdruck verlieh. Die Russin brach wieder in Weinen aus und ließ sich auf einem Sofa nieder. Salamin deckte den Toten zu, rührte ihn aber nicht weiter an. Dann kümmerte er sich um die Frau. Er sprach beruhigend auf sie ein, brachte ihr aus der Hotelbar einen Cognac. Sie nahm dankbar das Fläschchen entgegen und trank es in einem Schluck aus.

Salamin erfuhr aus der stockenden Erzählung Oksanas, dass Guillaume die ganze Nacht mit ihr Liebe gemacht hätte, schier unersättlich gewesen wäre, was aber nicht weiter ungewöhnlich gewesen wäre, entsprach doch das Unersättliche – laut ihrer Beschreibung – dem Naturell des Verstorbenen.

Salamin nickte verständnisvoll. Er war mit all den Geschichten über die Lütolfs vertraut, gehörten sie doch zum reichen Wissens- und Erlebnisschatz, der letztlich die Seele dieses Hotels ausmachte, denn die zahlreichen Familienmitglieder der schwerreichen Bankiersdynastie aus Genf waren seit Bestehen des Hotels Ende des 19. Jahrhunderts immer Stammgäste gewesen. Schon der Großvater, Guillaume der I., pflegte regelmäßig im Kulm abzusteigen. Unvergesslich der Moment, wo er – ein leidenschaftlicher Flugpionier der ersten Stunde – mit seinem Flugzeug im Winter auf dem gefrorenen See gelandet war. Egal, wer gerade Direktor war, die Lütolfs, allen voran Guillaume der III., waren Freunde des Hauses und die Beziehungen wurden sozusagen den wechselnden Direktoren vererbt. Die Lütolfs waren durchs Band den Sinnenfreuden des Lebens nie abgeneigt gewesen. Berühmt waren die mondänen Feste, die der Vater, Guillaume der II., im Kulm mit dem alten Stoffel, dem legendären Hotelbesitzer, zusammen gefeiert hatte. Da wurden Musik- oder Showgruppen, wie das damals berühmte Hazy Osterwald-Sextett, eingeladen und der Champagner floss in Strömen.

Seit die Gemahlin von Guillaume dem III. nicht mehr ins Kulm kommen konnte, da sie bettlägerig war, kam ihr Mann genauso regelmäßig wie eh und je, allerdings mit wechselnden Gespielinnen. Mit keiner kam er zweimal, das war die einzige erkennbare Regel. Nachdem er vor zwei Jahren einen Herzinfarkt hatte und sich vier Bypässe hatte legen lassen müssen, kam er allerdings eine Weile alleine ins Kulm. Bis er vor einer Woche mit der Russin auftauchte. Die Hotelgäste bekamen ihn selten bis nie zu Gesicht. Er ließ sich praktisch alle Mahlzeiten ins Zimmer servieren. Einzig die Russin ging jeden Morgen in die Wellnessabteilung und ließ sich ausgiebig verwöhnen. Die Hotelgäste unterhielten sich hinter vorgehaltener Hand über den alten Lütolf und die nicht zu übersehende Attraktivität der etwa fünfzig Jahre jüngeren Gespielin. Als man zur Enttäuschung vieler vernommen hatte, dass sie bloß eine Namensvetterin der berühmten russischen Pianistin war, hielt man sich an der Fantasie schadlos, dass sie ganz sicher ein hoch bezahltes Escortgirl der internationalen Extraklasse war und strafte sie mit Verachtung. Den Stielaugen der männlichen Gäste tat das allerdings keinen Abbruch, was auch sehr gut zu verstehen war, denn Oksana war mit einem außergewöhnlich attraktiven Körper und einer unübersehbaren erotischen Aura ausgestattet – und natürlich einer entsprechenden Garderobe: *Sie* konnte all die Kleider tragen, die sich zwar viele reiche Damen leisteten, die sie aber besser im Schrank hängen lassen sollten. Ob an ihr alles Natur war, entzieht sich dem Wissen des Chronisten, war aber Gegenstand hitzigster Debatten im Hotel. Das Personal der AlpinSpa-Abteilung, das über diese Thematik sicher hätte Auskunft geben können, schwieg eisern, sehr zum Leidwesen einiger Damen und Herren. Zu gern wäre die eine oder der andere in den Besitz verschwiegener Details gekommen, die er dann abends beim Dinner so ganz nebenher hätte in die Konversation einstreuen können.

Die Gemahlin von Guillaume III. stammte aus einer vornehmen französischen Familie und hatte seit Jahren MS. Schon die ersten Krankheitsschübe hatten die Arme für ewig ans Bett gefesselt. Guillaume III. hatte sich ziemlich schnell von ihr abgewendet, was kein besonders gutes Licht auf seinen Charakter warf, dennoch darf dies der gewissenhafte Chronist nicht verschweigen. Auch sie soll in früheren Jahren ein selten schönes Geschöpf gewesen sein, zudem spielte sie konzertreif Klavier, war aber nie öffentlich aufgetreten. Sie lebte im zweiten Stock ihres Anwesens am Genfer See und hatte ihre eigenen Angestellten, die sie rund um die Uhr versorgten und pflegten. Sie hatte bereits seit zehn Jahren ihr Haus nicht mehr verlassen. Das Leben ihres Mannes verlief seither völlig abgetrennt von ihrem. Er bewohnte die unteren Stockwerke ihres gemeinsamen schlossartigen Hauses und lebte ungehemmt sein Leben als Geschäfts- und Lebemann. Er gab Einladungen, feierte Feste und veranstaltete Konzerte. Sie hörte dies alles bloß im zweiten Stock, zeigte sich aber den Gästen nur noch ganz selten.

Salamin erhob sich. Er hörte Schritte vor der Tür zum Penthouse. Es war Dr. Walkmeister. Die beiden Männer begrüßten sich stumm. Salamin wies aufs Bett. Der Arzt machte sich sofort an die Untersuchung. Salamin zog sich mit Oksana in den großzügig bemessenen Wohnraum zurück. Oksana holte sich einige Fläschchen mit diversen alkoholischen Inhalten. Zwei schraubte sie nacheinander auf und leerte sie schnell in einem Zuge.

»Ist Ihnen nicht kalt?«, fragte Salamin, in Anspielung auf ihren nachlässigen Umgang mit ihrem Bademantel. Sie schüttelte den Kopf, zog den Mantel aber etwas enger um ihre Schultern und blickte durch die großen Fensterscheiben auf die im Mondlicht hell erleuchteten Berge.

»Er lie..., äh ... also, hat mich, äh ... wirklich geliebt.«

Sie sagte es überraschenderweise auf Deutsch, mit rauer Stimme. Salamin wusste, dass Guillaume Lütolf kein Russisch konnte, und da sie kein Französisch konnte, sprachen sie miteinander Deutsch. Deswegen machte sie diese Erklärung vielleicht auch auf Deutsch.

»Und Sie?« Salamin biss sich auf die Zunge, aber es war zu spät. Welcher Teufel hatte ihn geritten? Er hatte doch gar kein Anrecht auf so eine Frage.

Sie drehte sich um und musterte ihn mit ihren dunklen Augen. Dann trat plötzlich ein Lächeln in ihre Augen und es erschien ein spöttischer Zug um ihren Mund.

»Sind Sie so naiv oder ist das Ihre Vorstellung von Pietät?« Jetzt sprach sie wieder Russisch.

Salamin zuckte mit den Schultern. Sie wandte sich wieder den Bergen zu.

»Für mich war es bloß ein Geschäft, wissen Sie. Von was soll ich denn leben? Mein Körper ist mein einziges Kapital. Zumindest noch eine ganze Weile, hoffe ich.« Sie lächelte, öffnete das dritte und vierte Fläschchen und trank sie wieder beide in einem Zuge leer. Salamin begann sich langsam Sorgen zu machen.

»Darf ich Ihnen vielleicht etwas zu essen besorgen?«

Sie schüttelte nur den Kopf und versorgte sich mit einer nächsten Serie der kleinen Fläschchen.

Dr. Walkmeister hatte offenbar seine Untersuchung beendet. Er räusperte sich.

»Ja, also, es tut mir leid, aber Herr Lütolf ist tot. Das ist eindeutig. Herzversagen.« Er wandte sich an die Russin. »Sie sind mit Herrn Lütolf nicht verwandt, nehme ich an.«

Oksana schüttelte den Kopf.

Salamin sprang ihr sofort bei. »Frau Oksana Kolesnikova ist eine Freundin.«

Der Arzt nickte.

»Sie waren bei Herrn Lütolf, als er starb?«

Salamin übersetzte jetzt, damit es keine Missverständnisse gab.

»Ja, ja, es hat ja keinen Sinn, es zu verbergen. Ich sage es lieber gleich: Guillaume starb, während wir uns geliebt haben.«

Die Russin verwendete allerdings ein anderes Wort, aber Salamin versuchte sie zwar so wahrheitsgetreu, aber doch so neutral wie möglich zu übersetzen.

»Hatte er denn vorher irgendetwas eingenommen?«

Oksana zuckte mit den Schultern.

»Wenn, dann hat er es heimlich genommen. Auf jeden Fall nicht vor meinen Augen. Wir haben bloß zusammen Champagner getrunken.«

Sie zeigte auf den Kühler. Die Flasche stand verkehrt rum im Eiswasser, ein Zeichen, dass sie leer war.

Dann lachte sie plötzlich und jetzt begann man auch deutlich die Wirkung der ausgetrunkenen Fläschchen zu sehen.

»Ich denke schon, dass er etwas eingenommen hatte, er war ja so was von unersättlich, das war schon nicht ganz normal für sein Alter. Ich bin auf alle Fälle nicht zu kurz gekommen.«

Dann sagte sie noch etwas über seine Erektion, die ja über den Tod hinaus noch zu sehen war, aber Salamin beschloss, diese Bemerkung gegenüber dem Arzt zu unterschlagen. Er wusste nicht genau warum, aber er begann sich immer mehr für sie zu schämen, obwohl er beileibe nicht prüde war.

Salamin wusste, dass er jetzt schnell etwas unternehmen musste, denn er spürte, dass die Russin immer mehr betrunken werden würde, und er fürchtete die Eskalation, die daraus unweigerlich entstände.

»Also, da Herr Lütolf ja beide Penthouse-Suiten belegt hat, schlage ich vor, gnädige Frau, dass wir jetzt ins andere Penthouse hinüberwechseln.«

Der Arzt nickte. »Das ist eine gute Idee. Wer benachrichtigt die Familie Lütolf?«

Salamin nahm die Russin am Arm.

»Ich werde das umgehend tun, Martin.«

Walkmeister war einverstanden.

»Ich gehe jetzt runter zur Rezeption und fange die Ambulanz ab. Den Toten werden wir morgen früh abholen lassen.«

Salamin nickte und schloss hinter sich die Tür.

Der Arzt ging zum Lift, und Salamin betrat mit Oksana die andere Penthouse-Suite.

Er machte Licht und sie stürzte sich sofort auf die Bar. »Na, Gott sei Dank, die ist wenigstens noch gut bestückt.«

Bevor Salamin eingreifen konnte, genehmigte sie sich wieder zwei Fläschchen. Die leeren Fläschchen warf sie *à la russe* über ihre Schultern. Salamin konnte sich gerade noch rechtzeitig aus der Schusslinie bringen. Dann ließ sie vor seinen Augen ihren Bademantel zu Boden gleiten und drehte sich lachend einmal mit hocherhobenen Armen kokett um ihre eigene Achse.

»Schauen Sie nicht weg, Herr Direktor. Ich bin doch ein schöner Anblick, nicht wahr? Vielleicht können Sie mich ja anderen Gästen empfehlen.«

Salamin bemühte sich, ihr beizupflichten, und bückte sich nach den leeren Schnapsfläschchen.

»Ich geh mal unter die Dusche, denn ich habe das Gefühl, dass ich nach Tod rieche. Kommen Sie mit und leisten Sie mir Gesellschaft. Sie haben sehr schöne blaue Augen, Monsieur le Directeur ... ist mir vorher noch nie aufgefallen.«

Salamin überhörte das Kompliment. »Nein, gnädige Frau, während Sie duschen, versuche ich telefonisch die Familie zu benachrichtigen.«

»Auch gut. Grüßen Sie Amélie herzlich von mir.«

Sie lachte und stolperte ins Badezimmer.

Amélie? Meinte sie Madame Lütolf? Das kann ja wohl nicht ihr Ernst sein. Kannte sie sie?

Salamin schüttelte den Kopf. Er beschloss, alles auf ihren Zustand zu schieben und nicht ernst zu nehmen.

Er zückte sein Notizbuch, wo er so allerhand über seine wichtigsten Stammkunden eingetragen hatte und fand auch gleich die Nummer der Familie Lütolf in Genf.

Er musste nicht lange warten, da nahm die Nachtschwester von Madame Lütolf ab. Er wurde auch gleich mit Madame verbunden, da offensichtlich auch sie wach war.

Salamin entschuldigte sich für die Störung und teilte ihr in kurzen, aber gewählten Worten den Tod ihres Mannes mit.

Es blieb lange still, so dass Salamin sich nach einer Weile vorsichtig erkundigte, ob Madame noch da wäre.

Madame war noch da und bedankte sich für die Benachrichtigung. Nach einer weiteren Pause verlangte Madame Lütolf kategorisch, dass man ihren Mann umgehend obduzieren sollte. Sie und ihre Familie hätten ein Recht darauf, aufs Genaueste zu erfahren, woran ihr Gemahl gestorben wäre. Man sollte sie dann umgehend über den Befund informieren. Im Weiteren würde sie einen Vertreter der Familie nach Arosa entsenden, der alles andere in die Wege leiten würde.

Dann beendete sie das Gespräch, ohne sich zu verabschieden.

Salamin war schockiert. Madames Tonfall war so eiskalt gewesen, dass es ihn nach dem Gespräch für einen Moment fröstelte.

War das nun Selbstschutz? Und war das in solchen Kreisen üblich?

Salamin überfiel plötzlich die Erkenntnis, dass er aus ihrer Stimme Hass gehört hatte, blanken Hass.

Er schüttelte sich.

Das ging ihn eigentlich alles nichts an. Er war nicht verantwortlich für das Leben seiner Gäste. Seine einzige Aufgabe war es, dass sich alle während der Zeit ihres Aufenthaltes hier wohl und nach Strich und Faden verwöhnt fühlten. Genau nach dem Gegenwert der Preise, die in diesem Hause, weiß Gott, nicht unbedeutend waren. Basta.

Wenn natürlich jemand stirbt, ist das für das Hotel der GAU, auch wenn das Hotel nichts dafür kann.

Salamin versuchte, einen klaren Kopf zu behalten.

Noch heute Nacht musste der Tote aus dem Hotel gebracht werden. Und dann musste er irgendwie die Russin unter Kontrolle kriegen.

Er rief den Arzt auf dessen Handy an. Der antwortete auch sofort. Er sprach gerade vor dem Hotel mit den Leuten von der Ambulanz. Salamin berichtete ihm von der Forderung der Familie nach Obduktion und bat ihn eindringlich, die Ambulanz möge den Toten jetzt gleich mitnehmen.

Der Arzt schwieg eine Weile.

Es sei zwar unüblich, aber er könnte es veranlassen. Dann müsste man aber auch die Suite versiegeln lassen, denn falls bei der Obduktion Unstimmigkeiten zu Tage träten, müsste man die Suite unter Umständen untersuchen lassen können, und zwar in dem Zustand, wie sie sich heute darbot.

Salamin schluckte.

Das hieße im Klartext, dass die Polizei ins Haus käme. Da er aber keine andere Möglichkeit sah, erklärte er sich mit dem Vorgehen einverstanden.

Der Arzt würde also jetzt gleich mit den Männern der Ambulanz den Toten abholen und die Polizei benachrichtigen.

Salamin lauschte in Richtung Badezimmer. Oksana war immer noch unter der Dusche. Er setzte sich erschöpft auf ein Sofa und merkte erst jetzt, dass er sein Hemd durchgeschwitzt hatte. Er griff noch einmal zum Telefon und benachrichtigte seine Frau über das Geschehen und dass er wohl oder übel die ganze Nacht hier verbringen müsste.

Er sprang wieder auf, trat leise zur Badezimmertür.

»Gnädige Frau, ich muss ganz schnell weg, bin aber gleich wieder bei Ihnen.«

Sie antwortete nichts, er nahm aber an, dass sie ihn gehört hatte.

Er ging in die Suite nebenan, wo die Männer der Ambulanz gerade den Toten auf die Bahre gehoben hatten und bereit zum Abtransport waren.

»Wo ist Dr. Walkmeister?«

»Er ist bereits gegangen und wird unsere Ankunft in Chur vorbereiten.«

Sie gelangten ungesehen in den Empfangsbereich und die Männer trugen die Leiche in ihre Ambulanz.

Salamin ging in die Küche, machte Licht, suchte ein Steak aus einem der Kühlfächer und entzündete eine der Gasflammen am Herd.

Ulf wird es mir hoffentlich verzeihen, wenn er die Zusammenhänge erfährt.

Salamin wusste, dass er ein Sakrileg beging, aber es blieb ihm keine andere Möglichkeit. Er musste Oksana zum Essen bringen und er wusste, dass sie saftige Steaks über alles liebte. Er angelte sich eine Bratpfanne, schmiss eine Ecke Bratfett hinein. Bis die Pfanne heiß wäre, holte er Teller und Besteck, schnitt ein kräftiges Stück Brot ab und legte dann behutsam das Fleisch in die Pfanne.

Als er mit dem Tablett in die Suite trat, empfing ihn Oksana schmollend.

»Sie haben mich allein gelassen, ohne mir etwas zu sagen. Das ist gemein von ihnen. Ich bin schließlich traumatisiert.«

Salamin schwieg. Er wusste, dass er hier mit Argumentieren nicht weiterkam. Er sah mit Schrecken auch weitere leere Fläschchen.

Er stellte das Tablett auf den Tisch.

»So. Gnädige Frau, das Essen ist serviert.«

Sie guckte überrascht hoch.

»Ich habe kein Essen bestellt. Ich kann nicht essen. Ich kann nur trinken.«

»Aber, gnädige Frau, ich bitte Sie! Sie müssen etwas essen. Sie müssen sich stärken, nach all dem, was Sie erlebt haben.«

Händeringend versuchte Salamin, sie zu überzeugen.

»Riechen Sie doch mal. Ich habe Ihr Lieblingsessen vorbereitet. Ein saftiges Steak. Ich bitte Sie, tun Sie mir den Gefallen, nehmen Sie wenigstens ein paar Bissen.«

Sie winkte ab.

»Geben Sie sich keine Mühe. Ich werde es nicht anrühren. Essen Sie es doch selbst. Oder schmeißen Sie es meinetwegen weg.«

Salamin schnitt ein paar Stücke ab, nahm den Teller und setzte sich zu ihr ans Bett.

»Ich werde Sie jetzt füttern. Machen Sie den Mund auf.«

Sie begann zu lachen und schlug mit der Hand auf die Bettdecke.

»Nein, nein, nein. Ich will nicht essen. Ich will trinken.«

Salamin gab es auf. Er stellte den Teller zurück auf den Tisch.

Aus den Augenwinkeln sah er, wie sie das Bett verließ und zur Bar wankte.

Blitzschnell drehte sich Salamin um, spurtete los und wollte ihr den Weg absperren. Aber sie war schneller, packte die letzten Fläschchen, versteckte sie hinter ihrem Rücken.

Sie lachte.

»Los! Holen Sie sie, wenn Sie sich getrauen.«

Da sie vollkommen nackt war, wandte er sich um, hob die Hände, um zu zeigen, dass er aufgab.

Er setzte sich an den Tisch und begann in seiner Verzweiflung selber zu essen.

Sie huschte glucksend vor Lachen ins Bett. Er schaute nicht mehr zu ihr.

Er hat Angst vor mir! Der Direktor mit den blauen Augen hat Schiss vor mir.

Sie schraubte ein Fläschchen nach dem anderen auf und schluckte den Inhalt.

Na ja, auch gut, dachte Salamin, irgendwann wird sie ja wohl von selbst einschlafen.

Er setzte sich etwas bequemer hin und aß sein selbst gebratenes Steak plötzlich mit großem Genuss. Erst jetzt wurde ihm bewusst, dass er einen richtigen Heißhunger hatte. Kurz entschlossen stand er auf und holte sich im Eisschrank ein Bier.

Wenn schon, dann schon, sagte er sich trotzig.

Oksana beobachtete ihn und prostete ihm dann mit dramatischer Geste zu. Dann ließ sie sich wieder lachend zurück ins Bett fallen. Ihre Augen erschienen Salamin schon ziemlich glasig. Wahrscheinlich wird es nicht mehr lange dauern, bis sie Ruhe gab, dachte er.

Da hatte er leider keine Ahnung von der Trinkfestigkeit einer wild entschlossenen Russin.

Nachdem er das Steak aufgegessen und den letzten Schluck Bier getrunken hatte, lehnte er sich zurück und schloss die Augen.

Vielleicht, wenn er sich ganz ruhig verhielte, würde sie auch langsam Ruhe geben und einschlafen.

Kurz bevor er selbst fast am Einschlafen war, begann sie zu reden, vielmehr, es war ein Lied, das sie anfing zu singen.

Zuerst verstand er nichts, denn sie sang das Lied beinahe flüsternd. Dann wurde ihre Stimme etwas kräftiger. Er kannte das Lied nicht, es klang nach einer Volksweise oder einem Kinderlied, das von einer kleinen weißen Birke handelte.

Wenn es ihr beim Einschlafen hilft, dachte Salamin und schloss wieder die Augen. Sie brach das Lied ab.

»Schlafen Sie, Salamin? Sie dürfen nicht schlafen. Erst wenn *ich* schlafe, verstehen Sie!«

Er setzte sich seufzend auf und nickte, ergeben in sein Schicksal.

Wissen Sie, wer dieses Lied immer gesungen hat?

Er antwortete nicht, denn ihre Frage war ja doch nur rhetorisch gemeint.

»Meine kleine Schwester Polina.«

Sie schluchzte beim Aussprechen des Namens laut auf.

»Liebe, liebe, kleine Polina.«

Sie weinte eine Weile hemmungslos. Dann richtete sie sich auf.

»Können Sie sich nicht zu mir setzen, bitte?«

Salamin erhob sich und setzte sich an den Rand ihres Bettes.

»Guillaume hat sie auf dem Gewissen, wissen Sie. Er hat sie in den Tod getrieben.«

Sie nickte heftig mit dem Kopf.

»Sie war so naiv und wehrlos, die Arme. Sie hatte ja überhaupt keine Ahnung.«

Salamin schaute sie skeptisch an.

»Woher kannte Ihre Schwester denn Herrn Lütolf?«

»Sie war Pflegerin bei seiner Frau, bei Amélie Lütolf.«

»Aha. Wie kam denn Ihre Schwester nach Genf?«

»Ach, das ist eine lange Geschichte, aber sie wollte unbedingt weg von zu Hause, sie wollte nach Europa. Sie war zuerst in Paris, konnte sich dort zur Pflegerin ausbilden, das wollte sie schon immer werden. Wissen Sie, Polina war immer ein hilfsbereites Wesen. Das lag ihr irgendwie im Blut.«

Sie lachte auf.

»Da war sie wirklich ganz anders als ich.«

Salamin räusperte sich. Er wollte die Sache abkürzen, denn er wusste nicht, worauf sie hinauswollte.

»Dann kam sie also als Pflegerin zu Madame Lütolf und da hat sie denn auch den Hausherrn kennengelernt, nehme ich an.«

»Ja. Genau so war es. Sie war kaum einige Wochen im Hause Lütolf, begann er sie zu umwerben, machte ihr Geschenke, belagerte er sie mit seiner Geilheit. Sie hatte das in ihrer Naivität mit Verliebtheit verwechselt.«

»Und dann?«

Sie richtete sich auf.

»Und dann? Ich nehme an, Sie wollen nur die Kurzfassung.«

Ihre Zunge wurde immer schwerer.

»Erst hat er sie geschwängert, dann hat er sie gezwungen abzutreiben, das Schwein, dann hat er sie fallen lassen. Sie wurde schwer depressiv und hat sich umgebracht. Punkt.«

Salamin war erschüttert.

»Konnten Sie denn nicht vorher eingreifen oder helfen?«

»Nein, ich war in Amerika, und Polina hat uns ihre Schwangerschaft und auch alles andere verheimlicht. Ich bin dann sofort nach Genf gereist, habe mich Amélie Lütolf als Nachfolgerin angeboten und nach und nach erfahren, was sich abgespielt hatte.«

Salamin war verwirrt.

»Sie meinen mit Nachfolgerin, dass Sie also, äh ... ich meine, äh ... als Pflegerin bei Madame Lütolf? Wieso denn das?«

»Ich wollte wissen, was geschehen war. Ich fühlte mich verantwortlich für meine Schwester. Nein, das stimmt nicht: Ich fühlte mich schuldig.«

Sie weinte wieder krampfartig. Salamin wartete mit Herzklopfen. Langsam wurde ihm die Geschichte unheimlich.

»Wollen Sie ein Glas Wasser?«

»Nein.«

Sie wischte sich das Gesicht.

»Ich fühlte mich schuldig, weil ich mich lange Zeit nicht um meine kleine Schwester gekümmert hatte. Und plötzlich war es dann zu spät. Unwiederbringlich zu spät.«

Sie starrte ihn an.

»Bringen Sie mir jetzt doch ein Glas Wasser. Und ein nasses Tuch.«

Salamin war froh, etwas tun zu können.

Sie trank gierig, legte sich wieder hin und schlug das Tuch übers Gesicht. Sie sprach unterm Tuch weiter.

»Ich gewann sehr schnell das Vertrauen von Madame. Wissen Sie, was uns verband?«

Salamin ahnte es.

»Nein, keine Ahnung.«

»Unser Hass.« Sie riss das Tuch vom Gesicht. »Hass ist ein starkes Band. Stärker als die Liebe, die sowieso nur eine Einbildung ist. Hass ist etwas ganz Reales.«

Sie schloss die Augen und schwieg ziemlich lange.

Nach einer Weile wollte Salamin sich vorsichtig erheben.

»Sitzen bleiben! Erst wenn ich schlafe, habe ich gesagt! Geben Sie mir bitte Ihre Hand. Keine Angst, es ist bald so weit.«

Er gab ihr seine Hand.

Ihre Hand war überraschend klein. Eine Kinderhand. Er spürte, wie sie sich entspannte. In seinem Kopf rasten die Gedanken.

Als er endlich begriff, überfiel ihn eine siedend heiße Hitze.

Nach einer Weile, als er seinen Atem wieder im Griff zu haben glaubte, räusperte er sich. Zu mehr als einem Flüstern reichte es aber nicht.

»Wieso besteht Madame Lütolf denn unbedingt auf einer Obduktion?«

Sie antwortete nicht. War sie jetzt eingeschlafen? Er beugte sich über ihr Gesicht. Plötzlich öffnete sie ihre Augen.

»Wir wollen jedem falschen Gerücht zuvorkommen, verstehen Sie? Die Welt ist schlecht und denkt am liebsten das Schlechte.« Sie lächelte und gähnte ausgiebig. »Die Obduktion wird beweisen, dass er einen ganz natürlichen Tod gestorben ist, der große Bankier Guillaume Lütolf.«

Sie atmete ganz ruhig.

»Haben Sie mich nicht schreien gehört? Seine Geilheit hat ihn getötet und mein Schrei hat ihn in den Tod begleitet. Ich glaube nicht, dass das strafbar ist.«

Salamin starrte sie an, konnte aber nichts sagen.

Mit einem Lächeln auf ihrem schönen Gesicht schlief sie endlich ein.

Verständnis für einen Mörder

PETER HÖNER

Ich bin ein friedliebender Mensch. Ja, das bin ich, friedliebend. Und überzeugt davon, dass jedes Lebewesen, jeder Organismus etwas Einmaliges ist und alles auf der Welt seinen Platz hat. Vom »Fressen, oder gefressen werden« halte ich nichts. Sie verstehen, was ich meine. Ich spreche von einer höheren Ordnung. »Es fällt kein Sperling vom Dach, ohne dass Gott es will.« Nennen Sie es Schicksal oder Fügung, aber das Fressen allein, ich bitte Sie, das kann es doch nicht sein.

Umso mehr werden Sie mein Entsetzen verstehen, und dasjenige meiner Frau. Gleich am ersten Morgen im Schlosshotel eine Leiche.

Sie lag in dem kleinen Zwischenraum – wenn Sie aus dem Haupthaus hinüber ins Restaurant gehen – zwischen zwei Topfpflanzen auf einem kleinen Perserteppich, zu Füßen einer Männerbüste, die statt auf einem Sockel auf dem Boden stand. Zur Linken eine Schuhputzmaschine, zur Rechten vier Stühle, aufgereiht wie in einem Wartezimmer. Wer, um Himmels Willen, sollte denn hier Platz nehmen? Nun gut, ein Durchgangsraum, den der Anbau überflüssig gemacht hatte, zu Panama-Sondereggers Zeiten wahrscheinlich ein hübsches Vorzimmer, heute gerade mal gut, um eine Leiche zu deponieren.

Der Tatort sah schrecklich aus. Der Boden voller Blut, ein abgetrennter Kopf, Gedärm. Wirklich sehr unappetitlich. Auf jeden Fall konnte ich den spitzen Schrei meiner Frau verstehen. Ich zog sie denn auch so schnell wie möglich auf die Terrasse hinaus und drängte sie ins Restaurant. Wir hatten noch nicht einmal gefrühstückt.

Wir sind beide empfindlich, und wie alle einigermaßen friedliebenden Menschen fragen wir uns, wie jemand dazu kommt, ein anderes Lebewesen umzubringen, einfach so, brutal und grausam. Doch während ich voller Mitleid für das jeweilige Opfer bin, ändert meine Frau immer wieder ihre Meinung und bemüht sich darum, die Tat eines Mörders zu verstehen. Sie findet Entschuldigungen, Gründe, die einen Mord als nachvollziehbar erscheinen lassen, ihn gar rechtfertigen, und, ja, ich sage es ungern, ihre Anteilnahme gilt schnell einmal mehr dem Täter, als dass sie das Opfer bedauern würde.

Während des Frühstücks sahen wir zu meiner Beruhigung, dass die wohl angebrachten Maßnahmen bereits in die Wege geleitet worden waren und der Tatort inspiziert, die Leiche ordnungsgemäß entsorgt wurde. Das Vorgehen entsprach allen Regeln der Kunst, wie dies uns Laien ja auf Grund fleißiger Krimilektüre und des Konsums von Fernsehfilmen durchaus bekannt ist. Ein großes Lob verdient in diesem Zusammenhang die Hoteldirektion, die es verstand, die ganze Angelegenheit so diskret abzuwickeln, dass die Mehrzahl der Hotelgäste den bedauerlichen Vorfall wohl gar nicht bemerkt haben dürfte.

Auf dem Rückweg in unser Zimmer waren denn eine Hotelzimmerpflegefachfrau und ein sehr junges Zimmermädchen, das diesen Namen wohl noch verdient, bereits dabei, den Teppich vom Blut und anderen Spuren zu reinigen. Meine Frau war kurz davor, sich nach dem Täter zu erkundigen, doch ich kam ihr zuvor, indem ich fragte, ob man denn wenigstens schon etwas über das Opfer wisse.

Die beiden Frauen erzählten bereitwillig, dass es sich um einen Einheimischen handle, der immer wieder in der Küche aufgetaucht sei. Ein etwas allzu aufdringlicher Besucher, von dem es hieß, dass er ab und zu etwas mitlaufen lasse, im Grunde genommen aber ein harmloser Geselle, der insbesondere bei Kindern ausgesprochen gut ankam. Nicht aber bei der Direktion. Ihr sei er, so die beiden Frauen, ein Dorn im Auge gewesen. Trotzdem wäre es falsch, den Direktor oder irgendeinen seiner Angestellten zu verdächtigen, auch wenn nicht auszuschließen sei, dass der eine oder die andere den Killer kenne.

Ich wollte das alles gar nicht wissen, nickte bedauernd und sagte, auch um das Gespräch in einem versöhnlichen Ton abzuschließen, dass ich doch sehr hoffe, dass ihre Arbeit, das Reinigen eines Blut durchtränkten Teppichs, keine alltägliche sei, worauf sich die Hotelzimmerpflegefachfrau nach mir umdrehte und mir mit einem merkwürdigen Schalk in den Augen versicherte, das erste Mal sei es nicht.

Leicht verunsichert gingen meine Frau und ich auf unser Zimmer, zogen Wanderkleidung an und versuchten auf einem längeren Spaziergang die unerfreulichen Eindrücke des Morgens zu verdrängen, was uns, dank des fast frühlingshaften, schönen Wetters auch überraschend gut gelang. Wir besuchten die Badeanlagen, studierten deren Geschichte und freuten uns über den Reichtum an Eindrücken. Die Geschichte des Bads, die vielen Kunstwerke in den Parkanlagen, Persönlichkeiten wie Bernhard Simon und Conrad Sonderegger, die genauso die Geschicke des Badeortes bestimmt hatten, wie die vielen Widrigs auf dem Friedhof. Auf jeden Fall war die Leiche kein Thema mehr, und unser

Besuch hätte sich wohl zu einem glücklichen und erholsamen Aufenthalt entwickelt, hätten wir nicht tags darauf auf einer Besichtigungstour der Schlossräume eine weitere, übel zugerichtete Leiche entdeckt.

Ich gebe zu, dass wir, vor allem meine Frau, sehr neugierige Leute sind und ab und zu auch Türen zu Räumlichkeiten öffnen, die uns nichts angehen. In den Kellerraum rechts neben dem Treppenhaus verirrten wir uns aber nur, weil wir glaubten, eine Abkürzung ins Restaurant gefunden zu haben. Ich wäre beinahe in einen Eimer getrampelt, die Treppe runter gestürzt, um ein Haar hätte ich mir an einer heimtückisch tiefen Decke den Kopf aufgeschlagen, bevor wir in einem kleinen Keller landeten, in dem ordentlich gebündelt die alten Zeitungen aufbewahrt wurden.

Das Opfer lag in der Mitte des Raumes. Es war offensichtlich, dass es nicht nur eines unnatürlichen Todes gestorben war, sondern auf geradezu bestialische Weise gequält worden sein musste. An den Wasserrohren klebten Haarbüschel, neben der Blutlache lagen abgetrennte Gliedmaßen, aus dem Kopf quollen die Augen, die trotz eines unzweifelhaften Todes glänzten, als seien sie noch lebendig und sehend.

Ich weiß nicht, wie lange wir auf die Leiche starrten, bevor wir uns wie auf Kommando und in ein und demselben Augenblick umdrehten und die Kellertreppe hochstürmten. Ohne ein Wort miteinander gewechselt zu haben, stürzten wir zur Rezeption und stießen den einzig möglichen Satz hervor: Sie haben eine Leiche im Keller.

Zum Glück befanden sich keine Gäste in der Eingangshalle. Die Rezeptionistin starrte uns an, als seien wir zwei Verrückte, aus der Bar eilte ein Kellner herbei und hinter einer Schrankwand tauchte der Hoteldirektor auf, dessen charmante Freundlichkeit für einmal aus seinem Gesicht gewichen war.

Etwas ruhiger und nicht ganz so dramatisch teilten wir den Herbeigeeilten unsere Entdeckung mit und waren froh, dass wir den Fall, der uns ja nichts anging, außer dass wir die Leiche entdeckt hatten, berufeneren Händen überlassen konnten. Wir schätzten uns glücklich, dass uns niemand fragte, was wir denn im Keller zu suchen gehabt hatten, und stellten mit einer nicht ganz uneitlen Befriedigung fest, dass eine leicht nervöse Rezeptionistin zum Telefon griff und die in einem solchen Fall wohl notwendigen Schritte veranlasste.

Das Einzige, worum uns der Direktor und seine Frau baten, war Diskretion. Das schien ihnen das Wichtigste. Diskretion. Das Opfer, erneut ein Einheimischer, und der oder die Täter interessierten sie nicht.

Ich wunderte mich. Ich gebe zu, ich war irritiert. Vor allem von den Frauen hätte ich etwas mehr Mitgefühl erwartet. Auch von meiner Frau.

All ihre Gedanken schienen sich ausschließlich um den Täter zu drehen, für den sie eine Neugier entwickelte, die mir ein bisschen peinlich war. Doch, wie gesagt, sie war in guter Gesellschaft, wer auch immer mit den beiden Fällen zu tun hatte, erging sich in Mutmaßungen über den Täter, den einige sogar zu kennen glaubten. Sie schienen sich damit zu brüsten, als wäre die Bekanntschaft mit einem Mörder eine Auszeichnung. »In dubio pro reo«, sicher, natürlich, der Schutz vor falscher Vorverurteilung, ein Menschenrecht, aber dass hieß doch nicht, dass man sich mit dem Täter solidarisierte, als stecke man mit ihm unter einer Decke.

Ich schien weit und breit der Einzige, der sich um die Opfer und ihre Familien irgendwelche Gedanken machte. Trotz meiner Sympathie billigte ich deren Schandtaten allerdings nicht. Ich weiß, dass sie nur darauf aus waren, vom Luxus des Hotels zu profitieren. Aber wer wollte ihnen dies missgönnen?

Sie sehen, die Fälle waren komplizierter, als wir angenommen hatten. Meiner Meinung nach ein weiterer Grund, um auf eine übereilte und einseitige Parteinahme zu verzichten. So kam man der Wahrheit nicht auf die Spur. Es konnte gar nicht anders sein, als dass Fehler gemacht wurden.

Natürlich sind zwei Leichen keine Reklame für ein Hotel, aber indem man sie unter den Teppich kehrte, klärte man die Fälle auch nicht auf, und bei aller Wertschätzung und den wunderschönen Tagen, die wir hier verbrachten, trotz guter Küche und der liebenswürdigen Betreuung durch die Hotelmannschaft, vom Direktor bis zur mädchenhaften Hotelzimmerpflegefachfrau, muss ich doch sagen, dass mich deren betonte Gelassenheit und offensichtlich erbarmungslose Seelenruhe beunruhigten.

Schwieriger als erwartet gestaltete sich die Suche nach dem Täter. Ein Gast, ein allein reisender Ingenieur, wollte im Restaurant gehört haben, wie andere Gäste einen ganzen Abend lang über Morde schwätzten. Es handelte sich um harmlose Autorinnen und Autoren von Kriminalgeschichten, die in ihrem Übermut Täler entvölkerten, Schiffe versenkten und einsame Sonderlinge in Schluchten entsorgten. Eine extra herbeizitierte Hotelzimmerpflegefachassistentin behauptete, sie habe gesehen, wie der Täter aus einem Fenster von Zimmer 12 gesprungen und unverzüglich im Unterholz des Waldes verschwunden sei. Irgendwelche Spuren ließen sich nicht mehr finden, da erneut Schnee gefallen war. Der Kellner, der jeder Figur Goldonis alle Ehre gemacht hätte, ein grandioser Diener zweier Herren, schlug die Hände vors Gesicht, zeigte dann in alle Himmelsrichtungen, tat, als würde er dem Gesuchten das Genick brechen, verwarf erneut die Hände und marschierte, unverständliche Verwünschungen vor sich hin murrend, in die Küche hinaus. Die Wellness-Aufsicht wollte bemerkt haben, wie eine Gestalt am späteren Nachmittag um die Kunstwerke auf der Wiese geschlichen sei. Sie habe sich im gläsernen Würfel mit den eingefrorenen Ästen gespiegelt. Aber beschwören wollte sie es nicht.

Tatsache war, dass alle Spuren, die auf den Täter verwiesen, buchstäblich im Sand, respektive im Schnee verliefen und niemand eine Ahnung hatte, wo der Unhold stecken könnte, obwohl alle davon überzeugt waren, dass er sich nach wie vor in unmittelbarer Nähe des Hotels aufhielt. Die Rezeptionistin scherzte sogar, vielleicht liege er in einem der Zimmer auf einem Bett und schlafe. Das hieß dann aber doch mit dem Entsetzen seinen Scherz treiben.

Da riss man Witze über einen zweifachen Mörder, von dem niemand sagen konnte, ob, wann und wo er ein weiteres Mal zuschlagen würde, man ließ ihn schlafen und niemand, aber wirklich niemand, fühlte sich bemüßigt, sämtliche Räume zu durchsuchen, um den Schuldigen zu stellen.

Diese Untätigkeit verletzte und verstimmte mich, und auf eine merkwürdige Weise beleidigt, vielleicht auch, weil meine Frau so eindeutig wie alle andern für den Täter Partei ergriff, verzog ich mich aufs Zimmer und legte mich ins Bett, während meine Frau in die Sauna ging.

Das gute Abendessen und die herzliche Atmosphäre, welche der *maître d'hôtel* und sein Team verbreiteten, versöhnte uns dann wieder und für zwei weitere Tage genossen wir das allerunbeschwerteste Sein, wie es nur ein gutes Hotel zu bieten weiß.

Doch dann, wir kamen von einem späten Frühstück, flitzte vor unseren Augen der mutmaßliche Täter aus einem Zimmer, dessen Türe offen stand, und rannte an uns vorbei die Treppe hinunter. Im Zimmer kreischten die Hotelzimmerpflegefachfrau und das Mädchen. Ich eilte den beiden zu Hilfe, während meine Gattin die Verfolgung des Täters aufnahm.

Die Hotelangestellten standen zitternd vor der Kommode, die Hände vor den Mund geschlagen, als müssten oder könnten sie ihre eigenen Schreie ersticken.

Die Situation war klassisch und vollkommen klar. Ich hatte den Täter gesehen. Geistesgegenwärtig warf ich mich auf den Boden und schaute unter die Betten. Während der Täter von den Frauen in die Flucht geschlagen worden war, hatte das Opfer versucht, zu fliehen und sich zu verstecken. Doch meine Hilfe kam zu spät. Die Gemeuchelte wand sich in ihrem Blut, ihre Beine zappelten, dann streckte sie sich und war tot. Mausetot.

Ich stürmte durchs Treppenhaus zur Rezeption. Dort saß in aller Unschuld und mit einer provozierenden Selbstverständlichkeit, mit einem trägen Blick meinen ungestümen Auftritt quittierend, und auf dem Schoß meiner Angetrauten, der Mörder und schnurrte. Kater Basil.

Meine Frau strahlte und kraulte dem Tiger den Hals.

In dr Wellness wie im Sterba kommt a jeder dra

Tatjana Kruse

Ganz ehrlich, unter einem Auftragsmörder stellen Sie sich doch auch einen schwer gestörten Soziopathen vor, der nur dann Kontakt mit anderen Menschen aufnimmt, wenn er sie teuflisch ermorden will. Das ist ein ganz gängiges Vorurteil, das muss Ihnen jetzt nicht peinlich sein, dass Sie damit völlig falsch liegen.

Aber ich sage jetzt mal: Der normale Auftragsmörder ist gesellig und genießt ein fröhliches Beisammensein im Kreis netter Kollegen ebenso wie jeder andere. Deswegen treffen wir uns auch immer einmal jährlich an unterschiedlichen Locations zum Austausch. Vorletztes Jahr fand unser Jahrestreffen im *Peninsula* in Hongkong statt, letztes Jahr im *Waldorf Astoria* in New York und dieses Jahr hier im Fünf-Sterne-Hotel *Ermitage* in Schönried. Der vor Ort ansässige Kollege übernimmt dabei stets die Buchung sowie die Vollpension für alle Teilnehmer, und immer ist es ein großes Hallo, wenn man sich dann wiedersieht und von den Bodycounts der vergangenen zwölf Monate erzählt. Oder damit prahlt, je nach Charakter. Es gibt eben solche und solche.

Wie, Sie zweifeln? Sie denken, Sie würden einen Auftragsmörder erkennen, wenn Sie einen sehen? Ganz sicher? Nur ein Beispiel: Das greise Ehepaar heute Morgen beim Frühstücksbüfett, sie im Paillettenpulli, er in der karierten Hose? Liz und Mike Stansfield aus Arkansas, seit 55 Jahren verheiratet, ein Paradebeispiel für eine gelungene Partnerschaft, beruflich wie privat. Sie glauben, Marilyn Monroe hätte sich suizidiert? Mitnichten. Liz und Mike haben ihr damals im Auftrag von Mrs. Kennedy – nicht die Ehefrau, die Mutter! – den tödlichen Medikamentencocktail verabreicht.

Spektakulär erschossene Diktatoren machen doch höchstens 0,1 Prozent unserer Arbeit aus. Lästige Arbeitskollegen oder überfällige Erbtanten überwiegen, sie stellen unseren Alltag dar.

Meist arbeiten wir professionell im Verborgenen. Manches kommt nie ans Licht. Nur ein Beispiel: Den Damen unter Ihnen wird hier im Hotel doch sicher Augusto aufgefallen sein, der umwerfend aussehende Latin-Lover aus Argentinien. Der sich am liebsten auf einer der ergonomischen Wärmeliegen im Tepidarium räkelt und immer ein wenig traurig aussieht. Er hat vor ein paar Jahren Fidel Castro ermordet, aber die Kubaner haben das vertuscht. Haben Sie sich nie gewundert, warum Fidel jahrelang angeblich siech darniederlag und seinem Bruder die Regierungsgeschäfte übertrug, und plötzlich taucht er vor einigen Monaten bei einem Fernsehinterview auf, so fit und fidel, als hätte er sechs Wochen intensiven Wellnessurlaub im *Ermitage* hinter sich? Die Kubaner haben einen Doppelgänger mit Schauspielerfahrung angeheuert, der locker noch mal zwanzig Regierungsjahre abreißen kann. Klar ist Augusto jetzt depri drauf. Das muss einen doch am Boden zerstören, wenn man einen exzellenten Auftragsmord abgeliefert hat und einem dann niemand glaubt, wenn man ihn in seiner Referenzliste aufführt.

Lange Vorrede kurzer Sinn: Wir tagen also derzeit im *Ermitage*. Getarnt als Schach-Club, was uns auch alle abnehmen, bis vielleicht auf Direktor Walliser, der den Braten riecht, womöglich weil Mandy und Sandy, unsere minderjährigen, sächsischen Killerzwillinge mit den blonden Zöpfen, den Schachfiguren immer die Köpfe abreißen, wenn sie verlieren, was sie ständig tun. Weltweit kennt man die beiden, weil sie nachts in Hotelfluren kichernd *Shining* nachspielen, komplett mit Axt und teuflischen Grinsegesichtern.

Als *Ermitage*-Gast müssen Sie sich aber wirklich keine Sorgen machen. Wir sind nur zur Entspannung und zu Fachgesprächen hier, gemäß dem Motto *Come up and slow down*. Ohnehin töten wir ja nie zum Vergnügen, sondern immer nur gegen Geld, und solange Ihre Reisebegleitung keinem von uns einen Koffer Bares anbietet, sind Sie absolut sicher. Versprochen. Bei uns Profis weiß man, woran man ist!

Unser Jahrestreffen sieht Moorpackungen, Murmeltierölmassagen und Drei-Gang-Menüs vor – Erholung pur. Dazwischen noch ein paar Fachvorträge von Igor dem Russen über Halbautomatikwaffen und Ilija dem Bulgaren zum Thema Handarbeit, also »Würge- und Drosseltechniken«. Ich hatte mich wirklich sehr auf diesen Kurzurlaub gefreut.

Und dann das ...

Vorgestern stehe ich Schlag 15 Uhr am ausladenden Kuchenbüfett, und während mir das nette Servierfräulein den warmen Apfelstrudel mit Vanillesoße vorlegt, gehe ich zu der Anrichte mit den Zeitungen und will in *Finanz & Wirtschaft* nachschlagen, wie ich mein letztes Honorar am gewinnbringendsten anlegen könnte, da merke ich, dass eine der Türen der Anrichte aufsteht und in dem offenen Spalt sehe ich ... eine rosa Schleife.

Jetzt muss man wissen, dass Olga die Ukrainerin – eine ehemalige Hammerwerferin, zweimal Gold bei den Olympischen Spielen in Moskau, deren Markenzeichen das Zu-Tode-Quetschen des Opfers mit ihren muskulösen Oberschenkeln ist – immer eine rosa Schleife im hennaroten Haar trägt.

Das macht mich jetzt natürlich stutzig. Ich tue so, als müsste ich mir die Schnürsenkel binden, und in der Tiefergelegten ziehe ich die Holztür etwas weiter auf und tatsächlich: Es ist Olga. In der Mitte gefaltet. Tot! Die Leichenstarre hat schon eingesetzt.

Jetzt nur kein Aufsehen.

Ich schließe die Tür, dieses Mal fest, und setze mich auf meinen Stammplatz vor den flackernden Kamin, wo ich genüsslich meinen Apfelstrudel mit Vanillesoße vertilge und auch gleich noch eine zweite – und ja, auch noch eine dritte – Portion nachbestelle. Erst danach gehe ich zu unserem Gastgeber. Nein, nicht Direktor Walliser, der soll von diesem unschönen, kleinen Störfall möglichst nichts erfahren. Ich gehe zu meinem Schweizer Kollegen, auf dessen Einladung wir im *Ermitage* weilen.

Harry Hasli, von allen nur »Der Professor« genannt, vermutlich, weil er sehr distinguiert aussieht und Tweedjacken mit Ellbogenschützern trägt. Seine Lieblingswaffe ist die singende Säge, mit der er wahlweise musiziert oder seine Opfer bei lebendigem Leib zerlegt, was klangtechnisch auf dasselbe hinausläuft. Er hat dieses Jahrestreffen mit viel väterlichem Wohlwollen organisiert und ruft immer »Großartig!«, wenn wir Kollegen auf die Sekunde genau um 19 Uhr – einer Elefantenhorde gleich – gemeinschaftlich zum Büfett trampeln.

Ich finde ihn, ein Pfeifchen schmauchend, in der »Lungenpflegeabteilung«, will heißen: vor der Hintertür im Raucherbereich.

Auf unseren Jahrestreffen löst man kollegiale Zwistigkeiten nicht final, das ist rücksichts- und manierenlos und einfach ungehörig. Gemeinsam beschließen wir, die Sache zu vertuschen.

In der Nacht hole ich Olga aus dem Schrank und verfrachte sie in den Kofferraum ihres Geländewagens, den ich daraufhin nach Saanenmöser lenke, wo ich ein derzeit leer stehendes Ferien-Chalet finde, das etwas versteckt liegt. Ich parke den Geländewagen dort, werfe die Leiche in den Geräteschuppen hinterm Haus und fahre mit dem ersten Zug im Morgengrauen zurück nach Schönried, wo ich mich erst mal ausgiebig am Frühstücksbüfett stärke und bei der charmanten Eierfrau ein Spiegelei auf Brot ordere. Ja, gut, drei Spiegeleier auf drei Broten in rascher Abfolge. Nachtarbeit macht hungrig.

Der Professor hat zwischenzeitlich Olgas spontane, vorzeitige Abreise »aus beruflichen Gründen« an der *Réception* gemeldet, und weil er ja alle Kosten übernimmt, ist das auch überhaupt kein Thema. Ich wähne die Angelegenheit als erledigt.

Bis mich der Professor noch am selben Abend zur Seite zieht, als ich gerade im hauseigenen, weißen Bademantel – obwohl ich sonst nur Schwarz trage – auf dem Weg zur *Ermitage Saunawelt* bin und mir überlege, ob ich mir die finnische Außensauna mit Panoramablick gönne oder doch lieber nur in der komfortablen Bademantelzone der »Brunnenstube« das gesunde Schönrieder Quellwasser schlürfe.

»Der Filipino!«, raunt der Professor mir zu und führt mich an der Pool Bar vorbei in einen Nebenraum und dort zu einem Handtuchaufbewahrungswandschrank im altschweizer Stil mit der geschnitzten Aufschrift *1779*. Er zieht die Tür auf und der Filipino, von der Natur winzig gestaltet, also noch kleiner als Tom Cruise und somit wandschrankverklappbar, purzelt heraus. Blutleer, reglos, tot.

Der Professor sieht mich waidwund an. »Ausgerechnet bei uns in der schönen Schweiz«, lese ich in seinem Blick, während wir den Filipino wieder in den Wandschrank stopfen, bevor jemand vorbeikommt und ihn sieht.

Vor zwei Jahren, auf dem Jahrestreffen in Kolumbien, tja, da hat jeder mit allem gerechnet, vor allem bei der optionalen Exkursion ins Hinterland, wo es eine entzückende Spontan-Schießerei mit ortsansässigen Kokainhändlern gab. Aber keinem von uns war damals auch nur ein Härchen gekrümmt worden. Und jetzt diese Bescherung im schönen Saanenland.

»Der muss hier weg«, murmelt der Professor, und ich nicke nur.

Nachdem ich mich angezogen habe, hole ich den Maserati des Filipino und parke ihn seitlich neben dem Hotel. Es wird schon früh dunkel an diesem Novemberabend und so gut wie alle befinden sich in einer der vier Restaurantstuben des Hotels und genießen Wachtelbonbons oder wahlweise Tofusoufflé oder was auch immer, darum merkt auch niemand, wie ich den doch ziemlich lädierten Filipino in den Kofferraum wuchte.

Ich fahre wieder zu dem leer stehenden Chalet in Saanenmöser, wo ich den Maserati parke und den Filipino zu Olga in den Geräteschuppen lege. Es ist sehr kühl in diesen Spätherbsttagen, die beiden fangen noch lange nicht an zu riechen.

Anschließend erreiche ich den letzten Zug nach Schönried. Am meisten verstimmt mich bei all dem natürlich, dass für mich an diesem Tag das Abendessen ausfällt. Dabei gibt es Schokoladenbüfett. Lästig!

Lästig! Denke ich auch am nächsten Morgen, als ich auf dem Weg zu meiner morgendlichen Swimmingpoolrunde vor dem Frühstück – einer dunklen Ahnung folgend – unterwegs in den Gängen sämtliche Bauernschränke und -truhen öffne. Und derer gibt es viele im *Ermitage*. Beinahe hätte ich erleichtert aufgeatmet, weil ich erst nicht fündig wurde. Doch dann fällt mir vor der Deko-Truhe neben der Tür zur Relax-Whirlgrotte ein winziger, roter Fleck auf, und als ich in die Truhe schaue, schaut mir Augusto der Argentinier mit traurigen Augen entgegen. Traurigen, *toten* Augen.

»Verdammt!«, brummt es da ungnädig hinter mir. Ich lasse den Truhendeckel fallen und taste in meiner Bademanteltasche nach meiner Reise-Beretta, aber es ist kein Angestellter des Hotels, der aufgebracht hinter mir steht, sondern Harry Hasli, der Professor, der mir gleich darauf mitteilt, dass er unsere Kollegen Arnaldur aus Island und Luigi aus Sizilien tot in der Dampfsauna aufgefunden hat.

Wie gesagt: lästig!

Zumal alle drei mit dem Zug angereist waren und ich mir nun überlegen muss, wie ich sie ohne Auto zu dem Chalet in Saanenmöser verfrachten soll. Letzten Endes tue ich das im Volvo-Kombi des Professors. Es ist mühsam, vor allem, weil ich auf Wunsch des Professors, der keine Leichenflüssigkeitsflecken in seiner Karosse haben will, alles mit Plastiktüten abdecken muss, aber ich bin noch vor dem Abendbüfett mit meiner Mission fertig und wieder zurück.

Dieses Abendessen wird mir unvergesslich bleiben.

Wir sind nur noch zu viert.

Ilija und Igor sowie Liz und Mike Stansfield hat der Professor kurz vorher in der Kristall-Saunatherme ebenso mausetot aufgefunden wie die sächsischen Killerzwillinge in der Lady Biosauna. Ich weigerte mich, die sechs vor dem Abendessen zu entsorgen, zumal ich dafür zeitaufwändig einen Kleinbus hätte organisieren müssen, und ich wollte wirklich nicht noch einmal das leckere Büfett verpassen, also lagerten wir sie in einem der großen Hotelmüllcontainer zwischen, sauber unter Plastikplanen versteckt.

Am Tisch sitzen also nur noch der Professor und ich sowie Madame Li, eine Hongkongchinesin, die mit vergifteten Haarnadeln tötet und auf deren Konto der Tod des großen

Vorgesetzten Mao ging, was die Weltöffentlichkeit auch nicht weiß. Und dann ist da noch Adewale Adobasi, der Nigerianer, ein durchtrainierter, muskulöser Riese von Mann, gelernter Metzgermeister, der seine Opfer mit einem Schweizermesser zu filetieren pflegt. Aufwändig, aber wirklich kunstvoll.

Wir vier beäugen uns misstrauisch. Vier Grüsel, von denen einer der Täter sein muss.

Showdown!

Der Professor hat seine Reise-Säge mit an den Tisch genommen, Madame Li hält ihre vergiftete Haarnadel in der Linken und Adewales kräftige Hände ruhen beide unter der Tischplatte, zweifelsohne zwei frisch gewetzte Schweizermesser umklammernd. Essen wird er auf diese Weise gewiss nicht können.

»Darf ich dein Cremesüppchen haben?«, frage ich ihn deshalb. Er guckt nur finster. Ich greife zu.

»Wir müssen das regeln!«, erklärt der Professor und tätschelt seine Säge.

»Erst nach dem Süßspeisenbüfett«, halte ich dagegen. Meine Prioritäten sind immer ganz klar definiert.

Madame Li und Adewale schweigen.

Die übrigen Gäste des Hotels bekommen von all dem nichts mit, sie plaudern angeregt und speisen vergnügt.

Kurz darauf löffele ich weiße und dunkle Mousse in mich hinein und denke nach. Profikiller sind die nettesten Menschen überhaupt: Wer aus beruflichen Gründen andauernd tötet, ist privat ein ganz zahmes, harmoniesüchtiges Häschen. Wie lässt sich dieses plötzliche kollegiale Massenabschlachten erklären? Geht es um Geld? Will einer alle Aufträge abgreifen?

Nach dem Essen kommen uns Madame Li und der Professor abhanden. Den Professor sehe ich gleich darauf im Brettspielezimmer – mit gebrochenem Genick in einem der Serviceschränke unter der übergroßen Deko-Säge an der Wand entsorgt. Wie passend.

Madame Li steckt in dem bunt bemalten Bauernschrank quer gegenüber der Bar. Sie dürfen raten ... ja, auch tot.

Bleiben also nur Adewale und ich übrig.

Wenn ich es nicht bin, muss er es sein.

Wir nehmen – Auge in Auge – auf den hellen Ledersitzen in der hinteren Ecke der Bar Platz. Falls einer von uns ausblutet, wird es Flecken geben.

Erwin am Piano spielt adäquaterweise die Titelmelodie von *Spiel mir das Lied vom Tod*.

»Wenn du mich auch nur schief ansiehst, mach ich dich kalt«, droht Adewale und hebt diskret die Rechte mit dem Schweizermesser, mit dem er schon Schlagersänger Roy Black gekillt hat. Herzinfarkt, von wegen. Ein Auftragsmord von Rex Gildo. Dessen Fenstersturz war allerdings echt. Das bleibt aber unter uns.

»Ich weiß, dass du es warst, aber der Krug geht nur so lange zum Brunnen, bis er bricht«, sagt Adewale, der wie ein grobmotorischer Türsteher aussieht, dabei weiß ich ganz genau, dass er in seiner Freizeit mit großartiger Kunstfertigkeit fantastische Zierkissen mit Schmetterlingsmotiven bestickt und dänische Lyrik liest. »Du bist schon so gut wie tot!«, zischelt er böse.

Was mich nicht weiter kratzt, denn er sieht mir beim Zischeln in die Augen und nicht nach unten und bekommt daher erst zu spät mit, wie ich ihm die vergiftete Haarnadel in den Oberschenkel ramme, die ich Madame Li vorhin abgenommen habe, bevor ich ihr den Schalldämpfer an die Stirn hielt und abdrückte.

Adewales steroidisierte Muskeln bemerken den Stich erst gar nicht, gleich darauf guckt er schon glasig.

Erwin am Piano spielt virtuos Louis Armstrongs *What a Wonderful World*, während Adewales kantiger Kopf zeitlupig nach hinten in den Nacken sackt.

Ich sage zur netten Barkeeperin aus Dresden: »Mein Freund ist übermüdet – bitte nicht stören, gönnen Sie ihm ein kurzes Nickerchen.«

Dann checke ich mich selbst durch die Hintertür aus, steige in den verwaisten Volvo des Professors und fahre los.

Warum ich es getan habe?

Meine Güte, warum, warum?

Es ging mir ehrlich nicht ums Geld, auch nicht um Konkurrenzneid. Ich liebe einfach meinen Beruf und töte gern in Serie: Warum besteigt man den Everest? Weil er da ist. Ich habe meine Kollegen gemeuchelt, weil ich es konnte ...

... und weil ich eine schwer gestörte Soziopathin bin, die am liebsten nur dann Kontakt mit anderen Menschen aufnimmt, wenn sie sie teuflisch ermorden kann.

Das Leben ist eben ein Klischee.

Zudem lebe ich als Halb-Schottin gemäß dem *Highlander*-Motto:

Es kann nur Eine geben!

Guot Schuss in Arosa

REGULA VENSKE

Am Bahnhof ignorierte Pfosi die dort wartenden Pferdekutschen und den silbergrauen Mercedesbus des Hotels, der eigens dastand, um ihn abzuholen, und ging zu Fuß. Und obwohl er seit Jahren, genauer gesagt, seit Jahrzehnten nicht mehr in Arosa gewesen war, fand er auf Anhieb den Weg, wie im Schlaf. Tatsächlich kam es ihm so vor, als würde er träumen, wobei er freilich noch nicht hätte sagen können, ob sich der Traum als schönes Taggespinst oder als Alptraum entpuppen würde.

Als er aus Arosa weggegangen war, hatte er sich geschworen, nie wieder einen Fuß in seinen Geburtsort zu setzen. Seine Sehnsüchte, seine Begierden waren zu groß und die Berge zu eng geworden. Und so hatte er seinen Rucksack gepackt und sich aus dem Staub gemacht, ohne irgendjemandem seinen Plan anzuvertrauen oder Adieu zu sagen. Seine Mutter, so hatte er damals gedacht, würde schon begreifen, dass er nicht wiederkäme, wenn sie erst ihr Portemonnaie sowie das Messer, das einmal seinem Großvater gehört hatte, vermisste. Das gleiche träfe für seinen Lehrherrn zu, dessen Armeepistole er an sich gebracht hatte mitsamt dazugehöriger Taschenmunition. Der Mann konnte sowieso nicht ernstlich geglaubt haben, dass einer wie Pfosi zum Herrenfrisör taugte. Im Prinzip hatte Pfosi nur das Allernötigste mitgenommen, wozu damals weder eine Zahnbürste noch sein Schulabschlusszeugnis gezählt hatten. Der Schrieb sagte ohnehin nichts über ihn aus.

Seinen siebzehnten Geburtstag hatte er bereits in Neapel gefeiert. Nun ja, ›Feiern‹ traf es nicht wirklich, in jenen Tagen war es ihm hundserbärmlich ergangen. Doch dachte Pfosi nur noch selten an diese Zeiten. Vorbei war vorbei. Er war keiner, der in der Vergangenheit lebte.

Nun aber, auf seine fast schon alten Tage, schneite ihm ausgerechnet dieser Auftrag in Arosa ins Haus. Ein Zufall, mehr nicht. Trotzdem – schon witzig, wohin einen das Leben verschlug. Er war herumgekommen in der Welt, hatte alle fünf Kontinente bereist, war überall zu Hause gewesen. Oder auch nirgends, aber Pfosi zog die Formulierung mit ›überall‹ vor. Es war ihm gelungen, viele Leben in das eine, kleine zu packen – ganz so, wie er es sich erhofft hatte als junger Bursche. Dass er dafür sein bescheidenes erstes Leben hatte dreingeben müssen, schien ihm kein allzu ungebührlicher Preis.

Obwohl er langsam gegangen war, denn der Weg führte bergan und sein Koffer wog schwer, hatte er inzwischen die Alte Post erreicht. Flüchtig nahm er wahr, wie schmuck sich die Häuser dem Gast präsentierten. In seiner Erinnerung sahen sie schäbiger aus. Und kleiner. Dabei hätte es doch genau andersherum sein müssen, schließlich hatte er inzwischen noch ganz andere Paläste gesehen. Eigentlich hätte er sie größer und schöner in Erinnerung haben müssen. Aber er sollte sich hüten, nicht andauernd alles, was er sah, mit früher zu vergleichen; schließlich galt es einen Job in der Gegenwart zu erledigen. Er musste sich konzentrieren.

Endlich hatte Pfosi das Kulm-Hotel erreicht. Als Kind hatte er es nur von außen gesehen; nie hätte er zu träumen gewagt, dass es ihm einmal vergönnt sein könnte, seinen Fuß über die Schwelle zu setzen.

Das Formular, das man ihm reichte, unterschrieb er als Marcel Meier, dann nahm er den Zimmerschlüssel entgegen. Trug seinen Koffer – er hatte ihn am Morgen bei der Gepäck -

aufbewahrung am Zürcher Hauptbahnhof abgeholt – persönlich aufs Zimmer und stemmte ihn auf sein Bett. Holte einen silbernen Zahnputzbecher heraus, füllte ihn mit Leitungswasser, löste zwei Aspirin darin auf. Mit dem Becher in der Hand trat er ans Fenster, wobei er ihn leicht kreisen ließ, als handle es sich um einen Cognacschwenker, der mit einem edlen Tropfen gefüllt war. Man hatte ihm eine Junior-Suite mit Blick auf den schneebedeckten Schafrücken gegeben. Für andere Gäste sicherlich ein grandioser Ausblick, für ihn jedoch ein Panorama, das ihm Kopfschmerzen machte. Vielleicht hätte er doch lieber im warmen Phuket bleiben, den Job nicht annehmen sollen. Allerdings hatte ihm die Auftraggeberin ein exzellentes Honorar angeboten. In dieser Größenordnung schlug man so leicht nichts aus. Mit der ihm in Aussicht gestellten Summe hatte er für das nächste Dreivierteljahr ausgesorgt und es sich mit der Anzahlung bereits sechs Wochen gut gehen lassen. Pfosi leerte den Becher in einem Zug. Arosa. Er schüttelte sich. Beim Klang dieser drei Silben fühlte er stets einen Gewehrlauf auf seiner Brust, sah die Alternative deutlich vor Augen. Armut – oder auf Rosen gebettet? Das hatte er schon als Kind so empfunden, und vielleicht war aus diesem Grund ein Profikiller aus ihm geworden.

Er trat vom Fenster zurück, ging zum Bett hinüber und klappte den Koffer auf der anderen Seite des doppelten Bodens auf. Alles, was er brauchte, lag präzise an seinem Platz. Der Job in Arosa sei ein ganz einfacher Fall, hatte ihm seine Auftraggeberin versichert und die Wahl der Waffe ihm überlassen. Pfosi besaß Schusswaffen, Schweizer Messer in allen Größen, eine kleine handliche Panzerfaust, Gift. Er würde seine Wahl treffen, sobald er das Dossier studiert hätte, das für ihn an der Hotelrezeption hinterlegt worden war. Jetzt lehnte die Akte in einem versiegelten DIN-A-4-Briefumschlag an der Mineralwasserflasche auf dem Schreibtisch in seinem Zimmer. Bevor er sich an das Studium des Falles machte, wollte er allerdings etwas essen. Und bevor er etwas aß, musste er sich rasieren und duschen; so verschwitzt, wie er war, konnte er sich unmöglich im Hotelrestaurant blicken lassen. Zu allererst aber wollte er eine Stunde schlafen, die Reise war lang gewesen und hatte ihn angestrengt. Er schob den Koffer beiseite und warf sich aufs Bett. Kaum nahm er sich noch die Zeit, seine Schuhe von den Füßen zu streifen, schon war er eingeschlafen.

Als Pfosi erwachte, lag die Dämmerung bleischwer über dem Zimmer. Er hatte wirr geträumt und brauchte einen Moment, um sich zu orientieren. Immerhin hatten sich seine Kopfschmerzen weitgehend verflüchtigt – als hätte sich durch den Schlaf der Erinnerungsstau in seinem Hirn aufgelöst. Dafür waren einige Traumfetzen nun in sein Bewusstsein gedrungen. Entgegen seiner sonstigen Gewohnheit, sofort nach dem Aufwachen aus dem Bett zu springen und seine üblichen Streck- und Dehnübungen zu absolvieren, blieb Pfosi liegen und hing seinen Eindrücken nach.

Er war mit dem Sessellift gefahren, seine tote Mutter im Arm. Oder war es die Berghexe gewesen, die die bösen Kinder zu sich in den Abgrund lockte und bei lebendigem Leibe verschluckte? Wer immer die Alte war, sie hatte eine schauerliche Maske vor dem Gesicht getragen. Im nächsten Moment hatte er sich beim Churer Fasnachts-Cortège seinen Weg durch die Menge gebahnt. Er war in eine Gruppe wilder Guggemusikanten geraten; mit ihren Blechblasinstrumenten hatten sie ihm fast das Hirn weggepustet. Plötzlich hatte er selbst ein Instrument in den Händen gehalten, ein Schwyzerörgeli, wie die Nachbarstochter eines besessen hatte, ein

Nussbaumer, ihr ganzer Stolz. Der Balg aus weinrotem Karton war mit dunkelgoldenen Tüpfli und Stärndli übersät gewesen und an den Ecken mit zinnoberroten Lederstreifen verstärkt. In seinem Traum hatte er mit dem Armeemesser seines Großvaters immer wieder hineingestochen, bis der Balg in Fetzen herunterhing. Oder aber – Pfosi stutzte. Hatte es diese Szene dereinst nicht wirklich gegeben? Er hatte sie ganz vergessen gehabt. Jetzt aber musste er an einen dicken goldbraunen Zopf denken, der ihm ins Gesicht peitschte, an eine Haarsträhne, die sich löste.

Wer weiß, dachte Pfosi. Hätte er einen Vater gehabt, einen richtigen Vater, zu dem er hätte aufschauen können, so einen wehrhaften Kerl mit Tarnanzug und Béret und einem Sturmgewehr im Schlafzimmerschrank, einen, der seinen Sohn regelmäßig zum Winterschießen mitgenommen und als bester Schütze die größten Wappenscheiben und Pokale nach Hause gebracht hätte – vielleicht wäre alles ganz anders gekommen? Wie hatte Pfosi seine Klassenkameraden um solche Väter beneidet. Sie hatten ihn nicht als ihresgleichen betrachtet, auch nicht zu sich nach Haus eingeladen. »Pfosi wohnt im Kaninchenstall«, so hatten sie ihn verhöhnt – nur weil sein Großvater ein armer Schneeschieber gewesen war und sein Vater sich, wie so viele andere Gastarbeiter auch, pünktlich zum ersten Schnee im Oktober wieder nach Italien abgesetzt hatte, weil daheim angeblich die Nonna gestorben war. Dass sein Erzeuger immerhin die Weisshörnlibahn mit erbaut hatte, und dass seine Mutter sich die Finger wund putzte, damit ihr Sohn in Chur aufs Gymnasium gehen könnte und es ihm einmal besser erginge als ihr, hatte keinen je interessiert. Aber ihn, wenn er ehrlich war, auch nicht. Spott und Verachtung waren eben sein Schicksal gewesen, der anderen für ihn und von ihm für die anderen, und wenn er aufbegehrt hatte, hatte es Keile gegeben. Bis er irgendwann sitzengeblieben und nach Arosa auf die Sekundarschule zurückgekehrt war.

Herrje, wie verschlafen war doch alles gewesen. Die Kuhglocken. Das Käsefondue. Selbst der Föhn. Aber er hatte keine Lust mehr, in dieser Stimmung zu verharren. So etwas führte zu nichts. Oder allenfalls direkt ins Verhängnis. Er sprang aus dem Bett, langte zum Koffer hinüber und holte die Hanteln heraus.

Eine Dreiviertelstunde später saß Pfosi in der Taverne im Untergeschoss des Hotels und stocherte zur Tarnung in seinem Fitness-Salat, während er auf ein blutiges Steak vom Black Angus-Rind wartete. Der Briefumschlag mit dem Dossier lag auf der Bank neben ihm, er wollte dessen Inhalt nach dem Essen studieren. Erst die Arbeit, dann das Vergnügen, so hatte es in seiner Kindheit immer geheißen. Pfosi hielt sich daran und vertrieb sich die Zeit damit, die Gäste am Nebentisch zu betrachten. Ach ja, so etwas kam in den besten Familien vor und in den besten Hotels. Dass der Mann einer Fremden im Hotelrestaurant schöne Augen machte, während die Frau gerade das dritte Kind erwartete, das zweite im Arm hielt und das älteste den Orangensaft umgeschmissen hatte. So etwas machte sich natürlich wenig vorteilhaft aus, und immer war die Beleuchtung am Nebentisch schmeichelhafter, spielte die angenehmere Musik am Tisch nebenan.

Spöttisch wandte er den Blick wieder ab. Ob wohl irgendjemand, den er damals gekannt hatte, noch am Ort lebte? Anzunehmen war es. Ob ihn noch jemand erkennen würde? Schon weniger. Er für sein Teil konnte sich an niemanden genauer erinnern, so viel stand fest. Die Gesichter von damals waren zu einem Einheitsgesicht verschwommen, einer Art Vexierbild, das sich aus den Zügen seiner Mutter und den Visagen irgendwelcher Fremder zusammensetzte, seien es seine Opfer oder andere Zufallsbegegnungen gewesen. Oder auch nur ein appetitliches Rindersteak, das ihn jetzt auf seinem Teller anlächelte und in dessen Faserung er ganz deutlich ein zerschundenes Antlitz ausmachen konnte.

Und endlich war auch das geschafft und er konnte sich bei einem Espresso in der Bar niederlassen und sein Dossier studieren. Pfosi hatte immer nur unsympathische Leute ermordet – oder aus dem Weg geräumt, wie er es beschönigend nannte. Fieslinge, Asoziale und Kriminelle. Das war Teil seiner Geschäftsphilosophie. Wer ihn engagieren wollte, musste ihn überzeugen, und zwar sowohl mit Geld als auch mit guten Gründen, sonst nahm er den Auftrag nicht an. Er war ein Künstler und kein Verbrecher. In diesem Fall hatte die Frau am Telefon bereits einiges angedeutet; nun wollte er sich ein genaueres Bild von der Sache machen. Das Risiko, dass er nach der Lektüre noch nein sagen könnte, hatte seine Auftraggeberin mit Zahlung des Vorschusses akzeptiert. Drei-, viermal war so etwas im Laufe der Zeit vorgekommen.

Die Unbekannte hatte ihm diesen Fall auch im Namen einer Freundin angetragen, mit deren Zwillingsschwester der betreffende Mann, wie auch mit ihr, vor Jahren ein Kind gezeugt hatte. Die Schwester hatte im vierten Monat eine Fehlgeburt erlitten, an deren Folgen das Mädchen gestorben war. Genauer gesagt, sei es wohl der Versuch einer illegalen Abtreibung gewesen, hatte die Dame am Telefon mit weichem Akzent und scharfer Stimme gesagt. Aber obwohl dieser Kerl schuld daran war, hatte es ihn nicht weiter bekümmert. Auch für das Kind der anderen Schwester, das bald darauf zur Welt gekommen war, hatte er sich nicht interessiert. So etwas kam natürlich häufiger vor, und man konnte nicht gut alle unfreiwilligen Väter ermorden. Dennoch konnte Pfosi das Verhalten des jungen Mannes nicht nachvollziehen. Was hätte er darum gegeben, einmal seinen Vater zu treffen, nur ein einziges Mal.

Er selbst hatte, soviel er wusste, keinen Nachwuchs gezeugt; mit zweiundzwanzig hatte er sich in Singapur sterilisieren lassen. Die Laufbahn, die er zu jenem Zeitpunkt bereits unumkehrbar eingeschlagen hatte, ließ vernünftigerweise keinen anderen Schritt zu. Schade eigentlich, dachte Pfosi. Im selben Moment erschrak er über sich selbst. Dieses kleine Wörtchen hatte er doch seit langem aus seinem Wortschatz gestrichen! Gar nichts war schade. Und um niemanden war es je schade gewesen, davor hatten ihn seine Geschäftsphilosophie und das gründliche Studium der Akten schließlich bewahrt. Er war ein Gentleman und kein ordinärer Killer. Herrgott, was machte dieses Arosa mit ihm!

Er blätterte ein wenig vor in der Akte. Folgten schwerer wiegende Gründe, oder lief das Ganze doch nur auf einen Rachefeldzug zweier enttäuschter Damen hinaus? Die Frau am Telefon hatte etwas von einem »heimtückischen Mörder« geraunt. Als sie ihre Stimme gedämpft hatte, hatte sie ihm besser gefallen. Plötzlich musste er lachen. Zu witzig, die Zielperson war im selben Jahr wie er selber geboren. Stimmt, das hatte seine Auftraggeberin ja auch schon erzählt. Und vielleicht hatte das sogar den Ausschlag gegeben und sein Interesse an diesem Auftrag geweckt. Der andere war gewissermaßen sein *alter ego* in Arosa, sein anständiges Spiegelbild. Was wäre wohl aus ihm selber geworden, wäre er hier geblieben? Doch nicht wirklich ein Herrenfrisör mit eigenem Geschäft gegenüber vom Rathaus, einer braven Ehefrau und drei wohlgeratenen Töchtern?

»Zielperson hat sich bereits im Kindesalter einen Spaß daraus gemacht, die Hühner des Nachbarn zu töten.«

Ein weiterer Zufall, auch Pfosis Nachbar hatte Hühner gehabt. Und anderes Kleingetier. Wie hatte er doch gleich noch geheißen, Thalwiler? Ja, von dem hatte er einst das Handwerk des Schlachtens gelernt. Eine Zeitlang waren die Hühner noch kopflos im Garten umhergeflattert, das war ein gewöhnungsbedürftiger Anblick gewesen.

Obgleich ...

Pfosi runzelte die Stirn und starrte auf seine Akte. Als er aufblickte, merkte er, dass der Barchef ihn beobachtete. Hatte doch nicht etwa Langeweile, der Mann? Pfosi richtete sich auf und deutete mit dem Zeigefinger auf seine leere Espressotasse. Noch ein bisschen Koffein konnte nicht schaden. Nach kurzer Überlegung orderte er einen Whisky dazu. Normalerweise trank er nicht vor oder während der Arbeit. Aber an seinem Geburtsort durfte man wohl einmal eine Ausnahme machen – wo, wenn nicht hier?

Der Barchef brachte ihm eine Getränkekarte, und Pfosi war fast versucht, sich in Erinnerung an seine Jugend ein Kirschwasser zu bestellen, aber die Zeiten, in denen seine Kumpel und er den selbst aufgesetzten Röteli direkt aus der Flasche getrunken hatten, waren ja doch unwiderruflich vorbei. Er entschied sich für einen sechzehn Jahre alten Lagavulin. Sechzehn Jahre, ein Jahr älter als er, war die Nachbarstochter gewesen, als er sie endlich rumgekriegt hatte. Vreneli? Ja, so hatte sie wohl geheißen. Vreneli Thalwiler. Seine erste und, so dachte Pfosi in diesem Moment, seine einzige Liebe. Hatte er wirklich ihr heiß geliebtes Nussbaumer Schwyzerörgeli demoliert, um ihr deutlich zu machen, dass er ihre größere Liebe sei? Tja, und dann hatte er sie bald darauf für die Vitali-Girls sitzen lassen, die er auf der Schlittelbahn kennengelernt und von denen er sich mehr Abwechslung erhofft hatte, als sie schließlich brachten. Sie waren ihm aufgefallen, weil sie stets in den Farben der Graubündner Flagge gingen, schwarz-weiß gestreift die eine, die andere blau-gelb variiert. Leider tauschten sie ihre Garderobe gelegentlich ohne Vorwarnung aus, man konnte sie nicht auseinanderhalten. Das hatte ihn wohl vor allem an ihnen gereizt. Verrückte Meidli.

Er tat so, als konzentriere er sich auf seine Mappe, bis der Barmann den Whisky brachte. Dessen Bernsteinfarbe erinnerte ihn an eine Haarsträhne, die sich aus einem straff gebundenen Zopf gelöst hatte und durch die weiches Sonnenlicht schimmerte. Sollte er überhaupt weiterlesen? Nein, er wusste genug. Die Zielperson war ein Charakterschwein. Und seine Auftraggeberin hatte nichts Falsches versprochen, es war ein ganz einfacher Fall. Reine Routine, im Grunde. Er würde nicht lange nachdenken müssen, wie der Auftrag am besten zu erledigen sei. Allerdings wünschte sich Pfosi, er hätte einen höheren Vorschuss verlangt. Aber jetzt war es zu spät, um noch zu verhandeln.

Das Verfahren sah vor, dass Pfosi, sobald er sich nach Aktenlage entschieden hatte, einen Job durchzuführen, seinem Auftraggeber eine Kurzmitteilung mit einem simplen Okay schickte und dieser ihm im Gegenzug Namen und Adresse der Zielperson simste. Dieses Procedere hatte er selbst eingeführt, als Vorsichtsmaßnahme für beide Seiten. War es überhaupt noch nötig, das wie gewohnt durchzuziehen?

Nun ja, Vertrag war Vertrag, die Form musste gewahrt sein. Pfosi war ein seriöser Geschäftsmann. Er schickte sein Plazet an die verabredete Nummer, dann bestellte er sich eine Zigarre und einen weiteren Lagavulin. Er würde schon nicht danebentreffen, später am Abend, auf dem Friedhof beim Bergkirchli am Grab der verstorbenen Vitali-Schwester, selbst wenn seine Hand dann leicht zittern sollte.

Fünfunddreißig Minuten exklusives Rauchvergnügen lagen vor ihm – kein Vergleich mit den ›Zigis‹, die er in seiner Jugend geraucht hatte. Fünfunddreißig Minuten bernsteinfarbene Träume. Die SMS würde er erst öffnen, wenn die Cohiba zu Ende gepafft war. Er wusste ja, auf wen ihn die beiden Frauen angesetzt hatten. »Für diesen Mann brauchen wir den besten«, hatte seine Auftraggeberin gesagt. Pfosi erhob sein Glas ihr zu Ehren. Immerhin hatte Vreneli Thalwiler die Größe besessen, ihn persönlich ausfindig zu machen, und ihm keinen ordinären Killer geschickt.

Der Geist von Panama-Sonderegger

Jürgen Kehrer

Ich bin nicht abergläubisch. Ich fürchte mich nicht vor schwarzen Katzen, gehe bedenkenlos unter Leitern hindurch, würde in jedem Hotel das Zimmer mit der Nummer 13 akzeptieren. Das es natürlich nicht gibt. Genauso wenig wie die 13. Sitzreihe in Flugzeugen oder den 13. Stock in Wohn- oder Bürotürmen. Nach der 12. Etage kommt gleich die 14. Weil Menschen glauben, dass Zahlen oder Tiere Unglück bringen. So wie sie davon überzeugt sind, dass in alten Gemäuern Geister herumspuken, in Burgruinen, in Schlössern, vielleicht sogar in Schlosshotels.

Wie dem hier in Bad Ragaz. Erbaut von Conrad Sonderegger. Dem Panama-Sonderegger, wie ihn die Ragazer nannten. Fuhr als armer Ingenieur nach Mittelamerika, um Ende des 19. Jahrhunderts beim Ausheben des Panama-Kanals mitzuwirken, und kehrte als reicher Mann zurück. Und woher stammte das Geld? Nicht allein von harter Arbeit, soviel kann ich Ihnen verraten.

Ich schlendere durch die Halle und steige die Treppe hinauf. Ich bin häufig im Schloss Ragaz, Stammgast sozusagen. Ein kleines Mädchen, sieben oder acht Jahre alt, bleibt stehen und schaut mich interessiert an. Es will eine Frage stellen, das sehe ich ihm an, doch bevor es den Mund öffnen kann, ruft die Mutter von oben: »Nun komm endlich, Emilie, wir haben nicht den ganzen Tag Zeit.«

Ich schneide eine Grimasse, die so viel bedeuten soll wie: *Mütter sind nervig, aber man kann nichts dagegen machen.* Das Mädchen grinst zurück und rennt weiter.

Ich habe viel Zeit. Manchmal mehr, als mir lieb ist. In meinem Alter sind die Vergnügungen überschaubar, oft ist mir tödlich langweilig. Außerdem schlafe ich wenig, da werden die Tage noch endloser.

Ich betrete mein Zimmer im ersten Stock. Es ist groß, hell. Hier hat Conrad Sonderegger früher gewohnt, zusammen mit seiner Frau Agrippina und den Kindern. Sonderegger war ein stattlicher Mann, allseits geachtet. Wen interessierte schon, was beim Bau des Panama-Kanals alles passiert war, wie viele Tausende einheimischer Arbeiter an Malaria, Gelbfieber und Schlangenbissen starben. Sonderegger trug schließlich keine Verantwortung für das mörderische Klima, das die Arbeiter hinwegraffte. Obwohl die Amerikaner, die später die Bauarbeiten übernahmen, erst einmal dafür sorgten, dass die moskitoverseuchten Sümpfe trockengelegt wurden.

Emilie und ihre Mutter streiten. Ich höre ihre Stimmen von oben. Es geht um den Vater, der in Zürich lebt. Die Mutter beschuldigt, das Mädchen verteidigt ihn. Der Streit eskaliert, Emilie beginnt zu weinen und schlägt die Tür hinter sich zu.

Am Nachmittag treffe ich Emilie im Schlosspark.

»Warum spielst du nicht mit den anderen?«, frage ich.

»Du siehst seltsam aus.« Sie betrachtet mich so offen kritisch, wie sich das nur Kinder erlauben.

»Meine Kleidung ist ein wenig aus der Mode«, gebe ich zu.

»Mit anderen Kindern kann ich nichts anfangen«, sagt sie altklug und schaut hinunter zum Schwimmbad, wo eine kreischende Horde Halbwüchsiger sich gegenseitig mit Wasser bespritzt. »Ich bin schon in der vierten Klasse, ich habe zwei Klassen übersprungen, hochbegabt, verstehst du?«

»Ja. Mir ist schon aufgefallen, dass du über besondere Fähigkeiten verfügst.«

Ein Auto fährt dicht an uns vorbei. »Pass auf!«, ruft Emilie. Ich trete einen Schritt zur Seite, um sie zu beruhigen.

»Mama hasst Papa«, wechselt sie unvermittelt das Thema. »Sie kann nicht verstehen, dass ich ihn liebe. Ständig muss sie ihn schlecht machen.«

»So ist das manchmal, wenn Eltern sich trennen.«

»Warum können sie sich nicht vertragen?«

»Mit wem redest du da?« Emilies Mutter kommt den asphaltierten Weg vom Schloss herunter. Ihre Augen sind gerötet, als hätte sie ebenfalls geweint.

»Mit niemandem«, antwortet Emilie trotzig.

»Ich habe doch gesagt, du sollst zum Schwimmbad gehen.« Die Mutter greift nach Emilies Hand. »Komm jetzt!«

Emilie hustet. »Aber Mama!«

»Keine Widerrede.«

Das Mädchen dreht sich zu mir um und formuliert eine lautlose Frage.

»Später«, antworte ich ebenso lautlos.

Ich kenne Emilies Familie; schon ihre Großmutter war häufig im Schloss zu Besuch.

Ein junges Paar betritt mein Zimmer und macht es sich sofort auf dem großen Doppelbett bequem. Es wird Zeit für mich zu verschwinden. Eine Zeitlang treibe ich mich im Schloss herum, in Conrad Sondereggers Sommervilla. Als Schutz gegen die Malaria empfahl der französische Baukonzern, für den Sonderegger am Panama-Kanal tätig war, die Bettpfosten in den Unterkünften der Tagelöhner in Wasserbottiche zu stellen. Ein fataler Irrtum, denn in den Wassereimern vermehrten sich die Malaria-Moskitos. Sieben, acht, manchmal zehn Arbeiter starben täglich. Rechts und links der Kanalbaustelle reihten sich die Holzkreuze aneinander. Viele der

Leichen legte man in Essig und begrub sie an anderer Stelle, weil man die Arbeiter nicht demoralisieren wollte. Und Sonderegger? Erkannte die Chance, auf Kosten der toten Arbeiter reich zu werden, führte sie weiter auf den Lohnlisten und steckte ihren Lohn in die eigene Tasche.

»Wer bist du?«, fragt Emilie. Sie steht vor dem Spiegel in der Eingangshalle.

»Mein Name ist Juan«, sage ich. »Ich stamme aus Ecuador.«

»Und was machst du hier?«

»Das ist eine lange Geschichte, vielleicht erzähle ich sie dir ein anderes Mal.«

»Dann bin ich nicht mehr da.« Emilie lächelt mich im Spiegel an. »Ich laufe weg.«

»Das halte ich für keine gute Idee.«

»Aber es ist die einzige Möglichkeit.«

»Wieso?«

»Wenn ich weg bin, muss Mama Papa anrufen und es ihm erzählen. Dann kommt er her und sie suchen mich gemeinsam.«

»Und wenn sie dich nicht finden?«

»Sie müssen sich nur anstrengen und dürfen sich nicht streiten. Falls ihnen das gelingt, werden sie mich finden.«

»Ein sonderbares Kind«, sagt eine ältere Dame zu einer anderen, während die beiden durch die Halle zum Restaurant gehen.

»Sie hat eben eine lebhafte Fantasie«, verteidigt Emilies Mutter ihre Tochter und legt ihr beschützend eine Hand auf die Schulter. Nachdem die beiden älteren Damen verschwunden sind, beugt sich die Mutter nach unten. »Wieso redest du mit dem Spiegel?«, flüstert sie Emilie ins Ohr.

»Das tue ich doch gar nicht.«

»Ich habe es selbst gehört.«

»Ich habe mit Juan geredet.«

»Und wer ist das?«

»Das hat er mir nicht verraten. Noch nicht.«

Die Mutter seufzt. »Manchmal mache ich mir wirklich Sorgen um dich.«

»Ich habe Hunger.« Emilie dreht sich um und fasst nach der Hand ihrer Mutter. »Lass uns essen gehen!«

Sie hat es getan. Sie hat es wirklich getan. Während ihre Mutter noch mit dem Ehepaar aus Bern in der Bar saß, hat sich Emilie angezogen und ist durch den Hinterausgang verschwunden. Jetzt suchen die Hotelbediensteten und ein Teil der Gäste den Schlosspark und den angrenzenden Golfplatz mit Taschenlampen ab. Doch so schnell werden sie Emilie nicht finden. Ich fürchte, ich weiß, welches Ziel das Kind hat.

Die Taminaschlucht. Schon der Weg dorthin, der oberhalb von Bad Ragaz beginnt, ist gesperrt. Zu gefährlich. Von den Abhängen rutschen immer wieder kleinere und größere Steine herunter. Selbst am Tag und für Erwachsene ist der Pfad unheimlich, wie viel mehr für ein achtjähriges Mädchen in der Nacht.

Emilie läuft langsamer, schrickt bei jedem Geräusch zusammen, leuchtet mit der Taschenlampe in alle Richtungen. Das, was im Kegel der Lampe erkennbar ist, stachelt die Fantasie nur noch mehr an, fast wäre es einfacher, sich der Dunkelheit anzuvertrauen. Schließlich bleibt Emilie stehen, sie hat sich überschätzt. Außerdem ist ihr kalt, sie hustet heftiger. Da rumpelt es von oben.

Ein Felsbrocken hat Emilie eingeklemmt, ihr Arm und ihr Unterschenkel sind gebrochen. Selbst wenn sie sich von dem

Stein befreien könnte, wäre sie nicht in der Lage, nach Bad Ragaz zurückzulaufen. Und so weit vom Schloss entfernt ist eine schnelle Rettung unwahrscheinlich.

»Wo warst du?«, fragt Emilie.

Ich streiche ihr über die heiße Stirn, sie hat Fieber.

»Du musst mir helfen. Ich will zurück. Es war dumm …«

»Pschhh!«, beruhige ich sie. »Du darfst nicht so viel reden. Spar deine Kräfte!«

»Hol Hilfe!«, bittet Emilie erneut.

»Das kann ich nicht. Außer dir sieht und hört mich niemand. Wie soll ich da jemanden verständigen?«

»Dann erzähl mir etwas! Du hast es versprochen.«

Ich hocke mich neben sie auf den Boden und halte ihre Hand. »Ich war einer der Arbeiter, die den Panamakanal ausgehoben haben, meine ganze Familie wurde angeheuert, mein Vater, meine Brüder. Wir sind alle an Gelbfieber gestorben, einer nach dem anderen. Und Conrad Sonderegger, der Panama-Sonderegger, hat unseren Lohn eingesackt. Als das aufflog, musste er fliehen, in einem Ölfass hat er sich versteckt, bis die Luft rein war.«

»Du bist also ein Geist«, stellt Emilie nüchtern fest. »Was macht ein Geist so weit von seiner Heimat entfernt?«

»Die Sache mit Sonderegger ließ mir keine Ruhe«, erkläre ich. »Ich wollte ihn zur Rede stellen.«

»Und?«

»Zuerst zeigte er sich störrisch. Aber nach etlichen Jahren Diskussion hat er eingelenkt. Er gibt jetzt zu, dass er Fehler gemacht hat.«

Emilie lacht. Ein heiseres Lachen, das in ein Husten übergeht. Ihre Stirn ist noch heißer geworden, wenn nicht bald etwas geschieht …

»Ich habe eine Idee«, sage ich. »Ich kann zwar nicht telefonieren oder schreiben, aber ich könnte dafür sorgen, dass eine Nachricht von dir gefunden wird.«

Es ist mühsam, denn Emilie muss statt der rechten die unverletzte linke Hand benutzen, zudem in fast völliger Finsternis. Zum Glück hat sie einen Zettel und einen Stift dabei.

»Eins hast du noch nicht verraten.« Sie schiebt mir den Zettel zu. »Wieso bist du für mich sichtbar?«

»Es gibt Menschen, die über diese besondere Fähigkeit verfügen. Die meisten behalten das für sich, weil sie ihre Familie und ihre Freunde nicht erschrecken wollen. Bei dir spielt noch etwas Anderes eine Rolle: Du bist die Ururenkelin von Conrad Sonderegger.«

Der Vater ist aus Zürich gekommen und natürlich streiten die Eltern wieder miteinander, wer besser hätte aufpassen müssen, wer sich sowieso um nichts kümmert, weil er nie Zeit hat, wer verantwortungslos ist, aus Prinzip, aus Charakterschwäche oder aus purem Egoismus. Fast hätten die Eltern über die ganze Streiterei den eigentlichen Grund vergessen, die Möglichkeit nämlich, dass Emilie sie tatsächlich braucht. Und es bedarf schon eines kräftigen Windstoßes, der den Zettel von der Fensterbank auf den Teppich, direkt vor die Füße des Vaters weht, bis dieser ihn aufnimmt und liest. »Was heißt das denn hier? Kannst du das lesen?«

Die Mutter stellt sich neben ihn. »Das ist nicht Emilies Handschrift. Ta…«

»Taminaschlucht?«

»Und wenn schon. Es hat nichts zu bedeuten.«

»Der Papierschnipsel liegt hier in Emilies Zimmer. Wie kannst du da behaupten, dass er nichts zu bedeuten hat?«

Ein weiterer Windstoß lässt das Fenster auffliegen und gegen die Wand knallen.

»Sie ist noch rechtzeitig gefunden worden«, sagt die Ärztin. »Die beginnende Lungenentzündung bekommen wir mit Antibiotika in den Griff und auch die Arm- und Beinbrüche werden vollständig ausheilen. In ein paar Tagen kann sie das Krankenhaus verlassen.«

Die Eltern sitzen links und rechts vom Krankenbett. Das, was sich Emilie gewünscht hat, ist eingetreten.

»Danke«, sagt Emilie.

»Keine Ursache«, antworte ich. »Ich habe es gern getan.«

»Werden sie sich vertragen? Werden sie wieder zusammenkommen?«

»Hast du das gehört?«, fragt der Vater. »Sie redet mit sich selbst. Und wenn sie antwortet, hat sie so eine tiefe Stimme.«

»Das liegt am Fieber«, meint die Mutter. »Sie fantasiert.«

»Hat sie das schon früher gemacht?«

»Emilie ist eben anders als andere Kinder.«

»Also ja. Warum hast du mir nichts davon erzählt?«

»Wenn du dich für dein Kind interessieren würdest, müsste ich dir nichts erzählen. Dann würdest du es von allein merken.«

»Und woran liegt das?«, empört sich der Vater. »Du entfremdest sie von mir. Du redest ihr ein, ich sei ein schlechter Vater.«

»Ach!«, schnaubt die Mutter. »Ich bin schuld. Das hätte ich mir ja denken können.«

»Nein«, sage ich. »Sie werden sich nicht vertragen. Aber immerhin hast du es geschafft, sie zusammenzubringen.«

»Da, schon wieder«, sagt der Vater.

»Ich bin ja nicht taub«, sagt die Mutter.

Uelis Traum

Asta Scheib

Langsam wurde es dunkel, doch Ueli hörte schon von weit oben die jungen, hellen Stimmen. Sehen konnte er noch niemanden, und auch ihn würden sie nicht sehen, selbst, wenn sie in seiner Nähe herunterkommen würden vom Berg. Ueli saß auf dem Boden, obwohl nicht weit von ihm entfernt eine Bank stand. Natürlich würde er im hellen Licht des Tages auf der Bank Platz nehmen, denn Ueli war fast fünfzig, gehörte zum Personal des Hotels Walther und wusste, was sich für ihn schickte. Abgesehen davon hätte Ueli tagsüber ohnehin keine Zeit gefunden, um sich auf der ansteigenden Wiese hinter dem Hotel auf eine Bank zu setzen. Es gab viel Arbeit für ihn in dem schlossartigen, weitverzweigten Gebäude, in dem er arbeitete, seit er aus seinem Heimatort Soglio nach Pontresina gekommen war. Die Lehrjahre im Hotel waren oftmals anstrengend gewesen, doch Ueli hatte gute Noten und bekam einen festen Arbeitsplatz als Chauffeur des Hotels. Sein Englisch war mit den Jahren immer besser geworden und ausländische Gäste wandten sich oftmals an ihn mit ihren Wünschen. Wenn sie mit den eleganten Karossen ankamen, drückten sie Ueli die Schlüssel in die Hand. So ein Tag im Hotel konnte vorbeirauschen wie ein schäumender Fluss.

Umso mehr liebte er es, am späten Abend, wenn das Tageslicht zurückfloss in die Nacht, hinter dem Hotel die Straße hoch auf den Hügel zu stapfen. Dann war er frei von seinen Pflichten, und es zog ihn auf die Wiesen, die sich jetzt im Sommer in verschwenderischer Fülle und einem Farbenspiel präsentierten, das Ueli immer wieder faszinierte. Am Abend, so meinte er, strömten die Gräser und Blumen einen noch intensiveren Geruch aus als am Tag, wo sie alle Kraft in ihren Farbsymphonien zu vereinen schienen.

Ueli war es seit seiner Kindheit gewöhnt, im würzig duftenden Gras zu sitzen. Er fühlte sich verbunden mit dem Boden, vertraut. Er kannte viele der Pflanzen und Blumen, die Arnika, die Weidenröschen und Tulpen, die Anemonen, die Wattebäusche des Wollgrases, das seine Mutter sammelte, um Kissen damit zu füllen. Am liebsten hatte er den Enzian, den er für sich Himmelsblume nannte, weil die Glocken so blau waren wie der unendliche Himmel über ihm. Hier, wenn die Stille laut wurde, ihm alte Geschichten erzählte, dann dachte Ueli an seine Kindheit im Bergell, die ihm heute wie ein Traum erschien, der immer wiederkehrte. Seine Herkunft hätte man bescheiden nennen können. Doch Ueli war reich an Träumen. Sie kamen zu ihm, nicht nur in der Nacht. Oftmals war er allein mit den Tieren, niemand war zu hören und zu sehen, und dennoch fühlte er sich nicht verlassen. Er sah das Haus mit dem steinernen Dach, in dem das Mädchen wohnte. Iva. Sie saß auf der Treppe, ihre Haare in festen Zöpfen frisiert. Iva war schön.

Auch, wenn Iva nicht bei Ueli war, spürte er sie in seiner Nähe. Sie war es, die ihm seine Träume auf die Weide brachte. Gemeinsam mit seinen Brüdern hatte er die Kühe gehütet. Die gutmütigen Tiere zupften auf den steil ansteigenden Matten das Gras, fraßen die Blumen, schienen zufrieden mit der Welt, und manchmal hatte Ueli überlegt, woran seine Schützlinge wohl denken mochten. Niemals hätte er das die Eltern oder gar die Brüder gefragt. Alle nannten sie ihn Ueli der Träumer, denn er bestaunte immer wieder den Himmel über sich. Am frühen Morgen hörte er das Jubilieren der

Vögel, das Summen der Bienen und Heuschrecken wie ein Konzert, eigens für ihn aufgeführt, denn in seiner Familie achtete man auf andere Dinge. Das Raufen der Brüder gefiel Ueli auch, aber sie nahmen ihn, den Nachkömmling, nicht ernst, und Ueli war das recht gewesen. Er hatte Iva.

Die näher kommenden Stimmen holten Ueli wieder aus seinen Träumen, und er hörte, dass es Teresa war, die mit einem jungen Mann näher kam. Die Stimme des Jungen war ungeduldig, fordernd, und jetzt blieb er stehen und schien Teresa festzuhalten.

»Wie oft soll ich es noch sagen: Du wirst es in Grenada schöner haben als hier. Hier bist du doch nur ein Zimmermädchen.«

»Ich kenne dort niemanden, es ist so weit weg, ich kann auch zu wenig Englisch …«

»Jetzt trau dich mal was! Hier wirst du nur ausgebeutet. Meine Großeltern haben dort ein Geschäft, da gibt es Arbeit und Geld genug für uns beide!«

»Ich traue mich aber nicht, hier alles aufzugeben …«

Teresa hatte nur noch geflüstert, doch Ueli hörte die Angst in ihrer Stimme. Der Junge machte Teresa Vorwürfe, dass sie nichts kenne als ihre blöde Angst, dass sie keine Ahnung von der Welt habe und auch nicht von der Liebe. Er werde sie morgen noch einmal fragen, und wenn sie dann nicht zusage, würde sie ihn eben nicht mehr wiedersehen.

Ueli hörte, wie der Junge sich rasch entfernte, Teresa rief ihm noch leise nach, dass er doch warten solle, aber Ueli konnte schon die Schritte des Jungen auf dem Asphalt hören.

Dieser Streit des jungen Paares berührte ihn tief. In seinen Gedanken war er plötzlich wieder in seinem Kindheitsdorf, in Soglio, wo es steinerne Häuser gab und alte Paläste, riesige Nussbäume und Kastanienwälder, wo in jedem Herbst die

Edelkastanien geerntet und gedörrt wurden. Hier war seine Heimat, hier war er in die Primarschule gegangen. Nur wenige Schülerinnen und Schüler hatte es gegeben, aber unter den Mädchen war Iva gewesen, und Ueli hatte gespürt, dass sein Inneres, das ihm früher manchmal wie Eis erschienen war, zu schmelzen begann und dass da auf einmal Blumen blühten wie am Rande der Gletscher. Verstohlen sich an den Händen haltend, waren Iva und Ueli durch die engen Gassen von Soglio gegangen, ihre vorsichtigen Schritte hatten sie zitternd ausgekostet.

Sie kannten jeden Stein, jedes Treppchen, jede Haustür. Bisher waren beide in ihrer Einsamkeit eingeschlossen gewesen. Doch nun sollte kein Tag mehr vergehen, an dem sie sich nicht an den Händen halten konnten. Oder wenigstens aneinander dachten. Und irgendwann einmal, an einem Tag voller Sonne, würden sie als Hochzeitspaar in die Kirche einziehen und ihr Leben beginnen.

Iva hatte nach der Schule als Zimmermädchen im Palazzo de Salis angefangen. Ueli fand dort keinen Platz, und er wollte auch hinaus aus Soglio, er sah seine neue Welt in Pontresina, im Hotel Walther. Seine Brüder lieferten manchmal frisches Schaf- oder Rindfleisch dorthin und Ueli hatte sie begleiten dürfen. Eines Tages begann er sich zu verändern. Ueli stellte für sich fest, dass er in Pontresina freier atmen konnte als daheim. Er begann, die schönen Hotels zu bewundern. Die eleganten Karossen der Autos. Er marschierte durch die Straßen und sah den Luxus in den Schaufenstern der Geschäfte. Die elegant gekleideten Menschen, die im Winter zu den Lifts stapften und im Sommer auf den bunten Bergwiesen wanderten. Alles erschien ihm großartig. Und immer wieder das Hotel Walther, durch dessen elegante Räume ihn eine freundliche Empfangsdame einmal geführt hatte. Seither suchte er diese Schönheit, diesen Luxus überall. Seine Brüder verachteten ihn, weil er ihnen von dem Komfort der luxuriösen Hotels und Läden vorschwärmte. Iva jedoch hörte ihm mit glänzenden Augen zu. Auch ihr gefiel der Luxus im Palazzo de Salis, er gefiel ihr sehr. Doch sie schüttelte ungläubig den Kopf, wenn Ueli ihr erklärte, dass er für sich und Iva in Pontresina eine strahlende Zukunft aufbauen werde. Ueli liebte Iva so sehr, dass er ihren Unglauben gar nicht begriff. Er konnte ohnehin weder zu ihr noch zu anderen von seiner Liebe sprechen. Er hatte ja nie vorher gewusst, was das war, Liebe. Aber sein Leben war dadurch völlig anders geworden. Größer. Intensiver. Ueli hatte es jedenfalls so erlebt.

Dann kam ein Brief aus Soglio ins Hotel Walther. Iva schrieb an Ueli, dass einer in ihr Leben getreten sei, der ihr das Glück nicht erst als Land der Verheißung bringen werde, sondern sofort, als sinnliche Gegenwart. Dass sie ihr Leben als Zimmermädchen verabscheue und daher mitgehen werde mit diesem Mann, denn sonst, im Warten auf Ueli, liefe ihr das Leben davon. Ueli begriff schon nach den ersten Worten, dass ein Fremder Iva den Brief diktiert hatte. Und dennoch – Iva hatte ihn geschrieben.

Lange hatte Ueli es nicht glauben wollen, obwohl er von seinen Brüdern hörte, dass Iva fortgegangen war aus Soglio. Mit einem Gast aus dem Palazzo de Salis war sie heimlich abgereist in eine große deutsche Stadt. Mit nur einer Tasche an der Hand war sie zu dem Fremden ins Auto gestiegen. Man sprach in Soglio eine Zeitlang von nichts anderem.

Heute wusste Ueli nicht mehr, wie er damals fertiggeworden war mit dem ungeheuerlichen Verlust. Mit dem Verrat Ivas. Das war die Zeit, als er damit begann, abends auf die Berge zu steigen, sommers wie winters. Immer hinter dem

Hotel ging er hinauf, wenn der Schnee blausilbern leuchtete oder die Sommerwiesen flammten, er trug sein Leiden hoch über das Tal hinaus, als könne er es dort oben abladen.

Oftmals hörte er die Glocken aus dem Tal, die von Pontresina, die von Samedan und von Celerina. Durstig trank er aus den Bächen, die kühl über schimmernde Steine rieselten, atmete die herrliche Luft. Und allmählich, anfangs völlig unbewusst, gelangte Ueli zu der Überzeugung, dass er seine intensivste und sicherste Lebensfreude bei seiner Arbeit im Hotel empfand. Er konnte Menschen, die grüblerisch oder traurig waren, mit seiner freundlichen Hilfsbereitschaft überraschen. Wie neulich, als das Töchterchen der Gäste nicht ins Auto einsteigen wollte, weil es seinen Teddy verloren hatte. Untröstlich war die Kleine gewesen, doch alles Suchen half nichts, und das Kind wurde hysterisch vor Verzweiflung. Der ganze Empfang stand Kopf. Und dann hatte Ueli den Teddy hinter dem Vorhang im Speisesaal gefunden. Diese ruhige Gewissheit, jeden Tag helfen zu können, erfüllte bald sein gesamtes Dasein, und auch die Wertschätzung seiner Vorgesetzten bedeutete ihm viel.

Dann kam eines Tages von seinen Brüdern die Nachricht, dass Iva gestorben sei. Offenbar in trostlosen Verhältnissen. Mehr wisse man nicht. Es fiel Ueli schwer, nach Soglio zu fahren, um an einer Hochzeit, einer Taufe oder einer Beerdigung dabei zu sein. Seine Eltern starben kurz nacheinander. Das ganze Dorf versammelte sich in der Kirche.

Alle waren freundlich zu Ueli, er glaubte auch Mitleid zu spüren, doch niemand sprach zu ihm von Iva, auch nicht Ivas Mutter oder der jüngere Bruder. Doch Ueli hatte das Gefühl, dass man Iva die Schuld gab an seiner Einsamkeit, denn er war immer noch nicht verheiratet.

In seinen Träumen suchte er seine Liebe, er tröstete sie, aber Iva, die er manchmal in einem hellen Licht dastehen sah, antwortete ihm nicht. Ueli wusste ja, er war Ueli der Träumer, und Iva, die ihm früher seine Träume brachte, hatte sie mit sich genommen. Sollte er ihr böse sein, ihr vorrechnen, was sie ihm angetan hatte? Iva war sein Leben gewesen, nichts Halbes, sondern das ganze Leben, und das würde sich auch nicht ändern, weil sie ihn verlassen hatte.

Ueli erhob sich von seinem Platz und ging mit langsamen Schritten hinunter zum Hotel, das mit seinen Lichtern wie eine märchenhafte Herberge im Dunst des Abends lag. Ueli dachte an die junge Teresa, er glaubte mit einem Male eine Ähnlichkeit in ihrer Stimme mit der von Iva herauszuhören. Teresa hatte eine gesunde Angst vor der Zukunft, die der junge Mann vor ihr ausbreitete. Iva dagegen schien diese Angst nicht gespürt zu haben, offenbar war ihr Hunger auf ein anderes Leben so groß gewesen, dass er alle Bedenken überrollt hatte.

Es konnte aber auch heißen, dass niemand auf sie achtgegeben hatte. Auch er selber nicht. Er hatte ihre Phantasien, die bei jungen Menschen oftmals wechseln und die Vernunft überfluten, nicht wahrgenommen. Er war ihr nicht zur Seite gestanden, als der Fremde sie mit seinen verlogenen Versprechungen an sich gezogen hatte. Er hatte grenzenloses Vertrauen gehabt und seine Liebe verloren.

Vielleicht konnte er wenigstens die junge Teresa in ihrem gesunden Misstrauen bestärken, damit ihr Freund in seiner Ungeduld und seinem grenzenlosen Egoismus ihr nicht das Leben zerstörte.

Als Ueli den Garten des Hotels betrat, sah er, dass eine junge Frau auf einer der Liegen im Garten des Hotels saß. Sie war in sich zusammengesunken und schluchzte fast unhörbar. Ueli ging langsam auf sie zu. Es war Teresa. Leise rief er ihren Namen.

Biografien

Marita Alberts und Jürgen Alberts, beide Jahrgang 1946, leben in Bremen. Zusammen schreiben sie Kriminalgeschichten, die in vielen Anthologien veröffentlicht sind, und Reiseromane. Im Herbst 2011 erschien im KBV-Verlag: *Die verliebten Zypressen – Ein Roman aus der unbekannten Toskana*. Jürgen Alberts schreibt Kriminalromane (eine Serie von 10 Büchern über die Hansestadt Bremen, 1985-1995) sowie historische Romane. Zusammen mit der schwedischen Krimi-Legende Maj Sjöwall hat er 2009 die Anthologie *Kriminelles Doppel* veröffentlicht. 2010: *Goethe und das Taubstummenorchester – Zwei Gaunerromane zum Preis von einem* (beide im KBV-Verlag). www.juergen-alberts.de

Franz Binder, Jahrgang 1952, lebt in München als Schriftsteller, Fotojournalist und Grafiker. Bislang etwa 30 Buchveröffentlichungen in verschiedenen Verlagen: Romane, Sachbücher und Bildbände. In den letzten Jahren veröffentlichte Franz Binder mehrere Bände über Zentralasien und den tibetischen Kulturkreis: *Tibet – Land und Kultur, Bhutan – Königreich des Donnerdrachen, Mittelasien – Tor zwischen zwei Welten, Kailash – Reise zum Berg der Götter* und eine Biografie des Dalai Lama. Bücher über Musik: *Oper – Kleine Philosophie der Passionen* und eine Biografie von Georg Friedrich Händel. Mehrere seiner Bücher sind auch als Hörbuch verfügbar und wurden in verschiedene Sprachen übersetzt.

Doris Gercke, geboren in Greifswald, lebt seit 1949 in Hamburg. Bevor sie begann, sich schreibend zu betätigen, verschiedene Berufe u.a. Verwaltungsbeamtin, Büroangestellte,

Berufsrevolutionärin, Jura-Studentin (mit abgeschlossenem Examen). Seit 1988 Schriftstellerin. Bekannt geworden durch die Figur der »Bella Block«, schreibt und veröffentlicht aber neben den Bella-Block-Kriminalromanen auch Romane, Kinderbücher, Drehbücher, Hörspiele und Gedichte. Letzte Veröffentlichung: *Zwischen Nacht und Tag*, ein Bella-Block Roman.

Peter Godazgar, Jahrgang 1967, ist in Hückelhoven (NRW) aufgewachsen. Er hat in Aachen Germanistik und Geschichte studiert und die Henri-Nannen-Journalistenschule in Hamburg besucht. 1997 schrieb er den Roman zu Til Schweigers Kinohit *Knockin' on heaven's door*. Derzeit arbeitet er als Redakteur der *Mitteldeutschen Zeitung* in Halle (Saale). Dort stolpert seit 2005 auch der tölpelhafte und seine zahlreichen Macken pflegende Privatermittler Markus Waldo durch seine Fälle, zuletzt *Unter schrägen Vögeln*. www.peter-godazgar.de

Ursula Haas, in Tschechien geboren, wuchs in Bonn auf, wo sie Germanistik, Geschichte und Pädagogik studierte. Lebt als Schriftstellerin und Librettistin in München, schreibt Romane, Erzählungen, Lyrik, Theaterstücke und Essays, außerdem Libretti u. a. für die Oper *Medea* von Rolf Liebermann. Jüngste Werke: Libretto des Liederzyklus *Albatros* (Paul Engel), Roman *Drei Frauen* (Kyrene, 09), Lyrik *Ich kröne dich mit Schnee* (Michaelsbund, 09) und Theater *Von Prometheus bis Davos – eine Collage mit Musik über Katia Mann* (Davos, 2012). Erhielt viele Stipendien und als Preis für Lyrik als letzten 2009 den *Nikolaus-Lenau-Preis*. www.poetessa.de.

Peter Höner (*1947), freischaffender Schriftsteller, Schauspieler und Regisseur, lebt und arbeitet in Zürich und auf dem Iselisberg im Kanton Thurgau. Eine Auswahl aus seinen

Büchern: *Rafiki Beach Hotel* (1990), *Das Elefantengrab* (1992), *Seifengold* (1995), *Wiener Walzer, Mord im Euronigth 467* (2004), zuletzt erschienen: *Gynt* (2011) Alle im Limmat Verlag. www.peterhoener.ch

Jürgen Kehrer, geboren 1956 in Essen, lebt in Münster. Er ist der geistige Vater des Roman- und Fernsehdetektivs Georg Wilsberg. Neben bisher achtzehn Wilsberg-Romanen verfasste er etliche Wilsberg-Drehbücher, zudem veröffentlichte er historische Kriminalromane, Sachbücher, sowie zahlreiche Kurzgeschichten. Zuletzt erschien von ihm der Kriminalstory-Band *Wilsbergs Welt*. www.juergen-kehrer.de

Edith Kneifl, Dr. phil., lebt und arbeitet als Psychoanalytikerin und freie Schriftstellerin in Wien. 1992 bekam sie als erste Frau den *Friedrich-Glauser-Preis* für den besten deutschsprachigen Kriminalroman des Jahres verliehen. Ihre Romane wurden in mehrere Sprachen übersetzt. Die Verfilmung ihres Romans *Ende der Vorstellung* wurde als bester Fernsehfilm des Jahres mit der *Romy 2003* ausgezeichnet. www.kneifl.at

Ralf Kramp, geboren 1963 in Euskirchen, lebt in der Vulkaneifel. Für sein Debüt *Tief unterm Laub* erhielt er 1996 den *Eifel-Literatur-Förderpreis*. Seither erschienen zahlreiche Kriminalromane, Kurzgeschichtenbände und Kinderkrimis. Unter dem Titel *Blutspur* veranstaltet er spannende Krimi-Events in der Eifel. Seit 2007 leitet er mit seiner Frau Monika im *Kriminalhaus* in Hillesheim Deutschlands erstes Krimi-Café und das *Deutsche Krimi-Archiv* mit etwa 30.000 Büchern. www.ralfkramp.de

Tatjana Kruse, Jahrgangsgewächs aus süddeutscher Hanglage mit Migrationshintergrund (Vater jodelte in den Schweizer Alpen, Mutter puhlte an der Nordsee Krabben) lebt und arbeitet mit einem Bein in Schwäbisch Hall und mit dem anderen in Hamburg – ein Spagat, der ihr aufgrund ihrer Gelenkigkeit mühelos gelingt. Seit dem Jahr 2000 schreibt sie Kriminalromane, aber ihr Herz schlägt für die Sahnehäubchen des Genres: die Kurzkrimis. Folgerichtig erhielt sie ihren bislang einzigen Literaturpreis, den *Marlowe* der Raymond-Chandler-Gesellschaft, für ihren Kurzkrimi *Cool-Man schlägt zu*.

Paul Lascaux (Pseudonym von Paul Ott), geboren 1955, lebt in Bern. In den letzten 30 Jahren neben zahllosen journalistischen Arbeiten vor allem Kriminalromane und kriminelle Geschichten. In der neuen kulinarischen Krimiserie spielen der Detektiv Heinrich Müller und seine Partnerin Nicole Himmel die Hauptrollen. www.literatur.li

Sandra Lüpkes, geboren 1971 in Göttingen, lebte lange Zeit auf der Insel Juist. 2008 hat die Liebe sie jedoch nach Münster verschlagen. Mit ihren elf Büchern – in sieben davon ermittelt die etwas chaotische Serienheldin Wencke Tydmers – hat Sandra Lüpkes bereits eine Gesamtauflage von knapp 250.000 Exemplaren erreicht. Zudem schreibt sie mit Erfolg Kurzkrimis und war bereits zweimal für den *Friedrich-Glauser-Preis* in dieser Kategorie nominiert. Das Magazin *Emotion* wählte sie 2009 zu einem der zehn besten Krimiautoren Deutschland.
www.sandraluepkes.de

Sunil Mann wurde als Sohn indischer Einwanderer im Berner Oberland geboren. Er ist als Flugbegleiter tätig, ein Job, der ihm genügend Zeit zum Schreiben lässt. Viele seiner Kurzgeschichten wurden ausgezeichnet. Mit seinem Romandebüt *Fang-*

schuss, dem ersten Krimi mit Vijay Kumar, gewann er den *Zürcher Krimipreis 2010*. Mit *Lichterfest* (2011) und *Uferwechsel* (2012) legte er zwei weitere humorvoll-spannende Fälle für den indischstämmigen Privatdetektiv nach.

Susanne Mischke hat mehr als ein Dutzend Romane veröffentlicht, vorwiegend Kriminalromane (*Mordskind, Die Eisheilige, Liebeslänglich*) sowie vier Jugendkrimis (*Nixenjagd, Zickenjagd*) und eine große Anzahl von Kurzgeschichten. Mit dem Roman *Der Tote vom Maschsee* begann ihre erfolgreiche Hannover-Krimiserie um den kauzigen Kommissar Bodo Völxen und seine Schafe. Im September 2011 erschien der vierte Band dieser Serie mit dem Titel *Todesspur*.
www.susannemischke.de

Urs Schaub ist am 18. April 1951 in Basel-Stadt geboren. Nach Studium in Basel und Zürich Regiediplom der Schauspiel-Akademie Zürich, anschließend über zwanzig Jahre als Regisseur in der Schweiz, Deutschland und Österreich. Er hat als Schauspieldirektor Theater mitgeleitet (Staatstheater Darmstadt und Stadttheater Bern), war zehn Jahre lang Dozent an der Schauspiel-Akademie Zürich und hat Gastprofessuren innegehabt (UdK Berlin und Mozarteum Salzburg). Er ist Autor mehrerer Bücher und hat während fünf Jahren das Theater/Tanz/Musik-Haus Kaserne in Basel geleitet. Seit 2003 Programmbeirat und Vorstand Wildwuchs Festival. Er war drei Jahre lang Mitglied der Kritikerrunde im *Literaturclub SF 1*. Seit 2010 Mitglied in der Programmkommission Solothurner Literaturtage.

Asta Scheib, geboren am 27.7.1939 in Bergneustadt/NRW. Nach Schule und Ausbildung Arbeit als festangestellte Zeitschriften-Redakteurin unter anderem bei *Brigitte, Eltern, Freundin, Mädchen* und später als freie Journalistin vor allem für die *Süddeutsche Zeitung* mit dem Schwerpunkt literarisches Portrait (Thomas Bernhard, Wolfgang Koeppen, Brigitte Kronauer und viele andere). Die literarische Entwicklung begann mit dem Schreiben von Kurzgeschichten, Erzählungen. Eine davon, *Angst vor der Angst*, verfilmte Rainer Werner Fassbinder 1974 für den WDR. Daraus entstand der erste Roman, *Langsame Tage*. Seit 1986 freie Schriftstellerin und Drehbuchautorin.

Kaspar Schnetzler wurde 1942 in Zürich geboren. Studium Germanistik und Kunstgeschichte an der Universität Zürich und der Freien Universität Berlin.
1968 Dr. phil., dann Kantonsschullehrer, Journalist, Schriftsteller, lebt und schreibt in Zürich.
1977 Preis der Schweizerischen Schillerstiftung
1993 Zürcher Journalistenpreis
2002 Ehrengabe des Kantons Zürich
2005 Werkbeitrag der Kulturstiftung Pro Helvetia
2007 Ateliergast im Unabhängigen Literaturhaus Niederösterreich in Stein/Krems
2009 Writer in Residence, Ledig House, Ghent, New York
2012 Anerkennungsurkunde der Stiftung Kreatives Alter Zürich

Regula Venske, Dr. phil., lebt als freie Schriftstellerin in Hamburg und *»gehört zu Deutschlands ungewöhnlichsten Krimiautoren, deren Romane großen Unterhaltungswert besitzen«* (Literaturmarkt.info). Für ihre Romane und Erzählungen wurde sie u. a. mit dem *Oldenburger Jugendbuchpreis*, dem *Deutschen Krimipreis* und dem *Lessing-Stipendium* des Hamburger Senats ausgezeichnet. Auch als Moderatorin hat sie sich einen Namen gemacht und begleitet regelmäßig internationale Autoren auf Lesereisen. Ihre Krimireihe um die *Garstigen Greise* erscheint zur Zeit im Suhrkamp Verlag. Im Frühjahr 2013 folgt ihr Kirchentagskrimi *Der zweite Stein*.

Thomas Vogel, 1947 in Sindelfingen geboren, Studium der Theologie, Romanistik, Philosophie, Kunstgeschichte in Tübingen, Frankreich und Heidelberg. Promotion mit einer Arbeit übers Französische Chanson der Gegenwart. Honorarprofessor der Eberhard-Karls-Universität Tübingen. Er arbeitete beim SWR, zuerst in Baden-Baden, dann in Tübingen als Leiter der Kulturredaktion und Stellvertretender Studioleiter. Autor und Herausgeber zahlreicher Bücher. Bei Klöpfer & Meyer erschienen mit großem Erfolg seine fünf Romane: *Die letzte Geschichte des Miguel Torres da Silva* (2001), *Rom, Sixtina. Das Muster entsteht beim Weben* (2003), *Atacama. Die Reise des Lenny Sterne* (2006) und *Der Park, in dem sich Wege kreuzen* (2009). Zuletzt, 2011, erschien sein Roman *Hinter den Dingen*. www.thomas-vogel.com

Peter Zeindler (1934) hat Germanistik und Kunstgeschichte studiert und lebt als freier Schriftsteller in Zürich. Er ist Verfasser von 16 Romanen, Erzählungen, Fernsehdrehbüchern, unter anderem auch für die Reihe *Tatort*, Theaterstücken, Opernlibretti, Hörspielen und Chansontexten. Für vier seiner Romane ist Zeindler mit dem *Deutschen Krimipreis* ausgezeichnet worden. Für sein Gesamtwerk erhielt er 1996 den *Ehrenglauser*. Sein bisher letzter Roman *Noahs Erben* ist im Herbst 2012 im Basler Reinhardt Verlag erschienen.

Hans Zippert, Jahrgang 1957, war von 1990 – 1995 Chefredakteur des endgültigen Satiremagazins *Titanic*, für das er heute als Herausgeber tätig ist. Danach arbeitete er für *FAZ*, *SZ*, *Cinema* und *Geo Wissen*. Seit 1999 schreibt er eine tägliche Kolumne in der Tageszeitung *Die Welt* unter dem Titel *Zippert Zappt*. 2007 und 2011 bekam er den *Henri Nannen Preis* für humorvolle Berichterstattung. Zu seinen bekanntesten Büchern zählen: *So funktioniert Deutschland*, *Die 55 beliebtesten Krankheiten der Deutschen* und *Aus dem Leben eines plötzlichen Herztoten*.